Cine Hispanohablante
Viendo, Escuchando, Hablando

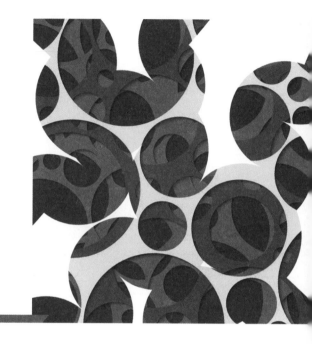

西班牙语
电影视听说

（第二版）上册

付彩艳　王丽兴　编著
〔古巴〕Dayron Suárez Santiesteban　校订

北京大学出版社
PEKING UNIVERSITY PRESS

图书在版编目（CIP）数据

西班牙语电影视听说. 上册 / 付彩艳，王丽兴编著. —2 版. —北京：北京大学出版社，2022.9
ISBN 978-7-301-33328-0

Ⅰ. ①西⋯　Ⅱ. ①付⋯ ②王⋯　Ⅲ. ①西班牙语 – 听说教学 – 高等学校 – 教材　Ⅳ. ① H349.9

中国版本图书馆 CIP 数据核字 (2022) 第 173890 号

书　　　名	西班牙语电影视听说（第二版）上册 XIBANYAYU DIANYING SHITINGSHUO (DI-ER BAN) SHANGCE
著作责任者	付彩艳　王丽兴　编著
责 任 编 辑	初艳红
标 准 书 号	ISBN 978-7-301-33328-0
出 版 发 行	北京大学出版社
地　　　址	北京市海淀区成府路 205 号　100871
网　　　址	http://www.pup.cn　新浪微博：@ 北京大学出版社
电 子 信 箱	alicechu2008@126.com
电　　　话	邮购部 010-62752015　发行部 010-62750672 编辑部 010-62759634
印 　刷　 者	北京宏伟双华印刷有限公司
经 　销　 者	新华书店
	787 毫米 ×1092 毫米　16 开本　15.75 印张　499 千字 2014 年 10 月第 1 版 2022 年 9 月第 2 版　2022 年 9 月第 1 次印刷
定　　　价	98.00 元

未经许可，不得以任何方式复制或抄袭本书之部分或全部内容。
版权所有，侵权必究
举报电话：010-62752024　电子信箱：fd@pup.pku.edu.cn
图书如有印装质量问题，请与出版部联系，电话：010-62756370

前　言

编写背景

　　21世纪以来，我国高等院校西班牙语专业发展势头迅猛。截至2022年年初，全国开设西班牙语本科专业的高校已达一百余所，其中不少院校专业必修或选修课中开设了"西班牙语影视赏析"课程。然而，面向此类课程的教材十分匮乏，到目前为止国内仅有北京大学出版社于2014年出版的《西班牙语电影视听说》可供使用。现距该书首发已七载有余，其间优秀的西语影片不断涌现，影视赏析课程的教学方法与理念也在不断发展革新。

　　为将更为新颖、鲜活的影视资源应用于教学，充分融入最新的外语教学及课程思政理念，编者创建了由专业水平过硬、教学经验丰富的中、外教师组成的团队对第一版进行了修订。编写团队结合专业特点挖掘丰富的视听资源，将电影这种真实、鲜活、地道的语言材料与传统西语教学的精髓相结合，调整单元话题，更新素材内容，创新习题设计，使得教材的内容主题更加广泛，视角更加多元，语言输出及思辨性练习更加深入，以帮助学生在丰富语言文化知识的同时，提升思维能力，塑造良好品格。

　　《西班牙语电影视听说》（第二版）分为上、下两册，适用于大学西班牙语专业高年级"西班牙语影视赏析"及相关视听说类实践课程。两册书共16个单元，上、下册各8个单元，每册按照语言、内容由易到难的顺序编排。建议每单元授课时间为4学时。教师可结合学情自主选择教学单元，灵活采用混合式教学模式进行教学。本书亦可供中级及以上水平的西语学习者自学使用。

编写理念

　　为顺应新时代高等教育的发展要求，满足国家人才培养和西班牙语学习者的实际需求，《西班牙语电影视听说》（第二版）结合2020年教育部印发的《高等学校课程思政建设指导纲要》的最新要求以及使用者的反馈意见，在保持首版特色和优势的基础上进行了创新与完善。本教材秉持两大编写理念：一是立足于中国特色外语教学环境和教学实际，以先进的外语教学理论为指导；二是以学生发展为中心，结合学科特色与属性，将思政育人巧妙融入教材，以期提升学生的人文素养，实现知识传授、能力培养和价值塑造的多维人才培养目标。

西班牙语电影视听说（第二版）上册

选材特色

教材编写团队在保留第一版中两部西班牙语经典佳片的基础上，又在三百余部新近西语优秀原版影片中精挑细选了题材各异、剧情精彩、文化多元的十四部进行补充。这些影片的共同特点是语言纯正地道，内容积极健康且具代表性，立意深刻，发人深省，所选影片均体现了人性的真善美，具有较强的社会与现实意义。

《西班牙语电影视听说》（第二版）（上册）所选八部影片简介如下：

➢ 《寻梦环游记》以墨西哥传统节日亡灵节为背景，通过精巧的情节设计展现主人公米格尔的寻梦之旅，既是妙趣横生、光怪陆离的视听盛宴，也是探讨梦想、亲情与死亡的心灵之旅，为我们提供了一个关于死亡的全新定义："死亡不是终点，遗忘才是。"

➢ 《地牢回忆》是一部纪录剧情片，影片以艺术手法真实还原了三名反对乌拉圭军事独裁政权的游击队员以超乎常人的坚韧顽强度过十二年痛苦漫长的牢狱生活的历史。其中一人出狱后成为乌拉圭历史上年纪最大的总统。

➢ 《罗莎的婚礼》讲述了一直努力工作，疲于为父亲、弟妹等家人奔波付出的中年女性罗莎，在45岁来临之际开始重新审视自己的人生，觉悟要为自己而活，并最终重拾梦想，以一场自己嫁给自己的特殊婚礼迎接新生活的感人故事。

➢ 《飞不起来的童年》是一部以"教育"为主题的古巴影片。故事围绕着年迈教师与问题少年展开。片中卡梅拉老师对教育的热忱坚守，以及对学生的真心呵护、一视同仁令人肃然起敬，发人深思。

➢ 《篮球冠军》改编自西班牙一支由智力障碍人士组成的篮球队的真实故事。影片通过一位面临中年失业、婚姻危机且脾气暴躁的篮球教练带领观众走进这个特殊群体的世界。在双方初期摩擦争执不断，最终互相理解治愈的过程中展现了这个群体的纯真善良、乐观坚强。整部电影笑中带泪，洗涤心灵，温暖励志。

➢ 《看不见的客人》是近年西班牙悬疑推理片的代表佳作。整部影片没有任何噱头，场景也十分简单，但剧情紧凑，逻辑缜密，虚实交错，反转不断。电影结尾有罪之人的谎言被层层揭穿，终难逃法律制裁。

➢ 《回归》是西班牙国宝级导演阿尔莫多瓦的女性题材电影的代表佳作。影片采用大量的超现实主义手法诉说外祖母、母亲、女儿三代女性所经历的爱恨情仇，透过看似荒诞、悬念迭起的情节来引发人们的思考，使人笑中带泪感悟女性的力量与缺憾。

➢ 《谜一样的双眼》围绕一宗悬疑的奸杀案展开，引出一段错过了25年的爱情，一明一暗两条线索，交叉却不混乱。25年的光阴，见证了两段人生在时代背景下的沧桑，也成就了两个男人对爱情的忠贞。

教材特点

➢ 影片选材多维多元

本教材上、下两册共精心选取了十六部类型、题材各异的优秀西班牙语原版电影，涵

前言

盖爱情、悬疑、温情、喜剧、动画、家庭、人物、纪录等多种类型。每部影片剧情精彩且人物形象立体饱满,艺术表现手法各具特色又令人百看不厌、回味无穷。

➢ 语言文化有机融合

本教材不仅为学生提供了丰富的视听语料素材,还归纳总结了相关词汇和习语,从语境、修辞等方面分析语言特色,截取影片中的精华片段,提炼经典台词用于模仿演绎。此外,学生通过影片及文化点拨等还可了解多个颇具代表性的西班牙语国家(西班牙、墨西哥、古巴、阿根廷、乌拉圭等)的风土人情以及相关文化背景,着力提升跨文化交际能力。

➢ 编写结构科学严谨

本教材结构清晰,主要是由影片背景知识介绍、语言文化点学习、电影情节赏析、实践与演练等部分组成。其中,对电影情节的理解与赏析贯穿观影之前的预备热身、观影之中的问题思考和观影之后的讨论活动三个阶段。每个单元的结尾处还推荐了与本单元题材相似、相关的电影,以便进一步拓展学生的信息源,促使其持续提升影视观赏和分析能力。

➢ 习题设计丰富多样

从一般性的简答题、配对题、填空题、选择题、判断正误题、听写题,到影片情节的概括、配音、角色扮演,再到教师可以随机安排的活动,如小组讨论或正方、反方辩论,本教材在习题的设置方面力求丰富多样,以充分调动语言水平和兴趣爱好不同的学生的学习积极性,切实培养学生的学习能力、思维能力和语言综合运用能力。师生在使用过程中可根据兴趣及实际需要选择其中部分习题进行演练。本教材还可提供客观题目的参考答案,以及部分主观题目的答题样例,旨在引导学习者明确思维逻辑,提升思辨及语言表达能力。

《西班牙语电影视听说》(第二版)的编撰,既是我国西语教育迅速发展形势及新媒体融入现代外语教学的需要,也是编写团队多年以来对西班牙语视听说教学相关研究及实践的结晶。本教材在编写过程中参阅了大量相关领域的图书资料及网络资源,编者在此向原作者表示感谢。另外,北大出版社的初艳红编辑为本书提供了许多宝贵的意见,古巴外教Dayron Suárez Santiesteban对本书的西文内容进行了认真的校订,提出了许多有益的修改意见与建议,在此一并表示感谢。由于编者水平所限,书中错误和疏漏之处在所难免,敬请广大同行、专家和读者朋友们不吝赐教,以便再版完善。

编者

2022年3月

目 录

Unidad 1 第一单元	Coco 寻梦环游记	1
Unidad 2 第二单元	La noche de 12 años 地牢回忆	35
Unidad 3 第三单元	La boda de Rosa 罗莎的婚礼	62
Unidad 4 第四单元	Conducta 飞不起来的童年	90
Unidad 5 第五单元	Campeones 篮球冠军	121
Unidad 6 第六单元	Contratiempo 看不见的客人	147
Unidad 7 第七单元	Volver 回归	175
Unidad 8 第八单元	El secreto de sus ojos 谜一样的双眼	206

Unidad 1 第一单元

Coco 寻梦环游记

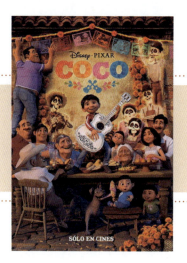

Sección 1 — Información general de la película / 影片基本信息

Director 导演: Lee Unkrich, Adrián Molina
País 制片国家: Estados Unidos
Año 上映时间: 2017
Guion 编剧: Adrián Molina, Matthew Aldrich
Reparto 主演: Animación
Duración 片长: 109 minutos
Género 类型: Animación. Fantástico. Comedia. Drama | Pixar. Familia. Música. Cine familiar

Premios 所获奖项:

2017: *2 Premios Óscar: Mejor largometraje de animación y mejor canción*

2017: *Globos de Oro: Mejor filme de animación*

2017: *Premios BAFTA: Mejor película de animación*

2017: *Premios Annie: 11 premios incluyendo mejor película, dirección y guion*

2017: *Círculo de Críticos de Nueva York: Mejor filme de animación*

2017: *Asociación de Críticos de Los Angeles: Nominada a mejor largometraje de animación*

2017: *National Board of Review (NBR): Mejor filme de animación*

2017: *Critics Choice Awards: Mejor largometraje animado y canción*

2017: *Satellite Awards: Mejor film animado*

2017: *Sindicato de Productores (PGA): Mejor película de animación*

2017: *Asociación de Críticos de Chicago: Mejor filme de animación*

2017: *Asociación de Críticos de Boston: Mejor película de animación*

2017: *Círculo de Críticos de San Francisco: Mejor filme de animación*

| Sección 2 | Comprensión audiovisual de la película
影片视听理解 |

I. Antes de ver la película 观影前练习

1 **Conocer México.** La película *Coco* está basada en las tradiciones más representativas de la cultura mexicana. Busca más información sobre el país y rellena el siguiente cuadro. 走近墨西哥。电影《寻梦环游记》中融入了许多墨西哥最具代表性的传统文化元素。请查询了解该国的相关信息并将下表填写完整。

No.	Nombre oficial	Los Estados Unidos Mexicanos
(1)	Capital	
(2)	Ubicación	
(3)	Superficie	
(4)	Sistema político	
(5)	Presidente actual	
(6)	Idiomas oficiales	
(7)	Población	
(8)	Religión	
(9)	Moneda	
(10)	Lugares turísticos más importantes	
(11)	Celebridades famosas	
(12)	Festivales tradicionales	

Unidad 1　Coco
第一单元　寻梦环游记

2 **El Día de Muertos de México.** Lee el siguiente texto sobre el Día de Muertos publicado por *Los Ángeles Times* y responde las siguientes cuestiones de abajo.　墨西哥亡灵节。请阅读《洛杉矶时报》关于墨西哥亡灵节的刊文后回答问题。

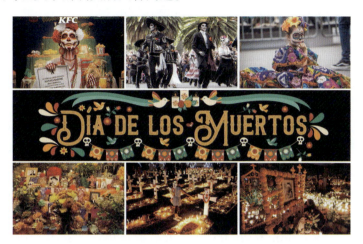

Día de Muertos, tradición mexicana que celebra la muerte con varios elementos EFE

　　El Día de Muertos, que se festeja el 1 y 2 de noviembre, es una de las tradiciones mexicanas más significativas, donde los vivos se preparan para recibir a sus muertos y convivir con ellos.

　　Estos son algunos puntos para entender esta festividad, considerada desde 2003 por la UNESCO como patrimonio oral e inmaterial de la humanidad.

¿Cuándo nace la tradición?

　　Los orígenes de esta tradición son anteriores a la llegada de los españoles, se originó en la cultura mesoamericana que habitaba en el territorio mexicano.

　　Para los antiguos mexicanos, la muerte era el comienzo de un viaje hacia el Mictlán; es decir, el reino de los muertos o inframundo, y no tenía la connotación moral de la religión católica, en la cual la idea de infierno o paraíso significa castigo o premio. Los antiguos mexicanos creían que el destino del alma del muerto estaba determinado por el tipo de deceso que había tenido y su comportamiento en vida. Durante la época prehispánica, esta festividad se conmemoraba en el noveno mes del calendario solar, el cual iniciaba en agosto y duraba 30 días.

　　Con la llegada de los españoles, la fiesta se hizo mestiza y sumó nuevos elementos y significados católicos. La cruz de flores es el más significativo de estos elementos.

¿Qué se rememora en sus diferentes días?

　　Entre el 1 y el 2 de noviembre se lleva a cabo esta celebración.

　　El 1 es el día de Todos los Santos y el 2 el día de los Fieles Difuntos. Se reza, y en algunas zonas del país se pasa la noche en los panteones. Al terminar la celebración, se degustan todos los platillos y bebidas de la ofrenda.

Hay quienes empiezan los festejos el 28 de octubre, cuando recuerdan a quienes perdieron la vida de manera violenta. Mientras que el 30 y 31 de octubre se honra a los niños, en especial a los que murieron sin ser bautizados.

¿Cómo celebran normalmente las familias?

El altar de muertos es un elemento fundamental en esta celebración. Se cree que el espíritu de sus difuntos regresa del mundo de los muertos para convivir con la familia ese día y degustar los alimentos de la ofrenda.

A nivel social, los mexicanos celebran de una manera divertida mediante pequeñas rimas llamadas "calaveritas" en donde en tono burlón hablan de varios personajes y de su muerte.

¿Qué hay en un altar de muertos?

Las ofrendas deben contener una serie de elementos y símbolos que inviten al espíritu a viajar desde el mundo de los muertos al de los vivos. De forma indispensable deben estar imágenes de los difuntos, cruces, copal, papel picado, velas y veladoras, agua, flores, comida, pan, calaveras y bebidas al gusto de los difuntos.

¿Para qué se usa la flor de cempasúchil?

El cempasúchil es una planta originaria de México y de Centroamérica que se utiliza como adorno en las ofrendas y altares. Además, florece en otoño (cerca del Día de Muertos). Se dice que sus pétalos de color naranja y amarillo marcan la senda que deben recorrer los muertos durante la visita que hacen estos días porque se supone que guardan el calor del sol y su aroma los llama.

¿Qué otros personajes se dejan ver en estas fechas?

Además de los muertos y los dioses, otro de los personajes comunes es el perro, que según la tradición ayudaba en el Mictlán a hallar a los muertos el camino a su destino final.

En el siglo XX se añadió la Catrina, la mujer calavera creada por el grabador José Guadalupe Posada, y los alebrijes, una artesanía hecha de cartonería y con colores vibrantes que representan animales fantásticos.

¿Cómo afectó la pandemia el día de muertos?

En 2020, la pandemia por coronavirus obligó a realizar esta festividad de manera híbrida, pues mientras en algunos estados los panteones se mantuvieron abiertos, en otros se suspendieron las visitas a los cementerios o se restringió el número de asistentes. La mayoría de mexicanos montaron en casa sus ofrendas para recibir a sus muertos. En 2021, con 29 de 32 entidades en semáforo de bajo riesgo, los cementerios vuelven a tener la misma afluencia previo al COVID-19.

¿Tiene relación con Halloween?

Pese a que México está fuertemente influenciado por la cultura estadounidense, la festividad del Día de Muertos ha resistido y coexistido con la celebración de Halloween.

En un principio se pensaba que no tenían relación, pues Halloween era una fiesta pagana y el Día de Muertos un día abocado a la nostalgia, a los que no están. Por eso antes se reprochaba que un festejo suplantara a otro. Sin embargo, la globalización y el cine, con películas como *Spectre* y *Coco*, han logrado resignificar el Día de Muertos y hoy se mezclan elementos culturales de ambas festividades.

(Fuente: Latimes)

Di si son verdaderas (V) o falsas (F) las siguientes oraciones según el texto. En caso de ser falsas, corrígelas en los espacios de abajo. 请根据上文判断下列表述的正（V）误（F）。如有错误，请在画线空白处纠正。

(1) En México, todos festejan el Día de Muertos a principios de noviembre. (   )

_____

_____

(2) Mictlán es el reino de los muertos o del inframundo y no tenía la connotación moral de la religión católica, en la que la idea de infierno o paraíso significa castigo o recompensa. (   )
_____
_____

(3) El Día de Muertos de México solo tiene origen en la cultura indígena. (   )
_____
_____

(4) Las ofrendas deben contener imágenes de los difuntos, cruces, papel picado, velas, agua, flores, comida, calaveritas y bebidas al gusto de los difuntos. (   )
_____
_____

(5) El perro, la Catrina y los alebrijes son populares en el Día de Muertos de México. (   )
_____
_____

(6) Los mexicanos se obligaron a dejar de celebrar el Día de Muertos en 2021 por la pandemia de COVID-19. (   )
_____
_____

3 Completa la sinopsis de la película rellenando los espacios en blanco con las palabras a continuación.　请选用下列词语补全电影简介。

está	encanta	ídolo	guitarra
piensan	Vive	Miguel	mundo
visitar	quieren	ancestros	años

　　La película cuenta la historia de un niño de doce (1)_____ que se llama (2)_____. (3)_____ en México con su familia. A Miguel le encanta tocar la (4)_____ y cantar. Su ídolo, Ernesto de la Cruz, es un músico y (5)_____ muerto. Los miembros de su familia no (6)_____ que Miguel tenga contacto con la música, porque (7)_____ que la música es mala. Pero a Miguel le (8)_____ la música. Después de (9)_____ el mausoleo de su (10)_____ y tocar su guitarra, queda atrapado en el mundo de los muertos. Durante su aventura, conoce a sus (11)_____, y le ayudan a salir del (12)_____ de los muertos.

Unidad 1　Coco
第一单元　寻梦环游记

II. Durante la película   观影中练习

1 Contempla la película y contesta brevemente las preguntas.   请观看影片并简要回答下列问题。

(1) ¿Dónde y cuándo se desarrolla la película?
_____
_____
_____

(2) ¿Quién es Coco?
_____
_____
_____

(3) ¿Qué tipo de objetos ofrecen los seres vivos a sus antepasados?
_____
_____
_____

(4) ¿Qué deben hacer los vivos para permitir que los muertos crucen el puente?
_____
_____
_____

(5) ¿En qué se ayudan Héctor y Miguel?

(6) ¿Por qué desapareció Chicharrón?

(7) ¿Por qué discutieron Héctor y Miguel al salir del concurso?

(8) ¿Quién mató a Héctor y por qué lo hizo?

(9) ¿Qué hizo Miguel para que Coco recordara a su padre?

(10) ¿Cómo lograron, al final, poner la foto de Héctor en el altar?

Unidad 1　Coco
第一单元　寻梦环游记

2 El argumento de la película está desordenado, intenta ponerlo en orden de acuerdo con la trama del filme.　请根据电影剧情将下列情节重新排序。

A. El niño Miguel Rivera sueña con convertirse en un cantante famoso como su ídolo Ernesto de la Cruz, quien alcanzó la fama gracias a su tema "Recuérdame", pero Miguel tiene un impedimento. Para los Rivera, la música está prohibida desde que su tatarabuelo abandonó a su tatarabuela Mamá Imelda y a su hija Coco, aún viva, para alcanzar la fama como músico profesional.

B. Un perrito callejero que siempre acompaña a Miguel, llamado Dante, derriba el portarretrato que está en el altar con la foto de Mamá Imelda y Coco, quienes aparecen acompañadas del tatarabuelo músico, cuyo rostro ha sido arrancado. Al coger el retrato del piso, Miguel nota que la foto está doblada y, al desplegarla, descubre que su tatarabuelo portaba la misma guitarra de Ernesto de la Cruz, por lo que concluye que es tataranieto del famoso cantante.

C. Ya que Héctor conoce a De la Cruz y cree que es el único antepasado de Miguel, le propone ayudarle a cambio de que ponga su foto en el altar cuando regrese. Juntos emprenden el camino acompañado por Dante, a quien todos los muertos confunden con un alebrije, un animal mágico que actúa como guía espiritual. Mientras tanto, Mamá Imelda y el clan buscan a Miguel con la ayuda del alebrije de la familia. Cuando Héctor descubre que Miguel tiene más familiares, lo toma por mentiroso. Indignado, Miguel le devuelve su foto y se las ingenia para encontrar solo a Ernesto de la Cruz.

D. Envalentonado, el niño desafía a su familia y decide presentarse en un concurso de canto el Día de Muertos, pero su abuela Elena destruye su guitarra. Entonces, Miguel huye y roba la guitarra expuesta en el mausoleo de Ernesto de la Cruz para actuar en el concurso. Pero, al tocar sus cuerdas, un hechizo misterioso lo traslada al mundo de los muertos junto a su fiel amigo Dante.

E. Finalmente, Miguel encuentra al cantante, y cuando éste está a punto de bendecirlo, aparece Héctor para suplicarle que cumpla su promesa. De la Cruz reconoce a Héctor, el verdadero compositor de todos sus temas. Una discusión entre ambos pone en evidencia que el cantante lo había asesinado con el fin de robarse sus canciones, luego de que Héctor renunciara para volver con su familia. Preocupado por su reputación, De la Cruz roba la foto de Héctor e intenta eliminar a ambos, arrojándolos en un cenote (lago subterráneo) del que no pueden salir. Derrotados, Héctor y Miguel conversan. El músico le cuenta de su hija, Coco, a quien le compuso el tema "Recuérdame". Así, Miguel comprende finalmente que su verdadero tatarabuelo es Héctor.

F. Para Miguel, la única forma de volver al mundo de los vivos es tener la bendición de uno de sus antepasados, so pena de morir al amanecer. Miguel los encuentra y espera recibirla, pero Mamá Imelda le exige renunciar a la música como condición. Convencido de que su tatarabuelo lo entenderá, Miguel huye para pedir la bendición de Ernesto de la Cruz. Dante lo guía hasta Héctor, un difunto que nunca ha sido honrado en el altar de las ofrendas, lo que lo expone a desaparecer definitivamente.

G. Al volver al mundo de los vivos, Miguel le canta "Recuérdame" a Coco para ayudarla a recuperar la memoria. No solo recuerda a su padre, sino que recupera la conciencia de su entorno familiar, especialmente de su hija Elena, la abuela de Miguel, a quien ya no podía reconocer. Coco confiesa que guardaba las cartas de su padre con las letras de todas sus canciones, así como el pedazo de la foto familiar que faltaba. Ahora, por primera vez, Héctor estaría en el altar de la familia y se convertiría en un ídolo póstumo en la ciudad de Santa Cecilia. Miguel, finalmente, pudo ser el músico que soñaba gracias a la redención de su tatarabuelo.

H. Por ser Día de Muertos, la familia de Miguel ha preparado el altar festivo. De acuerdo con la tradición, este se adorna con las fotos de los antepasados y ofrendas, pues su existencia en el más allá depende de mantener el recuerdo presente.

I. Dante los encuentra y trae la ayuda del alebrije de Mamá Imelda. Contento, Miguel toma conciencia de que Dante es un verdadero alebrije. Héctor e Imelda se reencuentran y, aunque esta no lo perdona, decide salvarlo. Para ello, deben recuperar la foto, aunque no lo logran, Ernesto de la Cruz es desenmascarado en público. Después de esto, Mamá Imelda le da su bendición a Miguel sin condiciones. El único problema es que Héctor comienza a desaparecer, debido a que Coco, ya senil, está perdiendo la memoria.

El orden correcto

(1)_____→(2)_____→(3)_____→(4)_____→(5)_____→(6)_____
→(7)_____→ (8)_____→ (9)_____

3 Los alebrijes　灵兽

　　Los alebrijes son esculturas de criaturas fantásticas de colores brillantes dentro del arte popular mexicano. Son figuras tradicionales mexicanas mezclas de distintos animales, algunos

Unidad 1　Coco
第一单元　寻梦环游记

reales otros imaginarios, se les asocia con los nahuales que son guías espirituales en la cultura zapoteca. Se presentan en Coco como animales espirituales, pero no se asocian tradicionalmente con el Día de Muertos.

　　El cartonero **Pedro Linares** enfermó en 1936 y mientras estaba en la cama, inconsciente, vio visiones de extraños animales desconocidos como un burro con alas de mariposa, un gallo con cuernos de toro o un león con cabeza de águila. Cuando se recuperó, comenzó a creer que los animales acudían a él para protegerlo y guiarlo hacia la recuperación. Comenzó a hacer esculturas de ellos y su trabajo llamó la atención de personajes famosos como Frida Kahlo.

　　La familia Rivera tiene un alebrije llamada Pepita. Pepita es un cruce entre un jaguar o un puma, un águila y varios otros animales, incluidos los cuernos verde azulado de un carnero y una cola de iguana rayada. Su espalda es de un azul profundo que se desvanece a verde esmeralda en todo su cuerpo, mientras que los reflejos amarillos se encuentran dispersos entre ellos. Las alas de Pepita son rojas, mientras que su vientre es naranja, y tiene patas traseras de águila con garras de color aguamarina.

　　Ahora ya conoces un poco más a los alebrijes y a Pepita en particular, intenta crear tu propio alebrije con los animales en el cuadro. Si quieres mezclar otros animales que te gusten, los puedes añadir en el espacio vacío. ¿De qué partes de animales se compone? ¿Qué habilidades tiene? Descríbelo a tus compañeros de clase.

Mi alebrije tiene	cuerpo de	dragón	
		jaguar	
		panda	
	cabeza de	ciervo	
		mapache	
		flamenco	
	alas de	águila	
		mariposa	
		loro	
	patas de	tortuga	
		gato	
		grillo	
	cola de	dinosaurio	
		mono	
		fénix	

Mi alebrije _____
_____
_____
_____

Unidad 1　Coco
第一单元　寻梦环游记

Sección 3　Conocimiento del idioma y de la cultura
语言及文化相关知识

I. Vocabulario relacionado　相关词汇与表达

1. **hechizo**　m. Práctica mágica de influencia maléfica y control sobre el hechizado, y objetos que se emplean en ella. 巫术，幻术

2. **apartar**　tr. Alejar, retirar. 使脱离，使摆脱

3. **fuegos artificiales**　焰火，烟花

4. **escoger**　tr. Elegir, seleccionar una persona o cosa de entre varias. 挑选，选择

5. **tatarabuelo, la**　m.,f. La abuela de los abuelos. 高祖父，高祖母

6. **prácticamente**　adv. Casi, por poco. 几乎，近乎

7. **hoyito**　m. Agujero pequeño. 小洞，小孔

8. **dirigir**　tr. Gobernar, regir, guiar y dar reglas para el manejo. 领导，指挥

9. **aplastar**　tr. Deformar una cosa por presión o golpe, aplanándola o disminuyendo su grueso o espesor. 压扁，压倒

10. **campana**　f. Instrumento metálico, que suele ser de bronce, hueco, abierto por abajo, que suena cuando se golpea con un badajo o, a veces, con un martillo exterior. 钟，铃

11. **boleado, da**　adj. Participio de bolear. Embetunar el calzado, limpiarlo y darle lustre.（往鞋上）擦过油的

12. **enfrentar**　tr. Poner frente a frente. 面对，使面对面

13. **talentazo**　m. Talento, inteligencia, capacidad para el desempeño o ejercicio de una ocupaciónón. 才能；天资

14. **concurso**　m. Competencia entre quienes aspiran a encargarse de ejecutar una obra o prestar un servicio bajo determinadas condiciones, a fin de elegir la propuesta que ofrezca mayores ventajas. 比赛，竞赛

15. **público**　m. Conjunto de las personas que participan de unas mismas aficiones o con preferencia concurren a determinado lugar. 观众，听众

16. **lustrada**　f. Participio de lustrar. Dar lustre y brillantez a algo, como metales y piedras. 抛光；擦亮（鞋子）

17. **truco**　m. Ardid o trampa que se utiliza para el logro de un fin. 花招，圈套

18. **zacate**　m. Nombre genérico de varias especies de hierba que sirven de pasto y forraje. 草；牧草

19. **fuchi**　interj. Exclamación que expresa asco o repugnancia. 真恶心

20. **bautizar**　tr. Poner nombre a algo. 为……命名

21. **ofrenda**　f. Productos que los fieles llevan a la iglesia en ocasión de ciertas solemnidades. 贡品；祭品

22. **implicar**　tr. Conllevar, contener en esencia una cosa, significar. 意味；包含

13

23. **quieto, ta** adj. Que no tiene o no hace movimiento. 静止的，不动的

24. **subestimar** tr. Estimar el valor de algo por debajo de su valor real. 低估，贬低

25. **otorgar** tr. Dar, brindar u ofrecer algo, especialmente una gracia, una merced, un premio o un honor. 给予，赐予

26. **requerir** tr. Necesitar o hacer necesaria alguna cosa. 需要

27. **pétalo** m. Hoja transformada, por lo común de bellos colores, que forma parte de la corola de la flor. 【植】花瓣

28. **huarache** m. Sandalia de capellada de cuero tejido y suela del mismo material o hule, sin tacón, típica de los campesinos mexicanos y hoy empleada como calzado informal. 【墨西哥方言】简陋的皮凉鞋

29. **punta de ala** 鞋尖

30. **fantasía** f. Facultad que tiene el ánimo de reproducir por medio de imágenes las cosas pasadas o lejanas, de representar las ideales en forma sensible o de idealizar las reales. 幻想，虚构

31. **desgracia** f. Mala fortuna o suerte en contra. 不幸

32. **hacer caso** 注重，重视；理睬，理会

33. **absurdo, da** adj. Contrario y opuesto a la razón; que no tiene sentido. 不合理的，荒谬的

34. **sobrar** intr. Haber más de lo que se necesita. 多余

35. **resolver** tr. Hallar la solución de un problema. 解决

36. **alebrije** m. Figura tradicional mexicana mezcla de distintos animales, algunos reales otros imaginarios, se les asocia con los nahuales que son guías espirituales en la cultura zapoteca. 【墨西哥方言】灵兽

37. **criatura** f. Cosa viviente, animal, bestia. 生物，动物

38. **caquita** f. Caca. Residuo sólido indigerible del bolo alimenticio, que se excreta a través del ano. 大便，粪便；脏物

39. **reingreso** m. Acción y efecto de volver a ingresar. 重新加入

40. **declarar** tr. En las aduanas, informar sobre los bienes que se piensa internar en el país. （在海关等）申报

41. **saltarse** prnl. Omitir voluntariamente. 略过

42. **escaneo** m. Acto que se hace con un aparato que, por medio de diversos métodos de exploración, como los rayos X, el ultrasonido o la resonancia magnética, produce una representación visual de secciones del cuerpo. 扫描

43. **engañar** tr. Llevar deliberadamente a alguno a creer lo que no es cierto. 欺骗

44. **de todos modos** 无论如何，不管怎样

45. **compadre** m. Persona unida por vínculo de amistad o confianza con quien habla. 〈口〉老兄，老弟，老伙计

46. **nene, na** m.,f. Expresión de cariño para personas de más edad. 〈口〉老小孩儿

47. **persona a cargo** 负责人

48. **chatarra** f. Desperdicio generalmente de metal. 〈口〉破旧的机器

49. **hechizado, da** adj. Embelesado; embrujado. 被施了法术的

50. **corriente** adj. Medio, común, regular, no extraordinario. 普通的，平常的，常见的

51. **barbería** f. Oficio de peluquero. 理发店

52. **bendecir** tr. Pedir el favor de una deidad u otro poder espiritual para alguna cosa o persona, en especial siguiendo un ritual prestablecido. 赐福；祝福

53. **híjole** interj. Un enunciado breve que expresa emoción, vacilación o protesta. 天哪

54. **desmayarse** prnl. Perder el sentido y el conocimiento. 昏倒

55. **cempasúchil** m. Flor mexicana que durante el Día de Muertos guía a los difuntos hasta las casas de sus familiares vivos. Es de color naranja. 万寿菊

56. **esqueleto** m. Sistema biológico que proporciona soporte a los tejidos blandos y músculos en los organismos vivos vertebrados. 骷髅；骨骼

57. **razonable** adj. Arreglado, justo, conforme a razón. 明智的；合理的

58. **perturbar** tr. Inmutar, trastornar el orden y concierto, o la quietud y el sosiego de algo o de alguien. 搅乱，扰乱

59. **falsificar** tr. Crear un material o identificador con la intención fraudulenta de hacerlo pasar por otro. 假造，伪造

60. **uniceja** f. Característica de las cejas de Frida Kahlo: las dos cejas está casi conectadas y se ven como una. 连心眉

61. **reformarse** prnl. Enmendar, corregir la conducta de alguien, haciendo que abandone comportamientos o hábitos que se consideran censurables. 改过自新

62. **compensar** tr. Dar algo o hacer un beneficio en resarcimiento del daño, perjuicio o disgusto que se ha causado. 补偿；报偿

63. **espectacular** adj. Asombroso, fabuloso, impresionante. 好看的，精彩的，壮观的

64. **advertencia** f. Consejo a manera de observación o sugerencia. 忠告；劝告；警告

65. **disfraz** m. Vestido de fiesta o carnaval que suele representar a algo o a alguien. 伪装服，假面具

66. **chamaco, ca** m.,f. Muchacho, niño. 〈口〉小孩儿

67. **arreglar** tr. Resolver, manejar. 处理，办理

68. **occiso** adj. Dicho de una persona que ha perdido la vida violentamente. 暴死的，暴卒的

69. **padre** adj. Estupendo. 【墨西哥方言】极好的

70. **bobo, ba** adj. Tonto. Falto de entendimiento o razón. 傻的，蠢笨的

71. **ensayar** tr. Preparar el montaje y ejecución de un espectáculo antes de ofrecerlo al público. 彩排

72. **xoloitzcuintli** m. Tipo de perro prácticamente sin pelo originario de México. 墨西哥无毛犬

73. **ambulante** m.,f. Persona que se mueve de un lugar a otro. 居无定所的人

74. **brotar** intr. Surgir una cosa material o inmaterial del interior o de la superficie de otra. 长出；

冒出

75. **cactus** m. Planta de la familia de las cactáceas, de tallo globoso con espinas. 仙人掌

76. **obvio, via** adj. Muy claro o que no tiene dificultad. 明显的，显而易见的

77. **inspirado, da** adj. Dicho especialmente de una persona: Brillante, ingeniosa, oportuna. 有灵感的

78. **celebridad** f. Persona famosa. 知名人士，著名人士

79. **flojo, ja** adj. Dicho de una persona, poco predispuesto a trabajar o lento en realizar las tareas. 懒惰的，懒散的，懈怠的

80. **intoxicar** tr. Infectar con tóxico, envenenar. 下毒

81. **presumido, da** adj. Vano, jactancioso, orgulloso, que tiene alto concepto de sí mismo. 爱虚荣的，自负的，自视甚高的

82. **hallar** tr. Dar con alguien o algo que se busca. 找到

83. **pronador, ra** m.,f. Persona que al correr pisa sobre todo con la parte interior de la planta del pie. 内八字脚走路的人

84. **jacal** m. Choza. Alojamiento rústico fabricado con adobe. 【墨西哥方言】茅屋，窝棚，破房子

85. **minibar** m. Mueble frigorífico con bebidas y aperitivos, generalmente instalado en una habitación de hotel. 迷你吧台

86. **servilleta** f. Pieza de tela o papel usada para limpiarse o evitar mancharse al comer. 餐巾，餐纸

87. **fémur** m. Hueso del muslo, el más largo del cuerpo, que se extiende desde la ingle hasta la rodilla. 【解】股骨

88. **chueco, ca** adj. Torcido, ladeado 罗圈腿的

89. **trenza** f. Peinado que se hace entretejiendo el cabello largo. 发辫，辫子

90. **alambre** m. Cobre y sus dos aleaciones, bronce y latón. 铜及其两种合金，青铜和黄铜

91. **arqueado, da** adj. Que tiene forma curva o de arco. 弓形的，弧形的

92. **en persona** 亲自，亲身

93. **tierno, na** adj. Afectuoso, cariñoso y amable. 深情的；亲切的

94. **nervio** m. pl. Estado psicológico agitado y tenso de una persona. 【解】神经

95. **atrapar** tr. Atraer, coger a alguien. 抓住；吸引住

96. **adivinar** tr. Acertar algo por azar. 猜测

97. **chiflado, da** adj. Se dice de quien profesa una pasión desmesurada por alguien o algo. 〈口〉爱恋某人的

98. **despegar** tr. Dicho de una cosa: Caer mal, desdecir, no corresponder con otra. 不适用；不相符

99. **aviso de emergencia** 紧急通知

100. **alejarse** prnl. Distanciar, llevar a alguien o algo lejos o más lejos. 远离

Unidad 1　Coco
第一单元　寻梦环游记

101. **pulgoso, sa** adj. Que tiene pulgas. 有跳蚤的

102. **arruinar** tr. Destruir, ocasionar grave daño. 毁坏，破坏

103. **adorar** tr. Gustar de algo extremadamente. 酷爱，热爱

104. **echar raíces** 扎根；安定下来

105. **sacrificio** m. Esfuerzo, pena, acción o trabajo que una persona se impone a sí misma por conseguir o merecer algo o para beneficiar a alguien. 牺牲

106. **tataranieto, ta** m.,f. Hijo del bisnieto de una persona. 玄孙，玄孙女；玄外孙，玄外孙女

107. **echar fuego** 点燃（气氛）

108. **triunfador, ra** m.,f. Perona que gana. Vencedor. 胜利者

109. **destruir** tr. Deshacer, dejar en nada algo ya hecho. 摧毁，毁坏

110. **infante** m. Niño pequeño, en especial antes de llegar a la edad de escolarización. 幼儿，小孩儿

111. **veneno** m. Sustancia que, introducida en el organismo, altera o incluso destruye las funciones vitales. 毒药

112. **abrumado, da** adj. Oprimido, bajo grave peso moral o material. 被压得喘不过气的

113. **arrepentirse** prnl. Dicho de una persona: Sentir pesar por haber hecho o haber dejado de hacer algo. 后悔

114. **enmendar** tr. Arreglar, corregir los fallos o defectos. 弥补；修正

115. **añorar** tr./intr. Sentir con nostalgia o pena la ausencia o distancia de alguien o de algo querido. 怀念，思念，想念

116. **embarcar** tr. Ingresar o introducir personas o mercancías en un barco, avión, tren u otro medio de transporte para viajar.（把人和货物等）装上船、火车、飞机等

117. **trago** m. Copa pequeña de una bebida alcohólica, particularmente de aguardiente. 一口（酒）

118. **confundir** tr. Mezclar, fundir cosas diversas, de manera que no puedan reconocerse o distinguirse. 混淆，搞混

119. **reputación** f. Prestigio o estima en que son tenidos alguien o algo. 声誉，名望

120. **agradar** m. Haz que se puede coger con la mano. 捆，叠

121. **envenenar** tr. Infectar con tóxico. 下毒

122. **extrañar** tr. Echar de menos a alguien o algo, sentir su falta. 想念

123. **apartado, da** adj. Solitario, incomunicado, separado. 孤独的；和……分开的

124. **pésimo, ma** adj. Grado superlativo irregular del adjetivo malo. 极坏的，非常糟糕的

125. **asesino, na** m.,f. Que asesina o ha asesinado. 凶手

126. **angustiado, da** adj. Preocupado, ansioso. 发愁的，忧愁的

127. **rechazar** tr. Mostrar oposición o desprecio a una persona, grupo, comunidad, etc. 拒绝

128. **divisar** tr. Percibir con la vista, generalmente de manera confusa o a gran distancia. 望见，遥见

129. **advertir** tr. Hacer una advertencia, a veces amenazante. 提醒；警告
130. **cobarde** m.,f. Que no tiene valor para enfrentarse a las dificultades o para defender sus ideas; que tiene temor a los riesgos o exceso de prudencia. 懦夫，胆小鬼；暗算别人的人
131. **orquesta** f. Grupo de músicos que interpretan obras musicales con diversos instrumentos. 乐队
132. **prometer** tr. Asegurar la certeza de lo que se dice. 承诺，许诺
133. **conservar** tr. Mantener o cuidar de la permanencia o integridad de algo o de alguien. 保存；收藏
134. **vibrar** tr./intr. Experimentar un cuerpo pequeños y rápidos movimientos. 颤动，抖动
135. **latido** m. Cada uno de los golpes producidos por el movimiento alternativo de dilatación y contracción del corazón contra la pared del pecho, o de las arterias contra los tejidos que las cubren. （心脏与动脉的）搏动，跳动

II. Frases usuales 实用句子

1. A veces, siento que tengo un hechizo por algo que sucedió antes de que yo naciera. 有时候，我会感觉自己和出生前发生过的某件事之间存在着某种神秘的联系。
2. Un día se fue con su guitarra y nunca volvió. 有一天，他带着吉他离开了，再也没有回来。
3. La mamá no tenía tiempo para llorar por un músico abandona familias. 那个妈妈没时间为一个抛妻弃子的音乐家哭泣。
4. La música había dividido a su familia, pero los zapatos la mantenían unida. 音乐分裂了她的家庭，但鞋子使她的家庭团结在一起。
5. A Mamá Coco le cuesta trabajo recordar cosas, pero aun así me gusta hablar con ella. 可可妈妈很难记住事情，但我还是喜欢和她说话。
6. Creo que somos la única familia en México que odia la música, pero yo no soy como el resto de mi familia. 我觉得我家是墨西哥唯一一讨厌音乐的家庭，但我和其他家人不同。
7. Sé que no debería amar la música, pero no es mi culpa. 我知道我不该爱上音乐，但这不是我的错。
8. Ser parte de esta familia implica apoyar siempre a esta familia. 成为这个家庭的一员意味着永远支持这个家。
9. El resto del mundo obedece las reglas, pero yo obedezco a mi corazón. 世人遵守规则，但我遵从本心。
10. Creí que esa una de las mentiras que se decían a los niños, como las vitaminas. 我曾以为这都是骗小孩的话，就像维生素一样。
11. Esto no es justo, es mi vida, tú ya tuviste la tuya. 这不公平，这是我的生活，你曾拥过有你的（生活）。
12. La música es lo único que me hace feliz y tú quieres quitarme eso. 音乐是唯一能让我快乐的

东西，而你却想将它从我身边夺走。

13. Cuando nació Coco encontré algo nuevo en mi vida con más importancia que la música. 当可可出生时，我发现了生命中比音乐更重要的新事物。
14. Eso es lo que hacen las familias, apoyarse, pero jamás lo harás. 家人要做的是相互支持，但你永远做不到。
15. ¿Te hiciste daño? 你有没有受伤？
16. El resto de nuestra familia no quiere escuchar, pero esperaba que tú sí. 我们家里的其他人不想听，但我希望你可以（听）。
17. Yo movería el cielo y la tierra por ti, mi amigo. 我愿意为你上天入地，我的朋友。
18. Siempre hubo algo que me volvía diferente. 总有一些事使我与众不同。
19. ¿Cuántas veces voy a tener que rechazarte? 我得拒绝你多少次才行？
20. Nada es más importante que la familia. 没有什么比家庭更重要。
21. Nunca más olvides lo mucho que tu familia te ama. 永远不要忘记你的家人有多么爱你。

III. Notas de cultura 文化点拨

1 El Mariachi: 马里亚奇

  El mariachi es la forma de música folclórica más conocida de México. El nombre se refiere a la música, los músicos y la banda / orquesta que la tocan. Comenzó como un estilo popular regional llamado "Son Jalisciense" en el centro oeste de México, que originalmente se tocaba solo con instrumentos de cuerda y músicos vestidos con pantalones y camisas blancas de campesinos.

  Desde el siglo XIX al XX, las migraciones de áreas rurales a ciudades como Guadalajara y la Ciudad de México, junto con la promoción cultural del gobierno mexicano, cambiaron gradualmente este estilo Son, y su nombre alternativo de "mariachi" se utilizó para la forma "urbana".

Las modificaciones de la música incluyen influencias de otras músicas como polcas y valses, la adición de trompetas y el uso de trajes de charro por parte de músicos mariachis.

El estilo musical comenzó a cobrar protagonismo nacional en la primera mitad del siglo XX, con su promoción en las inauguraciones presidenciales y en la radio en la década de 1920. Sin embargo, su uso en un género de cine mexicano llamado "comedia ranchera" en las décadas de 1930 y 1940, la impulsó a la prominencia nacional e internacional y la hizo representativa de México.

Desde entonces, la música se ha tocado en muchas partes del mundo, pero se ganó popularmente como género en los Estados Unidos, principalmente a través de su promoción en bandas escolares y en festivales de mariachis, especialmente en el suroeste del país.

(Fuente: es.paklim.org)

2 La Catrina: 卡特里娜

La Catrina surgió de la imaginación y la tinta del grabador José Guadalupe Posada en 1912. Originalmente la nombró "La Calavera Garbancera", llamada, así como una crítica a la población de garbanceros, que después de volverse ricos, despreciaban sus raíces indígenas.

Esta sátira se hace más evidente cuando debajo del elegante sombrero, se distinguen los moños con los que las trabajadoras se ataban las trenzas. Al mismo tiempo surgen las calaveritas literarias que acompañaban dichas imágenes, en las cuales se mezclan la poesía y el humor negro con versos referentes al Día de Muertos. Años después, Diego Rivera plasma al maestro Posada y a su creación en el mural "Sueño de una tarde dominical en la Alameda Central", llamándola "Catrina" en burla de la alta aristocracia de la época, y desde entonces ese nombre se le ha dado.

(Fuente: Topadventure)

3 Frida Kahlo: 弗里达·卡洛

Magdalena Carmen Frida Kahlo Calderón (1907-1954), conocida mundialmente como Frida Kahlo, fue una pintora mexicana reconocida como un icono pop de la cultura de México. Su obra gira temáticamente en torno a su biografía y a su propio sufrimiento. Fue autora de 150 obras, principalmente autorretratos, en los que proyectó sus dificultades por sobrevivir.

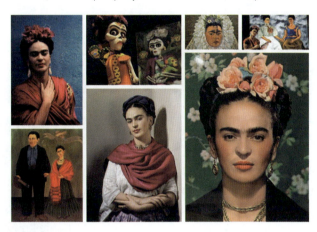

Su vida estuvo marcada por el infortunio de sufrir un grave accidente en su juventud que la mantuvo postrada en cama durante largos periodos, llegando a someterse hasta a 32 operaciones quirúrgicas. Llevó una vida poco convencional.

La obra de Frida y la de su marido, el pintor Diego Rivera, se influyeron mutuamente. Ambos compartieron el gusto por el arte popular mexicano de raíces indígenas, inspirando a otros pintores mexicanos del periodo posrevolucionario.

En 1939 expuso sus pinturas en Francia gracias a una invitación de André Breton, quien intentó convencerla de que eran "surrealistas", aunque Kahlo decía que esta tendencia no correspondía con su arte, ya que ella no pintaba sueños sino su propia vida. Una de las obras de esta exposición se convirtió en el primer cuadro de un artista mexicano adquirido por el Museo del Louvre.

(Fuente: Artsandculture)

4 Emiliano Zapata: 埃米利亚诺·萨帕塔

Emiliano Zapata (1879-1919) fue uno de los líderes de la revolución mexicana. Trabajó como campesino, y las injusticias que presenció por parte de los grandes hacendados latifundistas, contribuyeron a crear en él una gran conciencia social. Luchó como guerrillero y fue asesinado por su actitud combativa contra el poder. Después de su muerte se convirtió en el símbolo de la revolución mexicana.

5 Pedro Infante: 佩德罗·因方特

Pedro Infante (1917-1957) fue un cantante y actor. Representó, como ningún otro, la Edad de oro del cine mexicano, y sus rancheras llegaron a ser enormemente populares. Fanático de la aviación, murió en un accidente aéreo cuando su avioneta se cayó en pleno centro de la ciudad de Mérida, donde actualmente se encuentra la Plaza Pedro Infante.

6 Pedro Vargas: 佩德罗·巴尔加斯

Cantante primero y actor después, a Pedro Vargas (1906-1989) se le conoció como "El ruiseñor de las Américas". Participó en más de setenta películas de la llamada Época de Oro del Cine Mexicano. Alternó con otros grandes de la época como Pedro Infante. Intentó ser cantante de ópera, pero acabó dedicándose a la canción popular mexicana.

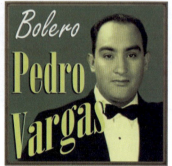

7 Mario Moreno Cantinflas: 马里奥·莫雷诺·坎丁弗拉斯

Actor mexicano con un gran talento cómico, Mario Moreno (1911-1993) desarrolló un humor muy peculiar que se basó en el habla popular mexicana, pero que al final su forma de hablar resultó tan característica que se creó un verbo para denominarlo y que aparece en los diccionarios: cantinflear. Su personaje cómico es casi siempre un hombre de clase baja que, con su ingenio y astucia, logra burlar a los poderosos.

8 El Santo: 圣人（桑托）

Unidad 1　Coco
第一单元　寻梦环游记

"El Santo" fue el nombre artístico de Rodolfo Guzmán Huerta (1917-1984), luchador y actor mexicano. Caracteriza do por su máscara que nunca perdió en ningún combate. Su personaje adquirió la categoría de superhéroe en las películas que interpretó y en los cómics basados en su personaje.

9 El Tamal: 蕉叶玉米粽

La palabra tamal viene del náhuatl tamalli. Son diferentes los rellenos del tamal, generalmente es masa y carne, aunque también hay rellenos dulces. Lo característico de estos es ir envueltos en hojas de plátano o maíz. La masa usada es de maíz y manteca de cerdo con salsa. Las carnes pueden ser de cerdo, res, pollo, pato o pavo. Los tamales tradicionales vienen envueltos en hojas de maíz, con cerdo y pollo, además de chile verde.

En México existen más de 500 variedades de tamales. Esta forma de cocinar, entre hojas, es típica de los pueblos originarios de esta zona de América, incluso de Centroamérica hasta el comienzo de Los Andes en el sur de este continente.

(Fuente: Elviajerofeliz)

Sección 4　Actividades postvisionadas
观影后练习

I. Dictado de unos fragmentos de la Película　电影片段听写练习

Mira y escucha los siguientes fragmentos de la película tres veces y completa los espacios en blanco. 请视听下面的电影片段三遍并完成填空。

Fragmento 1 (00:06:28-00:08:35)

(M_1 por Miguel, M_2 por el músico de mariachi y E por Mamá Elena)

M_1: A veces, miro a de la Cruz y tengo la sensación de que algo nos conecta. Siento que, si él pudo tocar música, tal vez un día, yo también. Si no fuera por mi familia.

M_2: Ay-ay-ay, muchacho. Solo pedí una boleada no la historia de tu vida.

M_1: Sí. Lo siento. Es que cuando estoy en casa no puedo (1)_____ de esto. Y...

M₂: Oye, si fuera tú, yo enfrentaría a mi familia y diría... "Eh, soy un músico. ¡Les guste o no!"

M₁: Eso jamás lo diría.

M₂: Tú sí eres un músico, ¿no?

M₁: No lo sé. La verdad, yo toco para mí solamente.

M₂: ¡Ah! ¿De la Cruz se volvió el (2)_____ del mundo por esconder su talentazo? ¡No! Él salió directo a esa plaza y empezó a tocar. Ay, mira, mira, ¡se preparan para hoy! El concurso de música del Día de Muertos. ¿Quieres ser como tu héroe? ¡Inscríbete!

M₁: ¡Mi familia se pondría loca!

M₂: Si te (3)_____ hacerlo, entonces, zapatero a tus zapatos. A ver, ¿qué era lo que de la Cruz siempre decía?

M₁: ¿Vive tu momento?

M₂: Muéstramelo que haces, muchacho. Tu público seré yo.

E: ¡Miguel!

M₂: ¡Abuelita!

E: ¿Qué (4)_____ aquí? Deja en paz a mi nieto.

M₂: Doña, ¡cálmese! Quería una lustrada y ya.

E: Conozco tus trucos, mariachi. ¿Qué cosa te dijo?

M₁: Solo quiso enseñarme su guitarra.

E: ¡Atrevido! Mi nieto es un lindo y dulce angelito, chiquito cielito. Sin nada que ver con tu música, mariachi. ¡No lo (5)_____! Ay, pobrecito. O, ¿estás bien, mijo? ¡Yo te advertí de que no vinieras a esta plaza! Ahora ven a casa. ¡Ya!

Fragmento 2 (00:28:23-00:29:47)

(M por Miguel, I por Mamá Imelda, S₁ por la señora recepcionista, J por papá Julio, S₂ por el señor sin nariz, R por Rosita, F por Felipe y O por Óscar)

I: ¡Exijo hablar con la persona a cargo!

S₁: Perdón, señora, aquí dice que nadie puso su foto. Mi familia siempre, siempre pone mi foto en la ofrenda.

I: ¡Esa chatarra solo (1)_____!

M: ¿Mamá Imelda?

I: ¡Ay, mi familia! No quieren dejarme cruzar el puente. Díganle a esta mujer y a su horrible máquina, que mi foto, ¡sí está en la ofrenda!

J: Bueno, es que nunca (2)_____ la ofrenda.

I: ¿Qué?

J: Antes nos encontramos a...

I: ¿Miguel?

M: Mamá Imelda.

S2: ¿Qué sucede aquí? ¿Son la familia Rivera? Están hechizados.

I: ¿Qué?

S2: El Día de Muertos es cuando se da algo a los muertos. No se les quitan los muertos.

M: Pero, yo no robé esa guitarra.

I: ¿Guitarra?

M: Era de mi tatarabuelo. A él le hubiera hecho feliz dármela.

I: ¡Ah, ah, ah! Aquí nadie (3)_____ese músico. Está muerto para la familia.

M: También ustedes están muertos.

S2: ¡Achú! Ay, perdón. ¿El alebrije de quién es?

M: Solo es Dante.

R: La verdad no sé si sea un alebrije.

F: Parece un perro (4)_____.

O: O una salchicha que pasó con una barbería.

S2: Sea lo que sea, soy... terriblemente alérgico.

M: Pero Dante no tiene (5)_____, señor.

S2: Y ya no tengo nariz, niño. Así son las cosas. ¡Achú!

Fragmento 3 (00:55:02-00:56:43)

(M por Miguel, I por Mamá Imelda)

I: Ya déjate de tonterías, Miguel. Te voy a otorgar mi bendición, y volverás a casa...

M: ¡No quiero tu bendición!

I: Miguel, ¡basta! ¡Regresa! ¡Miguel! ¡Estoy (1)_____salvar tu vida!

M: ¡Arruinas mi vida!

I: ¿Qué?

M: La música es lo único que (2)_____. Y tú quieres quitarme eso. Nunca vas a entender.

I: Y aunque la vida me cueste, Llorona, no dejaré de quererte...

M: Creí que odiabas la música.

I: ¡Yo la adoraba! Jamás olvidé esa emoción... cuando mi esposo tocaba yo cantaba con él y el resto (3) _____. Pero cuando nació Coco, encontré algo nuevo en mi vida... con más importancia que la música. Yo quería (4)_____. Él quería cantar para el mundo. Los dos hicimos sacrificios para alcanzar nuestros deseos. Ahora tú (5)_____.

M: Pero no quiero que me hagan elegir. ¿Por qué no me apoyas tú? Eso es lo que hacen las familias. Apoyarse. Pero jamás lo harás.

Fragmento 4 (01:24:46-01:28:28)

(E por Ernesto de la Cruz, M por Miguel, H por Héctor, I por Mamá Imelda, J por Julio, P por el público)

E: Trabajé muy duro, Héctor. No puedo dejar que (1)_____.

H: Es un niño vivo, Ernesto.

E: ¡Es una amenaza! ¿Crees que lo dejaré volver a la Tierra de los Vivos con tu foto? ¿Y conservar tu memoria con vida? No.

M: ¡Eres un cobarde!

E: Soy Ernesto de la Cruz. ¡El mejor músico de todos los tiempos!

M: Héctor es el verdadero músico. ¡Tú eres el hombre que (2)_____ y robó sus canciones!

E: ¿Cómo dijo? Yo soy un hombre dispuesto a lo que sea para vivir mi momento. No importa que sea.

H: ¡No!

I: ¡Miguel!

J: ¡Miguel!

E: Disculpa, querido amigo. Pero el show debe continuar. Jajaja, mi familia.

P: ¡Asesino!

E: Orquesta. Uno, dos, ... Recuérdame. Hoy me tengo que...

P: ¡Miren! Gatito.

E: ¡Bájame, bájame! ... ¡No, No!

P: ¿Algo que no vi?

M: ¡Buen perro, Dante!

I: ¡Miguel!

M: ¡Héctor! La foto... ¡no la tengo!

H: Descuida, mijo. Está...

M: ¡Héctor! ¿Héctor?

H: Coco.

M: ¡No! Encontraremos la foto.

I: Miguel, casi amanece ya.

M: No, no. (3)_____. Te prometí que pondría tu foto en la ofrenda. Te prometí que verías a Coco.

H: Se acaba nuestro tiempo, mijo.

M: ¡Ay, no! ¡No! ¡No dejes que ella te olvide!

H: Solo (4)_____ cuánto la amé.

M: ¡Héctor!

H: Ten nuestra bendición, Miguel.

I: (5)_____.

M: ¡No! Papá Héctor, ¡espera! ¡No!

H: Ve a casa.

M: Yo prometo. ¡No dejaré que Coco te olvide!

II. Doblaje o dramatización de los siguientes fragmentos de la película
电影片段配音或短剧表演练习

Fragmento 1 (00:15:59-00:18:23)

(M por Miguel, C por Mamá Coco, L por Luisa, E_1 por Enrique, B por Berto, G por Gloria, E_2 por Elena)

M: ¡Dante! No, Dante. ¡Quieto! ¡No, no, no, no, no! No. ¿La guitarra de la Cruz?

C: Papá, papá.

M: Mamá Coco, ¿Tu papá es Ernesto de la Cruz?

C: Papá, papá.

M: Jaja. ¡Papá, papá! ¡Es él! Sé quién fue mi tatarabuelito.

L: Miguel, qué haces, bájate.

M: ¡El papá de Mamá Coco fue Ernesto de la Cruz!

E_1: Hijo, ¿de qué estás hablando?

M: ¡Voy a ser músico!

E_2: ¿Qué es todo esto? ¿Guardas secretos como éste de tu familia?

B: Esto es el tiempo que pasa en la plaza.

G: Piensas solo en locas fantasías.

M: No es una fantasía. ¡Este hombre era Ernesto de la Cruz! ¡El mejor músico de todos los tiempos!

E_1: ¡Jamás oímos nada sobre este hombre! Pero, como sean, el señor abandonó a su familia. No es futuro para mi hijo.

M: Pero, papá, tú dijiste que mi familia iba a guiarme. Bueno, de la Cruz es mi familia. La música está en mis venas.

E_2: ¡Jamás! Su música fue una desgracia, no voy a tolerarlo.

M: Si me dejaran...

E_1: Miguel... Haz caso a tu familia. No más música.

M: ¡Solo escuchen cómo toco!

P: No discutas más.

E_2: ¿Quieres terminar como ese hombre? ¿Olvidado? ¿Y fuera de la ofrenda de tu familia?

M: Me da igual si me ponen en su absurda ofrenda... ¡No!

E_1: ¡Mamá!

E_2: Listo. Sin guitarra. No hay música. Uy, ya, te vas a sentir mejor después de cenar con tu familia.

M: ¡No quiero ser parte de esta familia!

E_1: ¡Miguel! ¡Miguel!

Fragmento 2 (00:43:14-00:47:02)

(H por Héctor, C por Chicharrón y M por Miguel)

H: ¡Buenas noches, Chicharrón!

C: Aleja tu cara insoportable, Héctor.

H: Anímate, es Día de Muertos. Te traje una ofrendita.

C: ¡Lárgate de aquí!

H: Ay, lo haría, Chichi. Pero la cosa es que, mi buen amigo Miguel... necesita que prestes tu guitarra.

C: ¿Mi guitarra?

H: Sí.

C: ¿Mi amada y preciosa guitarra?

H: Prometo devolverla de inmediato.

C: ¿Igual que prometiste devolver mi camioneta? ¿O mi minibar?

H: Ay, es que...

C: ¿O mis servilletas? ¿Mi lazo? ¿Mi fémur?

H: No, no igual que esas veces.

C: Quiero mi fémur, tú...

H: ¿Estás bien, amigo?

C: Desaparezco, Héctor. Ya lo puedo sentir. Aunque quisiera no podría tocar otra vez esa cosa. Toca, para mí...

H: No, no. Yo dejé esa hace mucho tiempo, Chich. La guitarra es para el niño.

C: Si la quieres, tienes que ganártela.

H: ¡Ay! Solo por ti, amigo. ¿Cuál quieres oír?

C: Conoces mi favorita, Héctor.

H: Conoces ya a Juanita. Sus ojos son bicolores. Sus dientes chuecos. Y tiene tres. Con sus... uñas el suelo rayó...

C: Eso no es la letra.

H: Hay niños presentes. Sus trenzas son de alambre. Arqueadas sus piernas están. Si yo no fuera tan feo. Su amor tal vez me podría dar...

C: Me mueve mis recuerdos. Gracias.

M: Oye. ¿Qué le pasó?

H: Ya fue olvidado. Si no queda nadie que te recuerda en el Mundo de los Vivos...desapareces de este mundo. Lo dicen la muerte final.

M: y ¿dónde está, ahora?

H: Nadie lo sabe. Pero acaba de conocerme.

M: Cuando yo vuelva nunca lo olvidaré.

H: No, esto no funciona así, chamaco. Nuestra memoria, solo se puede transmitir por los que nos conocieron en vida... en las historias que cuentan sobre nosotros. Pero no hay nadie con vida

Unidad 1　Coco
第一单元　寻梦环游记

que pueda contar las historias de Chich. Nos pasa a todos al final. Ven, de la Cruzito, tienes un concurso que ganar.

Fragmento 3 (01:04:16-01:07:47)
(E por Ernesto de la Cruz, M por Miguel y H por Héctor)

E: Miguel, te otorgo mi bendición...

H: Teníamos un trato, chamaco.

E: ¿Quién eres tú? ¿Qué significa todo esto? Oh, ¡Frida! Dijiste que ya no vendrías.

H: Dijiste que llevarías mi foto. Lo prometiste, Miguel.

E: ¿Conoces a este hombre?

M: Nos conocimos hoy. Dijo que te conocía.

E: ¿Héctor?

H: Te pido, Miguel. Pon mi foto en la ofrenda.

E: Mi amigo, te empiezan a olvidar.

H: ¿Y de quién es la culpa?

E: Héctor, espera...

H: Eran mis canciones, Ernesto. Mis canciones que te volvieron famoso.

M: ¿Qué?

H: Si me están olvidando, es porque tú jamás le dijiste a nadie que yo las escribí.

M: Estás loco. De la Cruz creó todas sus canciones.

H: ¿Le dices tú, o le digo yo?

E: Héctor, no es que me quedara con el crédito, hicimos un gran equipo, pero falleciste... y yo solo canté tus canciones porque quería conservar una parte de ti con vida.

H: Ay, ¡qué generoso!

M: Entonces, sí tocaban juntos.

H: A ver, no quiero pelear por esto. Solo quiero que enmiendes las cosas. Miguel al fin pondrá mi foto, y yo puedo cruzar el puente. Estaré con mi hija. Ernesto, ¿Cómo fue la noche en que partí?

E: Eso fue hace un largo tiempo.

H: Brindé contigo. Y dijiste que moverías el cielo y la tierra... por tu amigo. Bien, te pido que lo hagas ahora.

M: ¿El cielo y la tierra? ¡Igual que la película?

H: ¿Qué?

M: Es lo que dice Don Hidalgo. Lo dicen en la película *El camino a casa*.

H: Yo me refiero a mi vida real, Miguel.

M: ¡No! Ahí está, ¡Escucha!

E: Esto exige un brindis. ¡Por nuestra amistad! Yo movería el cielo y la tierra por ti, mi amigo.

M: Pero en la película, Don Hidalgo envenena el trago.

29

E: ¡Salud!

H: ¡Veneno! Esa noche, Ernesto. La noche en que partí... Llevábamos de gira muchos meses. Añoraba mi hogar. Empaqué mis canciones.

E: ¿Te quieres marchar, estando tan cerca de alcanzar nuestro sueño al fin?

H: Era tu sueño amigo, lo cumplirás.

E: ¡Sin tus canciones no puedo hacerlo, Héctor!

H: Me voy a casa, Ernesto. Ódiame si quieres, pero tomé mi decisión.

E: Ay, no soy capaz de odiarte. Si prefieres hacerlo, entonces voy a despedirte con un trago. Por nuestra amistad. Yo movería el cielo y la tierra por ti, mi amigo. ¡Salud!

H: Me acompañaste a la estación de tren. Pero sentí un dolor en el estómago. Pensé que debía ser algo que comí. Tal vez fue ese chorizo, mi amigo. O algo que... bebí. Me desperté muerto. Tú... me diste veneno.

E: Tú confundes una película con la realidad, Héctor.

H: Todo este tiempo, creí que había sido mala suerte. Nunca imaginé que tú pudieras... Que tú... ¿Por qué lo hiciste?

M: ¡Héctor!

E: ¡Seguridad! ¡Seguridad!

H: ¡Me quitaste lo que más amaba! ¡Traidor!

E: Debe conseguir ayuda. Él no está bien.

H: Solo quería volver a casa. ¡No!

Fragmento 4 (01:29:10-01:33:15)

(M por Miguel, C por Mamá Coco, E_1 por Enrique, L por Luisa y E_2 por Elena)

M: ¿Mamá Coco? Escúchame. Soy Miguel. Conocí a tu papá. ¿Tu papá? ¡Papá! ¡Por favor! Si lo olvidas, desaparecerá. Para siempre.

E_1: Miguel, ¡abre la puerta!

M: Esta era su guitarra, ¿sí? Él la tocaba para ti. Sí, ¡ahí está! Recuerda tu papá. ¿Papá?

E_1: ¡Miguel!

M: Mamá Coco, ¡mira! No lo vayas a olvidar.

E_2: ¿Qué le haces a esta pobre mujer? Tranquila, mamita.

E_1: ¿Y ahora qué te pasa? Creí que te perdía...

M: Perdóname, papá.

L: Estamos juntos ahora. Eso es lo que importa.

M: No estamos todos.

E_2: Tranquila, mi mamita. Miguel, discúlpate con tu Mamá Coco.

M: ¿Mamá Coco?

E_2: ¿Y bien? ¡Discúlpate!

Unidad 1 Coco
第一单元 寻梦环游记

M: ¿Mamá Coco? Tu papá, él quería que tuvieras esto.

E₁: Mamá, ¡espera!

M: Recuérdame. Hoy me tengo que ir mi amor. Recuérdame. No llores por favor.

L: Oigan.

M: Te llevo en mi corazón y cerca me tendrás. A solas yo te cantaré soñando en regresar. Recuérdame, aunque tengo que emigrar.

M y C: Recuérdame si mi guitarra oyes llorar. Ella con su triste canto te acompañará hasta que en mis brazos tú estés. Recuérdame.

C: ¿Elena? ¿Qué tienes, mija?

E₂: Nada, mamá. No tengo nada.

C: Mi papá me cantaba esa canción.

M: Él te amaba, Mamá Coco. Tu papá te amaba muchísimo.

C: Conservé sus cartas... poemas que me escribió. Y... Papá era músico. Cuando yo era una niña... él y mamá cantaban las más bellas canciones.

III. Lee y memoriza las siguientes frases más célebres de la película. 请朗读并背诵电影中的经典台词。

1 "El Día de Muertos es la única noche del año en que nuestros ancestros nos visitan, ponemos sus fotos en la ofrenda para que sus espíritus crucen de vuelta, eso es muy importante. si no las ponemos, ellos no cruzarán. Preparamos esta comida y dejamos cosas que amaron en vida, mijo, y todo es para que la familia se reúna."

▶ 参考译文
"每年的亡灵节是唯一一个过世的亲人们能回来看望我们的日子。我们将他们的照片供奉在祭坛上，以便他们的灵魂能够回来。这是非常重要的事情。要是没把他们的照片放上，他们就回不来了。我们做这些好吃的，然后把他们生前喜欢的东西摆上，这些都是为了能让他们回来和亲人们团聚。"

2 "Solo quería verla otra vez, hice mal en abandonar Santa Cecilia. Quisiera decirle cómo lo siento. Quisiera decirle como su papa sí trató volver, que la amó y mucho. Mi Coco [...] Siempre soñé con verla otra vez, que me extrañaba y tal vez pondría mi foto en el altar, pero nunca pasó. ¿Te digo qué es lo peor? Si ya jamás veía a Coco en el Mundo de los Vivos...creí que al menos un día la vería aquí. Le daría un abrazo gigante. Pero ella es la última persona que aún no me olvida."

▶ 参考译文
"我只想再见她一面。我真不该抛下塞西莉亚。我真希望能告诉她我有多么抱歉，告诉她爸爸曾经想办法回到她身边，告诉她我有多爱她。我的可可。我一直幻想着能再见到她，幻想着也许她也想念着我，会把我的照片摆放在祭坛上，但她从未这么做过。你知道最糟糕的是什么吗？本来我想，如果不能在生者世界再见到她，至少我还能在某一天与她在这里相遇。我会给她一个大大的拥抱。然而，她是（生者世界）唯一一个还留存着对我的记忆的人了。"

IV. Elige las preguntas que te interesen más y discútelas con tus compañeros de clase. 请选择感兴趣的话题与同学进行讨论。

1. ¿Qué piensas de la película *Coco*? ¿Te gusta? ¿Por qué? ¿Qué valores hay en ella?
2. Desde tu punto de vista, ¿es necesario marcarse propósitos en la vida para llegar a un destino? ¿Cualquier medio sirve para lograrlos? ¿El apoyo familiar es muy importante para animarse en el proceso?

3. El origen del Día de Muertos se remonta a las culturas maya, nahua, zapoteca y mixteca que habitaban el centro y el sur del país durante la época prehispánica. ¿Cuál te interesa más? ¿Qué conoces sobre las culturas indígenas mexicanas?

4. Octavio Irineo Paz Lozano fue un poeta, escritor, ensayista y diplomático mexicano, Premio Nobel de Literatura en 1990. Se le considera uno de los más influyentes escritores del siglo XX y uno de los grandes poetas hispanos de todos los tiempos. El escritor habló de la muerte para los mexicanos:

Octavio Paz

"Para el habitante de Nueva York, París o Londres, la muerte es palabra que jamás se pronuncia porque quema los labios. El mexicano, en cambio, la frecuenta, la burla, la acaricia, duerme con ella, la festeja, es uno de sus juguetes favoritos y su amor más permanente. Cierto, en su actitud hay quizá tanto miedo como en la de los otros; más al menos no se esconde ni la esconde; la contempla cara a cara con paciencia, desdén o ironía."

—*El laberinto de la soledad*

(1) ¿Estás de acuerdo con lo que dijo Octavio Paz? ¿qué opinas sobre la visión sobre la muerte de los mexicanos? ¿Cómo consideras la muerte? ¿Tienes miedo? ¿Te has imaginado alguna vez el "último día" en tu vida?

(2) Tanto el Día de Muertos en México como el Festival de Qingming en China, son fiestas tradicionales de suma importancia para cada país, ya que en ambas celebraciones las personas rinden honor y homenaje a sus seres queridos que han fallecido, sin embargo, la forma en que lo hacen es completamente diferente.

En tu opinión, ¿cuáles son las diferencias entre ambas fiestas? ¿Cómo es la muerte para los chinos? Haz una comparación entre las dos. Intenta analizar sus raíces culturales.

V. Recomendación de películas similares 同类电影推荐

1. *Hasta los huesos* 《骨头相连》(墨西哥，2001)
2. *Frida* 《弗里达》(美国，2002)
3. *La leyenda de la Nahuala* 《拉洛罗纳传奇》(墨西哥，2007)
4. *La leyenda de la Llorona* 《哭泣女人传说》(墨西哥，2007)
5. *Arrugas* 《皱纹》(西班牙，2012)
6. *El libro de la vida* 《生命之书》(墨西哥，2015)
7. *Roma* 《罗马》(墨西哥，2018)
8. *El agente topo* 《名侦探赛大爷》(智利，2020)

Unidad 2 第二单元

La noche de 12 años
地牢回忆

Sección 1 — Información general de la película
影片基本信息

Director 导演: Álvaro Brechner

País 制片国家: Uruguay

Año 上映时间: 2018

Guion 编剧: Álvaro Brechner

Reparto 主演: Antonio de la Torre (José Mujica), Chino Darín (Mauricio Rosencof), Alfonso Tort (Eleuterio Fernández Huidobro), César Troncoso (el sargento), Soledad Villamil (la psiquiatra), Sílvia Pérez Cruz (Graciela Jorge), Mirella Pascual (Lucy Cordano), Nidia Telles (Rosa)

Duración 片长: 122 minutos

Género 类型: Drama/Basado en hechos reales. Drama carcelario. Años 70. Dictadura uruguaya

Premios 所获奖项:

2018: *Premios Goya: Mejor guion adaptado. 3 nominaciones*

2018: *Premios Ariel: Nominada a mejor película iberoamericana*

2018: *Festival de Cine Latinoamericano de Biarritz: Premio del público*

2018: *Premios Forqué: Nominada a Mejor película latinoamericana*

2018: *Premios Sur: Mejor guion adaptado. 5 nominaciones*

2018: *Festival de La Habana: Mejor montaje y sonido*

2019: *Premios del Cine Europeo: Mejor sonido*

2019: *Premios Platino: 6 nominaciones incluyendo mejor película, dirección y guion*

Sección 2 — Comprensión audiovisual de la película
影片视听理解

I. Antes de ver la película 观影前练习

1 Esta película está basada en los 12 años de confinamiento solitario que vivieron tres personalidades importantes de Uruguay: José Mujica, ex presidente de Uruguay, Eleuterio Fernández Huidobro, ex-ministro de Defensa y el escritor y poeta Mauricio Rosencof. Concretamente el filme se inspiró en el libro autobiográfico *Memorias del calabozo*, escrito por los propios Rosencof y Fernández Huidobro. Te sugerimos buscar información relacionada con estas tres figuras uruguayas antes de ver la película. 这部电影取材自乌拉圭的三位重要人物被单独监禁长达12年的真实经历，他们分别是乌拉圭前总统何塞·穆希卡、前国防部部长埃莱乌特里奥·费尔南德斯·维多夫罗以及作家、诗人毛里西奥·罗森科夫。具体来讲，拍摄本片的灵感来自罗森科夫与费尔南德斯·维多夫罗合著的自传《地牢回忆》。为了更好地理解影片的内容，建议你在观影前查询与这三位乌拉圭名人相关的信息。

2 Abajo hay tres carteles promocionales de la Película *La Noche de 12 Años*. En parejas, fijados en ellos, pensad y contestad las siguientes preguntas. 下面有三张电影《地牢回忆》的宣传海报。请两人一组仔细观察这些海报，思考并回答下列问题。

(1) ¿Qué te sugieren los carteles y el título de la película?
_____
_____

(2) Luego de compararlos, ¿cuál te gusta más? ¿por qué?
_____
_____

Unidad 2　La noche de 12 años
第二单元　地牢回忆

3 Para saber más acerca de este largometraje, tienes a continuación 6 fragmentos de una entrevista realizada a Álvaro Brechner, el famoso director uruguayo de *La Noche de 12 Años*, en la que habla sobre determinados aspectos de la película. Relaciona cada pregunta del periodista con la respuesta del director. 请阅读下面6段对乌拉圭著名电影导演阿尔瓦罗·布雷克纳进行的采访记录（节选），以了解更多该片的细节，并将记者的提问与导演的回答联系起来。

PREGUNTAS DEL PERIODISTA

(1) ¿Cómo surge este proyecto? (　　)

(2) ¿Cómo fueron esas conversaciones con los tres protagonistas de la historia real? ¿Qué aportaron a la película y qué consejos le dieron? (　　)

(3) Los silencios son muy importantes en la película. ¿Fue difícil mantener el ritmo narrativo? (　　)

(4) Hay un momento terrible en la película en el que un general les invita a suicidarse. ¿Por qué cree que no se suicidaron? (　　)

(5) Con una historia como esta, ¿ha sido muy especial el trabajo con los actores? (　　)

(6) Es su tercer largometraje, ¿qué fortalezas y debilidades se ha visto? (　　)

RESPUESTAS DEL DIRECTOR

A. Yo creo que quien tiene un porqué vivir buscará a todo precio un cómo vivir. A ver, son tipos invencibles. A Mujica le pegaron seis tiros y los periódicos le dieron por muerto durante un día. Es una estirpe de luchadores con una conciencia ideológica muy fuerte de resistir hasta que se pueda y hasta que la vida se apague. Y luego, dentro de ese marco, cada uno encontró pequeñas cositas que le ayudaron a sobrevivir. Rosencof, el hecho de poder escribir. Huidobro no dejaba de pensar cosas delirantes. Me contaba que pasó días encerrado y muy feliz porque creía que había hallado la fórmula para ganar al casino. Hay un aspecto muy quijotesco. Mujica estuvo loco durante años, pensaba que grababan sus pensamientos, hasta que una psiquiatra le empezó a dar libros para leer. Aquella psiquiatra le salvó porque, según me dijo, ella estaba más loca que él.

B. No te sabría decir. Una película, al igual que casi cualquier obra con ambiciones artísticas, debe llevar cerebro, corazón y estómago y tienen que tratar de estar alineados, pero eso es una cuestión de estar en estado de gracia. En esta película yo he tratado de escuchar lo máximo posible al estómago. Y ha sido estómago, estómago, estómago. Lo que pasa es que estuvimos muchísimos años trabajando con ella en nuestro cerebro, así que en el rodaje y en la postproducción nos hemos guiado por nuestra intención. Se trataba de decir "Acá no vamos a contar una historia, vamos a tratar de vivirla". No es una película fácil de ver. No es una película de turismo. Buscamos que sea un viaje.

C. Ha sido una experiencia maravillosa. Ese acercamiento a la locura lo hemos experimentado todo el equipo, aunque para ellos el esfuerzo ha sido enorme porque tuvieron que perder entre 15 y 17 kilos. Antonio de la Torre no solo tuvo que trabajar el acento uruguayo, sino también fijarse un poco en la forma de hablar de Mujica. Por otro lado, ha habido mucho proceso de destrucción del guion, hemos trabajado de forma poco convencional. Con Antonio rompíamos las secuencias constantemente, agarrábamos una hoja y le decíamos: "Bueno, ya sabemos de qué va, ahora vamos a filmar la película". "¿Y cuándo entra mi madre?", preguntaba. "No te preocupes de tu madre, acción." Yo sabía lo que teníamos que hacer, pero había una idea de que no te podías anticipar nada y eso nos lanzaba a una incertidumbre que nos obligaba a estar completamente presentes y concentrados en lo que estaba pasando en ese momento.

D. Me di cuenta ya mientras elaboraba el guion, uno se pregunta cómo sostener una película en donde pasa poca cosa. Es una película cíclica porque el tiempo de ellos se vuelve cíclico, más cercano al de la fauna animal, donde se trata de cubrir las necesidades básicas, que al tiempo lineal de los seres humanos. El silencio, la pérdida del lenguaje y la comunicación de alguna forma son la anulación de todo ese marco que hace al individuo ser una persona. El uso del lenguaje nos obliga a darle una narrativa a nuestra historia, un sentido por el que mantenernos con vida, pero estos individuos, ante el silencio, empiezan a desorientarse completamente. Empiezan a confundir el hoy con el ayer, los recuerdos con las fantasías, estar despiertos con soñar y también son incapaces de proyectar sobre el futuro.

E. A uno le surge del estómago. Cuesta imaginarse que después de vivir algo así estos tres hombres no solo hayan sobrevivido, sino que uno haya sido presidente, otro ministro... Yo me centré en esos doce años y a partir de ahí empecé a investigar y a reunirme con ellos. Quería tratar de averiguar cómo se habían sentido. A mí me parecía muy importante, además de narrar los hechos, tratar de narrar la psicología, cómo lo habían vivido y poder penetrar en sus vidas a través de una experiencia que

Unidad 2   La noche de 12 años
第二单元   地牢回忆

reflejara qué hace un hombre cuando, de alguna forma, todo lo que le es humano le desaparece, como el lenguaje que es lo único que nos recuerda que somos seres humanos. Comer, cagar, dormir, respirar... Todo forma parte del reino animal, lo único que nos diferencia es que somos seres sociales y cuando uno está apartado de eso ya no tiene ni capacidad de ordenar su vida ni capacidad para darle sentido.

F. Fue muy complejo, estuvimos muchas veces reunidos, pero es difícil extraer las historias porque para un hombre que vive una experiencia dramática siempre es difícil recordar. Yo intenté ir acercándome más allá de las anécdotas... Me reuní quince veces con Mujica y unas treinta con Rosencof y Huidobro y una de las sorpresas es que cuando los juntabas no paraban de reírse de lo que les había pasado, como una forma de paliar el dolor. Hubo una absoluta generosidad a la hora de contar la historia y de abrirse, en base a lo que yo les conté que quería hacer, que no era una historia política ni de revanchas ni un ajuste de cuentas: tenía que ser un grito existencialista. También mostraron un grado de confianza absoluto porque me dijeron: "Nosotros ya vivimos esto. Hagan lo que les inspire." Y lo que nos inspiró fue una película alejada del concepto carcelario, del biopic... Era una bajada dantesca a los infiernos.

(Adaptación del artículo de Iker Cortés en *El Correo La Butaca*)

4 Conociendo Uruguay 了解乌拉圭

(1) La historia de la película está situada en Uruguay. ¿Cuánto sabes sobre este país? Realiza una búsqueda en Internet y responde las siguientes preguntas. 这部电影中的故事发生在乌拉圭。你对这个国家有哪些了解？通过网络查询与该国相关的内容并回答下列问题。

① ¿Cuál es el nombre completo de Uruguay? ¿Cuál es su capital?
_____
_____

② ¿Dónde se ubica el país? ¿Cuántos kilómetros cuadrados de superficie tiene? ¿Cuáles son los países que limitan con Uruguay?
_____
_____

③ ¿Cuántos departamentos hay en Uruguay? ¿Cuáles son?
_____
_____
_____

④ ¿Cómo es el sistema política uruguayo? ¿Qué partido gobierna hoy en Uruguay? ¿Quién es el presidente actual del país (el año 2022)?
_____
_____

⑤ ¿Cuándo empezó y terminó la dictadura en Uruguay? ¿Cuántos muertos y desaparecidos hubo durante este periodo?
_____
_____

⑥ ¿Cómo son las relaciones diplomáticas entre China y Uruguay?
_____
_____

(2) Una revista recomienda algunas obras para conocer mejor la cultura contemporánea uruguaya. ¿Cuál de estas obras te interesa más? ¿Por qué? Coméntalo con tus compañeros. 一本杂志推荐了几部作品来让大家更好地了解乌拉圭当代文化。你对哪部作品更感兴趣？为什么？请和你的同学讨论一下吧。

Unidad 2 La noche de 12 años
第二单元 地牢回忆

5 VOCABULARIO: El español que se habla en Uruguay tiene sus peculiaridades. A continuación, vas a encontrar algunas palabras uruguayas que van a aparecer en la película. Encuentra el significado de cada una para que puedas comprender mejor el filme. 词汇练习：乌拉圭的西班牙语有许多独特之处。请将下面的特色词汇与其西语释义相匹配。

pichi	gil
mina	morocho/a
pelela	orto
cartuchera	persecuta

(1) _____: Mujer que está muy bien físicamente.

(2) _____: Vulgar para cola o ano.

(3) _____: Recipiente semejante a una gran taza de metal enlozado o de plástico que se usa para recoger la orina, o en el caso de niños pequeños, los excrementos.

(4) _____: Caja o estuche que sirve para guardar plumas, lápices y otros objetos de escritura.

(5) _____: Término que alude a la persecución, pero también a la paranoia.

(6) _____: Persona de cabello oscuro.

(7) _____: En la época de la dictadura uruguaya se utilizaba para nombrar a un miembro del grupo terrorista MLN Tupamaros, agrupación que atacó sistemáticamente al gobierno electo desde el año 63, hasta el golpe de estado que se dio 10 años después.

(8) _____: Persona tonta, estúpida, de poco entendimiento.

II. Durante la película 观影中练习

1 Análisis de los personajes de la película: ¿Qué características de personalidad relacionarías con cada uno de los siguientes personajes de *La Noche de 12 años*? 请分析影片中的角色：下列在电影《地牢回忆》中出现的人物具有什么样的性格特征？

Personaje: José Mujica
Personalidad:

	Personaje: Eleuterio Fernández Huidobro Personalidad:
	Personaje: Mauricio Rosencof Personalidad:
	Personaje: el jefe militar Personalidad:
	Personaje: el sargento Alzamora Personalidad:

Unidad 2　La noche de 12 años
第二单元　地牢回忆

2 **Sinopsis de la película.** Reordena las siguientes afirmaciones. 电影简介。请将下列句子重新排序。

A. Entre ellos estaba Pepe Mujica, quien más tarde llegó a convertirse en presidente de Uruguay.

B. Durante más de una década, los presos permanecerán aislados en diminutas celdas en donde pasarán la mayoría del tiempo encapuchados, atados, en silencio, privados de sus necesidades básicas, apenas alimentados y viendo, y viendo reducidos al mínimo sus sentidos.

C. Año 1973. Uruguay está bajo el poder de la dictadura militar. El Movimiento guerrillero Tupamaros ha sido aplastado y desarticulado hace ya un año. Sus miembros encarcelados y torturados.

D. Desde ese momento, iniciarán un recorrido por distintos cuarteles de todo el país, sometidos a un macabro experimento; una nueva forma de tortura cuyo objetivo es traspasar su límite de resistencia mental. La orden militar es precisa: "Como no pudimos matarles, vamos a volverles locos."

E. Una noche de otoño, nueve presos Tupamaros son sacados de sus celdas en una operación militar secreta.

El orden correcto

(1)_____→(2)_____→(3)_____→(4)_____→(5)_____

Sección 3　Conocimiento del idioma y de la cultura
语言及文化相关知识

I. Vocabulario relacionado　相关词汇与表达

1. **guerrillero, ra**　m., f. Paisano que combate en la guerrilla. 游击队员
2. **departamento**　m. En algunos países de América, provincia (demarcación territorial administrativa).（某些拉美国家的）省，州
3. **pronosticar**　tr. Predecir algo futuro a partir de indicios. 预报，预测，预言
4. **copioso, sa**　adj. Abundante, numeroso, cuantioso. 大量的，丰富的
5. **aislado, da**　adj. Solo, suelto, individual. 个别的，单独的
6. **proceder**　intr. Dicho de una persona o de una cosa: Ir en realidad o figuradamente tras otra u otras guardando cierto orden.（人群）依次行进
7. **cagar(se)**　intr./prnl. Evacuar el vientre. 〈口〉拉屎，大便
8. **teniente**　m. Oficial de graduación inmediatamente superior al alférez e inferior al capitán.【军】中尉
9. **reo, a**　m., f. Persona acusada de un delito o declarada culpable. 罪犯，犯人，囚犯
10. **ahogar**　tr. Quitar la vida a una persona o a un animal, impidiéndole la respiración. 使窒息而死；把……闷死；把……淹死
11. **prender**　tr. Encender el fuego, la luz u otra cosa combustible. 点燃，引燃

12. **gimnasta** m., f. Deportista que practica la gimnasia artística o la rítmica. 体操运动员

13. **riñón** m. Cada uno de los órganos excretores, generalmente en número par, que filtran la sangre para eliminar los residuos del metabolismo en forma de orina. 肾脏

14. **palada** f. Porción que la pala puede coger de una vez. 锹，铲（量词）

15. **gimnástico, ca** adj. Perteneciente o relativo a la gimnasia. 体操的

16. **sedicioso, sa** adj. [Persona] que promueve una sedición o toma parte en ella. 煽动叛乱的，参加叛乱的

17. **subversivo, va** adj. Capaz de subvertir, o que tiende a subvertir, especialmente el orden público. 破坏性的，扰乱性的，参加叛乱的

18. **convencimiento** m. Seguridad que tiene una persona de la validez de lo que piensa o siente. 信服，确信

19. **mínimo, ma** adj. Tan pequeño en su especie que no lo hay menor ni igual. 最小的，最少的，最低的

20. **humanidad** f. Conjunto formado por todos los seres humanos. 人类

21. **pelotón** m. Pequeña unidad de infantería que forma parte normalmente de una sección y suele estar a las órdenes de un sargento o de un cabo. 【军】小队；排

22. **fusilamiento** m. Ejecución de una persona con una descarga de fusiles. 枪杀，枪决

23. **resolución** f. Decreto, decisión o fallo de una autoridad gubernativa o judicial. 【法】裁决，判决

24. **comando** m. Mando militar. 【军】指挥权，统帅权

25. **atentado** m. Delito que consiste en la violencia o resistencia grave contra la autoridad o sus agentes en el ejercicio de funciones públicas, sin llegar a la rebelión ni sedición. 不法行为，罪行

26. **limpiar** tr. Asesinar. 杀

27. **preso, sa** m., f. Quien está en prisión o privado de libertad. 囚犯，犯人

28. **rehén** m. Persona que queda en poder de alguien como prenda o garantía mientras se llega a un acuerdo o pacto con un tercero. 人质

29. **condenado, da** adj. [Persona] a quien le ha sido impuesta una condena. 被判罪的，被判刑的

30. **barbaridad** f. Acción o acto exagerado o excesivo. 暴行

31. **fusilar** tr. Ejecutar a alguien con una descarga de fusilería. 枪杀，枪决

32. **lente** m.pl. Gafas. 眼镜

33. **apurarse** prnl. Apremiar, dar prisa. 〈拉美〉赶快，赶紧

34. **agacharse** prnl. Encogerse, doblando mucho el cuerpo hacia la tierra. 宗教信仰

35. **juzgado** m. Junta de jueces que concurren a dar sentencia. 〈集①〉法官

---

① 〈集〉表示"集合名词"。

Unidad 2 La noche de 12 años
第二单元 地牢回忆

36. **autorización** f. Acto de una autoridad por el cual se permite a alguien una actuación en otro caso prohibida. 授权

37. **cabo** m. Individuo de la clase de tropa superior al soldado. 【军】班长

38. **defecar** intr. Expulsar excrementos por el ano. 大便，出恭

39. **sargento, ta** m.,f. Suboficial de graduación inmediatamente superior al cabo mayor e inferior al sargento primero. 军士

40. **alférez** m. Oficial de menor graduación, inmediatamente inferior al teniente. 陆军少尉

41. **comandante** m. Jefe militar de categoría comprendida entre las de capitán y teniente coronel. 少校

42. **de una vez** 彻底地；一劳永逸地，一次了结地

43. **cédula** f. Documento oficial en que se acredita o se notifica algo. 证件，证书，执照

44. **documentación** f. Documento o conjunto de documentos, generalmente de carácter oficial, que sirven para la identificación personal o para documentar o acreditar algo. 证件，资料

45. **disponible** adj. [Persona o cosa] de la que se puede disponer. 空闲的，未被占用的；可利用的

46. **morocho, cha** adj. Dicho de una persona: Que tiene pelo negro. 黑色头发的

47. **perfumar** tr. Dar buen olor a algo o a alguien mediante perfume. 喷洒香水；熏香

48. **margarita** f. Planta herbácea de la familia de las compuestas, de 40 a 60 cm de altura, con hojas casi abrazadoras, oblongas, festoneadas, hendidas en la base, y flores terminales de centro amarillo y corola blanca, que es muy común en los sembrados. 【植】雏菊

49. **por dentro** 从内部，在里边

50. **dejar plantado a alguien** 突然离开某人，丢下某人

51. **apretado, da** adj. Estrecho, mezquino, miserable. 紧密的

52. **dar pelota a alguien** 不理睬/忽视某人

53. **moler** tr. Hacer daño, maltratar. 痛打，折磨

54. **acuciar** tr. Desear con vehemencia.（只用第三人称）急需，紧迫

55. **vibración** f. Acción y efecto de vibrar. 抖动，颤动

56. **lacrimal** adj. Perteneciente o relativo a las lágrimas. 眼泪的；流泪的，生泪的

57. **aflojar** tr. Disminuir la presión o la tirantez de algo. 放松，松开，解开

58. **mugriento, ta** adj. Lleno de mugre. 积满污垢的，极脏的

59. **garrote** m. Palo grueso y fuerte que puede manejarse a modo de bastón. 棍，棒

60. **capucha** f. Prenda de tela que cubre la cabeza y el rostro. （保护器物、头部的）套子

61. **chichonear** intr. Bromear, burlar, juguetear. 开玩笑

62. **bizcocho** m. Dulce blando y esponjoso, hecho generalmente con harina, huevos y azúcar, que se cuece en el horno. 松糕，饼干

63. **milicia** f. Tropa o gente de guerra. 军队

64. **rehacer** tr. Reponer, reparar, restablecer lo disminuido o deteriorado. 修复，修建

65. **gol**　m. En el fútbol y otros deportes, entrada del balón en la portería.〈英〉（足球等运动）攻门，射门得分

66. **pedalear**　intr. Poner en movimiento un pedal, y especialmente el de los velocípedos y bicicletas. 踩踏板；蹬自行车

67. **herramienta**　f. Objeto que se utiliza para trabajar en diversos oficios o realizar un trabajo manual. 工具，劳动用具

68. **sótano**　m. Pieza subterránea, entre los cimientos de un edificio. 地下室

69. **agregar**　tr. Añadir algo a lo ya dicho o escrito. 增加，增添

70. **carnaval**　m. Fiesta popular que se celebra en carnaval, y consiste en mascaradas, comparsas, bailes y otros regocijos bulliciosos. （四月斋前持续半周的）狂欢节，嘉年华会

71. **tabacalero, ra**　adj. Perteneciente o relativo al cultivo, fabricación o venta del tabaco. 烟草的，烟草业的

72. **procesar**　tr. Declarar y tratar a alguien como presunto reo de delito. 对……起诉，控告

73. **prisión**　f. Cárcel o sitio donde se encierra y asegura a los presos. 监狱，监牢

74. **defraudación**　f. Acción y efecto de defraudar, especialmente en el pago de impuestos o contribuciones. 欺诈，欺诈罪

75. **impositivo, va**　adj. Perteneciente o relativo al impuesto público. 税收的

76. **ronda**　f. Invitación a comer o a beber que a su costa hace uno de los participantes en una reunión. （饮酒的）一巡

77. **antena**　f. Dispositivo de los aparatos emisores o receptores que, con formas muy diversas, sirve para emitir o recibir ondas electromagnéticas.【电】天线

78. **máximo, ma**　adj. Más grande que cualquier otro en su especie. 最大的，最多的

79. **gravedad**　f. Cualidad de grave. 严重性

80. **insumiso, sa**　adj. Inobediente, rebelde. 不顺从的，不屈从的

81. **raído, da**　adj. Dicho de una prenda o de un tejido: Muy gastado por el uso, sin llegar a estar roto. 破旧的，磨损的

82. **dar de comer**　给东西吃，喂食

83. **piar**　intr. Dicho de algunas aves, y especialmente del pollo: Emitir cierto género de sonido o voz. （雏鸡、某些鸟）啾啾叫，叽叽叫

84. **latir**　intr. Dicho del corazón, de una arteria, de una vena o de un vaso capilar: Dar latidos. （心脏、动脉）跳动，搏动

85. **auspicio**　m. Protección, favor. 主办；发起

86. **granizo**　m. Agua congelada que desciende con violencia de las nubes, en granos más o menos duros y gruesos, pero no en copos como la nieve. 冰雹

87. **banderola**　f. Ventana sobre la puerta de una habitación. （门上的）小窗

88. **requerimiento**　m. Necesidad o solicitud. 需要；请求，要求

89. **higienizar**　tr. Dotar de condiciones higiénicas esenciales o normativas. 使合乎卫生；使卫生

Unidad 2　La noche de 12 años
第二单元　地牢回忆

90. **racionamiento**　m. Reparto controlado de algo, especialmente cuando es escaso.　配给

91. **precisar**　tr. Ser necesario o imprescindible.　需要

92. **comparecer**　intr. Dicho de una persona: Presentarse personalmente o por poder ante un órgano público, especialmente ante un juez o tribunal.　【法】出庭

93. **en condiciones**　状况好的

94. **retomar**　tr. Volver a tomar, reanudar algo que se había interrumpido.　继续进行

95. **gil**　m. Tonto. Poco astuto. Falto de inteligencia.　〈拉美〉愚蠢的，头脑简单的

96. **martingala**　f. En el juego del monte, lance que consiste en apuntar simultáneamente a tres de las cartas del albur y el gallo contra la restante.（输后）加倍下注的赌法

97. **ruleta**　f. Juego de azar que consiste en lanzar una bolita sobre una ruleta en movimiento dividida en casillas numeradas, y apostar sobre la casilla en que caerá la bolita.　轮盘赌

98. **macana**　f. Especie de chal, casi siempre de algodón, que usan las mujeres mestizas para abrigarse.　〈拉美〉蠢事，错事

99. **cartuchera**　f. Estuche, generalmente en forma de caja, para guardar plumas, lápices, gomas, etc.　〈乌拉圭〉活动的文具盒

100. **tiroteo**　m. Serie de disparos que se efectúa con armas de fuego.　连续射击

101. **inspección**　f. Reconocimiento exhaustivo.　检查，搜查

102. **rescate**　m. Liberación de un peligro.　营救，解救

103. **infierno**　m. En la doctrina tradicional cristiana, lugar donde los condenados sufren, después de la muerte, castigo eterno.　地狱

104. **hacer cargo (de)**　承担，负责

105. **derrota**　f. Acción y efecto de derrotar o ser derrotado.　失败

106. **ultrasonido**　m. Sonido cuya frecuencia de vibraciones es superior al límite perceptible por el oído humano. Tiene muchas aplicaciones industriales y se emplea en medicina.　超声波

107. **resistirse**　prnl. Dicho de una persona: Oponerse con fuerza a algo.　抗争，挣扎

108. **seguir adelante**　坚持

109. **arremolinar**　tr. Formar remolinos en algo.　使形成杂乱的人群

110. **bayoneta**　f. Cuchillo o arma blanca de los soldados de infantería, que se acopla a la boca del fusil.　刺刀

111. **fajarse**　prnl. Pegar a uno, golpearlo.（两人）厮打起来，大打出手

112. **agarrarse**　prnl. Dicho de una enfermedad o de un estado de ánimo: Apoderarse de alguien tenazmente.　〈口〉（疾病）缠身

113. **sífilis**　f. Enfermedad venérea infecciosa que se transmite por contacto sexual o por herencia.　【医】梅毒

114. **templado, da**　adj. Que no está frío ni caliente en exceso.　不冷不热的，温和的

115. **periscopio**　m. Tubo provisto de una lente que sirve para observar desde un lugar oculto o sumergido.　【海】潜望镜

47

116. **episodio** m. Cada una de las acciones parciales o partes integrantes de la acción principal que se narran en un libro, en una película, etc. 插话，题外话

117. **sintomatología** f. Conjunto de síntomas que caracterizan una enfermedad.〈集〉症状

118. **psicosis delirante** 妄想性精神病

119. **crónico, ca** adj. [Enfermedad] de larga duración o habitual. 慢性的，长期的

120. **evaluar** tr. Determinar, estimar el valor, el precio o la importancia de algo. 对……评估

121. **razonar** intr. Exponer razones para explicar o demostrar algo. 推论，推理

122. **trastorno** m. Acción y efecto de trastornar. （身心机能的）失调，紊乱

123. **creyente** m.,f. Quien profesa una determinada fe religiosa. 信徒，教徒；信仰者

124. **lamentablemente** adv. De manera lamentable. U. frecuentemente para indicar que lo que se dice se considera lamentable. 令人遗憾地，令人惋惜地

125. **diagnóstico** m. Determinación de la naturaleza de una enfermedad mediante la observación de sus síntomas. 诊断，诊断书

126. **grandeza** f. Elevación de espíritu, excelencia moral. 伟大，崇高

127. **escrutar** tr. Reconocer y computar los votos que para elecciones u otros actos análogos se han dado secretamente por medio de bolas, papeletas o en otra forma. 统计（选票）

128. **sorpresivo, va** adj. Que sorprende, que se produce por sorpresa. 突然的，意外的

129. **impulsar** tr. Incitar, estimular. 推动，推进

130. **encaminarse** prnl. Dirigir u orientar una cosa hacia un punto determinado. 走向……

131. **reprochar** tr. Reconvenir, echar en cara. 指责，责备，斥责

132. **acreditar** tr. Hacer digno de crédito algo, probar su certeza o realidad. 证明，说明，表明

133. **confinamiento** m. Aislamiento temporal y generalmente impuesto de una población, una persona o un grupo por razones de salud o de seguridad. 监禁

134. **dramaturgo, ga** m.,f. Persona que adapta textos y monta obras teatrales. 剧作家

II. Frases usuales 实用句子

1. No puede hablar ni entre ustedes ni con nadie. 禁止你们彼此或跟任何其他人交谈。

2. Tienen un alto poder de convencimiento. 他们都特别有说服人的能力。

3. ¡Qué linda sorpresa! 真是美好的惊喜啊！

4. No quiero terminar mi vida solo, quisiera terminarla con ella. 我不想一个人孤独终老，我想与她共度余生。

5. Hay alguien que quiero que conozcas. 我想让你认识一个人。

6. La próxima vez que vengas, te termino el cuento. 下次你来的时候，我再把故事讲完。

7. Usted y yo nunca nos vamos a poder olvidar de ese día. 您和我谁都不会忘记那一天。

8. Escúchame bien, escúchame lo que tengo que decir. 听好，仔细听好我必须对你说的话。

9. Los únicos derrotados son los que bajan los brazos. 只有放弃反抗的人才是唯一的失败者。

Unidad 2 La noche de 12 años
第二单元 地牢回忆

10. Dígame qué más puedo hacer por usted. 请您告诉我，我还能帮您做些什么？
11. Te deseo lo mejor. 祝你一切顺利！

III. Notas de cultura   文化点拨

1 Montevideo: 蒙得维的亚

Capital de Uruguay situada a orillas del Río de la Plata. Es la capital más joven de América Latina y fue fundada entre los años 1724 y 1730 por el Gobernador de Buenos Aires, Don Bruno Mauricio de Zabala. Nació por razones estratégicas de la Corona Española, que buscaba consolidar allí la segunda plaza fuerte de América, la primera fue Cartagena de Indias. Se consolidó como bastión militar en la frontera en disputa entre España y Portugal. Es una metrópolis contemporánea que aglutina una alta proporción de la actividad económica, el intercambio comercial y los servicios, la banca y el turismo en el país.

2 Alberto Castillo: 阿尔贝托·卡斯蒂略

Alberto Castillo (Buenos Aires, Argentina, 7 de diciembre de 1914-Buenos Aires, 23 de julio de 2002) fue un cantante de tango y actor argentino. Médico ginecólogo de profesión, dejó de ejercerla para dedicarse a su carrera artística.

3 *Siga el baile*: 《继续跳舞》

Es una canción rioplatense con ritmo de candombe y tango, compuesta con música del violinista argentino Edgardo Donato, y la letra del pianista y compositor uruguayo Carlos Warren. La primera versión conocida de este tema fue hecha por Alberto Castillo, e incluida en su álbum *De mi barrio* de 1945.

4 Solís: 索利斯

Solís es una localidad y balneario uruguayo del departamento de Maldonado. Integra el municipio de Solís Grande.

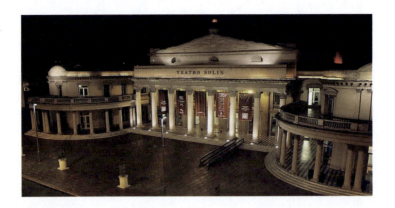

5 Eurovisión: 欧洲歌唱大赛

　　Festival de la Canción de Eurovisión o simplemente Eurovisión, un festival anual de la canción en el que pueden participar todos los países activos de la Unión Europea de Radiodifusión que así lo deseen y lo soliciten.

6 Tupamaros: 乌拉圭民族解放运动——图帕马罗斯

　　El Movimiento de Liberación Nacional-Tupamaros (MLN-T), comúnmente acortado como Tupamaros, es un movimiento político de Uruguay que tuvo una etapa de actuación como guerrilla urbana de izquierda durante los años 1960 y principios de los 70. Desde 1989 se integró a la coalición política Frente Amplio y formó, junto con otras agrupaciones políticas y dirigentes independientes, el Movimiento de Participación Popular (MPP).

　　El nombre "Tupamaros" parece derivarse del mote despreciativo que las autoridades policiales españolas de la época colonial, en el Río de la Plata, endilgaban a los patriotas que se habían adherido al movimiento independentista de 1811. Igualmente, presente en las novelas de Eduardo Acevedo Díaz, escritor realista de finales del siglo XIX, la palabra tenía su origen en la sublevación indígena que había ocurrido en el Virreinato del Perú en 1780, encabezada por el líder indígena José Gabriel Condorcanqui, Túpac Amaru II, y que fue reprimida con dureza por los españoles.

Unidad 2   La noche de 12 años
第二单元   地牢回忆

7 Melo：梅洛

Melo es una ciudad de Uruguay, capital del departamento de Cerro Largo. Está ubicada a 387 km al noreste de Montevideo, capital del país, y a 58 km al sur de la frontera internacional con Brasil en Areguá.

8 Punta Rieles: 蓬塔·德·里埃莱斯

Es un barrio histórico, industrial y rural de la ciudad de Montevideo; rodeado de fábricas, chacras y viñedos. Se extiende sobre Camino Maldonado y da comienzo a la Ruta Nacional N°8 Brigadier General Juan Antonio Lavalleja.

Sección 4   Actividades postvisionadas
观影后练习

I. Ejercicios de dictado   听写练习

1 La cantante española Silvia Pérez Cruz no sólo participó en esta película en el papel de Graciela Jorge, la esposa de Eleuterio Fernández Huidobro, sino que también escribió la canción *Tres Locuras* para el cierre del filme. Lee y escucha atentamente tres veces esta canción; en parejas, completa la letra y tradúcela traducirla al chino. 西班牙女歌手塞尔维亚·佩雷斯·克鲁兹不

仅饰演了本片中埃莱乌特里奥·费尔南德斯·维多夫罗的妻子格拉谢拉·豪尔赫一角,还创作了本片的片尾曲《三个疯子》。请认真视听三遍这首歌曲,两人一组补全歌词并将其翻译成中文。

Tres locuras

Para los que vengan
limpiemos los platos.
Sobrevivan, por favor,
doce años es todo,
(1) _____.

Ratón, tiza y jabón,
de pared a pared, sin luz,
(2) _____,
alambre, muertos y alfabetos.

Añoro el calabozo,
nunca, nunca había sido tan yo,
(3) _____,
guerra de pan duro,
quiero mear.

Unidad 2   La noche de 12 años
第二单元　地牢回忆

> *Tortura y tres locuras,*
> *mira las estrellas,*
> (4) _____.
> *Plumita, plumita.*

2 Mira y escucha tres veces el vídeo corto sobre la biografía de José Mujica y completa los espacios en blanco que faltan. 请视听三遍讲述何塞·穆希卡生平的短视频，并补全下文的空白部分。

　　José Mujica nació el 20 de mayo de 1934 en Montevideo. Su padre murió cuando tenía siete años y como (1) _____ de los sectores más pobres de la clase media, trabajó desde pequeño vendiendo flores (2) _____. Se crío en el Paso de la Arena y cursó sus estudios primarios y secundarios en (3) _____. Posteriormente ingresó al bachillerato en el Instituto Alfredo Vázquez Acevedo en el IAVA, aunque no terminó de cursar, militó en el Partido Nacional donde (4) _____ de la juventud, pero poco tiempo después, José Mujica abandonó el espacio para crear la Unión Popular junto al Partido Socialista de Uruguay y el grupo Nuevas Bases. Como miembro del Movimiento de Liberación Nacional-Tupamaros entre los años 60 y 70, participó de la actividad clandestina. "Más que una guerrilla, somos movimiento en su origen de políticos con arma."

　　En 1972 fue preso, pasó en total quince años detenido en (5) _____, formó parte del grupo de líderes de MLN, denominado como Los rehenes. "Nos sacaron y nos distribuyeron en unidades militares por años, aislados, casi sin trato humano en (6) _____."

　　En 1985 salió en libertad, luego del (7) _____ mediante una amnistía a detenidos comunes y políticos. Tras algunos años de la apertura democrática, crea junto con otros referentes de MLN en Movimiento de Participación Popular (MPP) dentro del Frente Amplio.

　　Mujica fue electo diputado en (8) _____ y senador en 1999. Durante el primer gobierno de Tabaré Vázquez fue ministro de ganadería, agricultura y pesca. En 2005 Mujica se casó con su pareja Lucía Topolansky, actual vicepresidente del Uruguay.

En las elecciones presidenciales de octubre de 2009, José Mujica obtuvo casi 50% de los votos enfrentado al ex presidente Luis Alberto Lacalle en segunda vuelta. Se convirtió en presidente (9) _____. "Jamás pensamos que Pepe podía llegar a la presidencia." "Mucho de lo que hoy te digo nació en soledad en la cárcel; no sería quien soy, sería más fútil, más frívolo, más superficial."

Terminadas sus responsabilidades al frente del gobierno uruguayo, volvió a ser electo como senador en 2014. Por (10) _____ durante su mandato, fue conocido mundialmente como el presidente más pobre del mundo.

II. Doblaje o dramatización de los siguientes fragmentos de la película
电影片段配音或短剧表演练习

Fragmento 1 (00:39:17-00:43:36)

(M por Mauricio Rosecof, A por el sargento Alzamora)

A: Sáquele la capucha, soldado. Fuera los demás. ¡Fuera todos! ¡Moverse! Así que usted es el escritor. Vea, tengo un problema. Hay una chica que me gusta. Me dijeron que usted puede ayudarme.

M: ¿Quién es? ¿Cómo es?

A: Es morocha, linda. La conocí la semana pasada. Estuvimos chichoneando. Le dije de salir, pero la chica no quiere.

M: ¿Cómo se llama?

A: Nelly.

M: ¿Morocha, me dijo?

A: Morocha, sí. Trabaja con la mamá, ahí en la panadería.

M: ¿Y hace pan caliente en la mañana?

A: Sí, hace pan con grasa.

M: Solo fírmela con su nombre para que quede mejor, eh.

A: Gracias.

M: ¿Me puedo quedar con el cuaderno? Por favor. Gracias.

A: ¡Soldados! ¡Retírenlo!

[...]

A: Traje bizcochos calientes.

M: Gracias.

A: Ayer salimos. Pero la chica está muy confundida, tiene muchas dudas.

M: Si me permite, ¿qué dudas?

A: Yo me casé muy joven. Estaba en la milicia todavía y ahí conocí a otra muchacha. Cuando volví a

Unidad 2　La noche de 12 años
第二单元　地牢回忆

mi casa, era otro tipo. Había cambiado mucho. Tengo una hija de ese matrimonio... Es grande la chica ya. No me habla. Eso me duele. Y ahora que quiero rehacer mi vida, es como una piedra en el zapato, ¿no?

M: Sargento...todos cometemos errores.

Fragmento 2 (01:29:47-01:34:59)

(J por José Mujica, P por la psiquiatra y S por el soldado)

P: Bueno, a ver. Cuéntame un poco. Tiene un aparato, una antena, que quién... ¿Quién la colocó?

J: ¿Qué sé yo, doctora? Me imagino que el ejército, la CIA, no sé.

P: ¿Y qué le dice?

J: Es una voz acá. Me insulta. Quiere controlar mis pensamientos, sacarme información. Me manda un pulso eléctrico Me manda un calor acá la oreja. Este un fuego acá, me quema.

P: ¿Ha tenido algún tipo de episodio de ansiedad, de angustia, miedo ? ¿Ha pasado alguna situación de estrés? ¿Duerme bien? ¿Descansa?

S: Descansar, descansa. Sí.

P: ¿Se alimenta bien? ¿Come?

J: Más o menos.

S: Como todo lo que le ponen.

P: Mire, soldado, yo necesito trabajar tranquila. Así que traiga agua, por favor. Vaya a buscar agua. Mujica, toda esta sintomatología que usted presenta habla de una psicosis delirante. No sabemos todavía si es algo crónico, si es algo agudo... Eso lo tendremos que evaluar con más tiempo. Pero es eso lo que lo hace sentir... El que se confunde, que pierde la capacidad de razonar; parte de trastorno es por la imposibilidad de descansar. Y en este momento, lo que más le puede ayudar es dormir la noche. Tomar unas pastillas y dormir. Eso es lo que le voy a recetar. Eso le va a venir bien.

J: No necesito dormir, doctora.

P: No necesita dormir. ¿Qué necesita?

J: Parar de pensar.

P: ¿Qué cree que usted que le quede ayudar a parar de pensar?

J: Usar las manos, para ordenar mi cabeza, escribir, leer...

P: Leer y escribir. Voy a... voy a hacerle llegar algo para leer y papel y lápiz para escribir.

J: Hace siete años que no leo.

P: Tiene que agarrarse de lo que pueda, Mujica, en este momento. Tiene que agarrarse de lo que tenga a mano, de ¿Es creyente, cree en Dios?

J: ¿Qué Dios haría esto?

P: El único que tenemos, lamentablemente.

J: Y dígame. Si el Dios en el que usted cree está en silencio, y usted dice que yo estoy loco... ¿A qué

55

me agarro? ¿Sabe usted que es la primera mujer que veo en muchos años? Hace años que no veo las estrellas. Hace años que no veo la luz. Entonces usted me dice las razones. ¿Qué razones?

P: Mire, le voy a contar una historia. Cuando yo tenía 15 años, vi morir a mi madre de cáncer. Y en ese momento, decidí que iba a ser médica. Y estudié y me recibí. Vi cientos, miles de pacientes en esos 20 años. Pero un día, me levanté a la mañana y no quería venir a trabajar. No podía salir de mi casa, no podía levantarme de la cama. No quería hablar con nadie. Y pensé y pensé, pensé y pensé. Como usted. Hasta que me di cuenta de que hiciera lo que hiciera, mi madre iba a seguir muerta. Y ahí me levanté y volví a trabajar. Y acá estoy, haciendo lo que puedo. Pidiéndole a usted que haga lo que pueda, que se agarre a lo que pueda.

S: Con permiso. ¿Ya está? ¿Me lo puedo llevar?

P: Sí. Soldado. Voy a necesitar que me firme el diagnóstico.

S: Está bien.

P: Le voy a conseguir algo para leer y para escribir. Aguante. Sobreviva. Falta poco.

III. Ejercicio de conjugación de verbos: Uruguay se caracteriza por lo que los lingüistas llaman el "voseo atípico". En Montevideo, toda zona sur y aledañas a la capital uruguaya no se utiliza el pronombre "tú". En su lugar se usa "vos" con una conjugación verbal de acentuación aguda. En el resto del país está más generalizado el uso del pronombre "tú". En algunos casos se utiliza "tú" pero con la conjugación correspondiente a "vos", por ejemplo: "tú tenés", en lugar de "tú tienes" o "vos tenés". Lee el siguiente diálogo entre José Mujica y su madre y realizar los ejercicios. 动词变位练习：乌拉圭西班牙语的特点是语言学家所称的"非典型**Voseo**"。在蒙得维的亚、乌拉圭整个南部地区以及首都周边地区，不使用人称代词"**tú**"，而是用"**vos**"与带有重音的动词变位。在该国其他地区，代词"**tú**"的使用则更为普遍。在某些情况下，"**tú**"被使用，但其变位与"**vos**"对应，例如："**tú tenés**"，而不是"**tú tienes**"或"**vos tenés**"。请阅读下面何塞·穆希卡与他的母亲的这段对话并完成练习。

Secuencia de la película

(**J** por José Mujica, **M** por la madre de José Mujica)

M: Hola, hijo. ¿Cómo estás?

J: Bien, mamá.

M: Te mandó besos el abuelo. Siempre cuidando de que no me olvide de traerte nada. Me dice: "No te olvides del dulce de leche y dos kilos de hierba." Sé que te van a sacar cosas, pero igual algo te va a quedar, ¿está bien así?

Unidad 2　La noche de 12 años
第二单元　地牢回忆

J: Mamá, mejor...tenés que dejar de venir.

M: ¿Qué? ¿Por qué?

J: Es muy largo de explicar, mamá, pero...nos están haciendo una persecuta y nos están lanzando un ataque, con sonido, ultrasonido... No sé, yo tengo calor en la oreja. No, mamá, escúchame. Me metieron una vez y una antena o algo capaz que... Yo no puedo parar de pensar, en cuanto paro de pensar, me están atacando para que piense. Yo llevo una temporada que no entran mis pensamientos.

M: Pará.

J: Pero lo importante, mamá, es que yo lo tengo todo controlado. Pero vos tenés que no venir durante un tiempo.

M: Hijo...

J: Nos tienen cogidos de abajo. ¿Crees que son médicos? ¿Hermanitas de la Caridad?

M: ¡Pará, cállate! ¡Callate! Escuchame a mí. A mí tenés que escuchar. Yo soy tu madre. Ellos te quieren volver loco y si siguen así lo van a lograr. ¿Me entendés?

J: Mamá...

M: ¡Mamá una mierda! ¡Mamá una mierda! Escuchame bien, escúchame lo que te tengo que decir. Vos tenés que resistir, resistir, de cualquier manera, no importa lo que pase, vos resistí, y no dejes que te maten.

J: No sé qué hacer.

M: Sí que sabés. Los únicos derrotados son los que bajan los brazos. Vas a salir de esto y vas a seguir adelante, y nadie, nadie te va a sacar lo que llevas dentro.

1 Lee y analiza las reglas de conjugación de verbos de la variante uruguaya del español que aparecen debajo. A practicar el voseo: Encuentra todos los verbos conjugados por la forma "vos" en el diálogo y modifícalos por la forma "tú".

语法知识 Gramática

(1) Voseo verbal en el Indicativo

El voseo verbal consiste en el uso de las desinencias verbales propias de la segunda persona del plural, más o menos modificadas, para las formas conjugadas de la segunda persona del singular. En el Río de la Plata el voseo verbal propio de la norma culta afecta, por ejemplo, a algunos tiempos como el presente de indicativo, (cantás, comés, vivís) y del imperativo (cantá, comé, viví). También se extiende al pretérito indefinido y al presente de subjuntivo ("*dijistes* que era tarde", "quiero que vos *cantés*"), respectivamente; pero no son bien vistas en el registro culto y se prefieren las formas del tuteo: "que vos cantes", "dijiste que era tarde"). Se mantienen formas tuteantes para el resto de los tiempos verbales.

● Presente de Indicativo 陈述式现在时（见表2.1）

① Se construye eliminado la "i" del diptongo en la conjugación de "vosotros/as" (tenéis = tenés, ponéis= ponés);

② Se usan has, sos y vas como formas de presente de indicativo de haber, ser e ir, respectivamente.

表2.1　Tú与vos陈述式现在时变位示例

Verbos	Tú	Vos
tomar	tomas	tomás
comer	comes	comés
escribir	escribes	escribís
hacer	haces	hacés
poner	pones	ponés
tener	tienes	tenés
decir	dices	decís
comenzar	comienza	comezás
dormir	duermes	dormís
haber	has	has
ver	ves	ves
ser	eres	sos
estar	estás	estás
ir	vas	vas

(2) Voseo verbal en el Imperativo

Las formas voseantes de imperativo se crearon a partir de la segunda persona del plural, con pérdida de la -d final: *tomá* (< tomad), *poné* (< poned), *escribí* (< escribid). Los imperativos voseantes carecen de las irregularidades propias del imperativo de segunda persona del singular de las

Unidad 2　La noche de 12 años
第二单元　地牢回忆

áreas tuteantes. Así, frente a los irregulares *di, sal, ven, ten, haz, pon, mide, juega, quiere, oye*, etc., en las zonas de voseo se usan *decí, salí, vení, tené, hacé, poné, medí, jugá, queré, oí*, etc. Estas formas verbales llevan tilde por tratarse de palabras agudas terminadas en vocal; cuando las formas voseantes del imperativo van acompañadas de algún pronombre enclítico, siguen también las normas generales de acentuación *"Compenetrate en Beethoven, imagínátelo. Imaginate sumelena"*.

En el imperativo, las formas del verbo *andar* (*andá, andate*) sustituyen a las de *ir*.

● Imperativo afirmativo 肯定命令式（见表2.2）

表2.2　Tú与vos肯定命令式变位示例

Verbos	Tú	Vos
tomar	toma	tomá
comer	come	comé
escribir	escribe	escribí
ser	sé	sé
salir	sal	salí
hacer	haz	hacé
querer	quiere	queré
decir	di	decí
poner	pon	poné
tener	ten	tené
empezar	empieza	empezá
ver	ve	ve
dormir	duerme	dormí
ir	ve	andá

2 En esta escena con su madre, ¿cómo es el estado mental de José Mujica? Y ¿por qué así?
_____
_____
_____

3 En este diálogo, ¿cuál es el motivo de la discusión entre José Mujica y su madre? Analiza la reacción y las respuestas de la madre.
_____
_____

4 ¿Qué frase te impresiona o te llama más la atención en la conversación? ¿Por qué?

IV. Elige las preguntas que te interesen y discútelas con tus compañeros de clase. 请选择你感兴趣的话题与同学进行讨论。

1. En tu opinión, ¿qué destacarías de la película que acabas de ver? ¿Cómo te ha hecho sentir?
2. Comenta tu escena favorita de la película teniendo en cuenta los siguientes aspectos:
   (1) ¿Qué personajes intervienen?
   (2) ¿Dónde están estos personajes?
   (3) ¿Qué ocurre en la escena?
   (4) ¿Por qué es tu escena favorita?
3. ¿Quién es tu personaje favorito de la película? ¿Qué te gusta de él/ella? Argumenta tu elección.
4. Como ya conoces, este largometraje está basado en sucesos reales del Uruguay de mediados del pasado siglo. ¿Cuál es tu posición con referencia al tema de la dictadura militar en Uruguay?
5. Teniendo en cuenta los personajes y el contexto histórico que refleja la película, resume el tema o temática tratado en el largometraje.

Unidad 2　La noche de 12 años
第二单元　地牢回忆

V. Recomendación de películas similares　同类电影推荐

1. *Paisito*《小国家》（乌拉圭，2008）
2. *Zanahoria*《胡萝卜》（乌拉圭，2014）
3. *Migas de pan*《面包碎屑》（西班牙、乌拉圭，2016）
4. *El Pepe, una vida suprema*《总统佩佩：至高人生》（阿根廷，2018）
5. *Así habló el cambista*《换汇者》（乌拉圭、阿根廷、德国，2019）

Unidad 3 第三单元

La boda de Rosa
罗莎的婚礼

| Sección 1 | **Información general de la película**
影片基本信息 |

Directora 导演: Icíar Bollaín
País 制片国家: España
Año 上映时间: 2020
Guion 编剧: Icíar Bollaín, Alicia Luna
Reparto 主演: Candela Peña (Rosa), Sergi López (Armando), Nathalie Poza (Violeta), Paula Usero (Lidia), Ramón Barea (Antonio), Xavo Giménez (Rafa), Lucía Poveda (Lollín), María José Hipólito (Laura), María Maroto (Ana), Eric Francés (concejal)
Duración 片长: 100 minutos
Género 类型: Comedia dramática

Premios 所获奖项:

- 2020: *Premios Goya: Mejor actriz sec. (Poza) y canción. 8 nominaciones*
- 2020: *Festival de Málaga: Premio Especial del Jurado y mejor actriz sec. (Poza)*
- 2020: *Premios Forqué: Nominada a mejor película, actriz y Cine en Educación y valores*
- 2020: *Premios Feroz: Mejor comedia. 9 nominaciones*
- 2020: *Premios Gaudí: Mejor actriz (Candela Peña)*
- 2021: *Premios Platino: Nomin. a mejor dirección, actriz (Peña) y actriz reparto (Poza)*

| Sección 2 | **Comprensión audiovisual de la película**
影片视听理解 |

I. Antes de ver la película   观影前练习

1 Completa el siguiente texto sobre la biografía de la directora de la película Icíar Bollaín con las formas correctas de los verbos de abajo.   请用所给动词的正确变位形式补全下列影片导演伊希亚尔·博利亚因的生平简介。

Unidad 3 La boda de Rosa
第三单元 罗莎的婚礼

Hija de un empresario y de una profesora de música, Icíar Bollaín nació el 12 de junio de 1967, al igual que Marina, su hermana gemela. A los 16 años (1) _____ (ser) escogida por Víctor Erice, considerado uno de los grandes directores del cine español, para protagonizar *El sur*, complejo drama sobre las relaciones entre una joven y su padre (Omero Antonutti). Erice tuvo que dejar el rodaje a la mitad por problemas financieros de la productora de Elías Querejeta, que decidió (2) _____ (estrenar) lo que ya estaba listo.

A continuación, decidió matricularse en Bellas Artes, en la Universidad Complutense de Madrid. Apasionada de la pintura impresionista, le gusta pintar retratos. Pero también realizó un curso de interpretación con Lee Strasberg, y siguió (3) _____ (actuar). Su segunda película fue Las dos orillas, a las órdenes de Juan Sebastián Bollaín, su tío. Manuel Gutiérrez Aragón le dio un papel destacado en *Malaventura* y también (4) _____ (intervenir) en la serie televisiva *Miguel Servet, la sangre y la ceniza*.

En los 90 protagonizó *Sublet*, ópera prima de Chus Gutiérrez, donde (5) _____ (ser) una española que viajaba a Nueva York. Además de la comedia *Un paraguas para tres*, vuelve a ponerse a las órdenes de su tío en Dime una mentira, coprotagonizada por su hermana Marina. En esta etapa, su película de mayor repercusión fue *Tierra y libertad*, en la que Ken Loach abordaba la Guerra Civil española. Interpretaba a Maite, una miliciana en medio de los enfrentamientos de las distintas facciones republicanas: anarquistas, trotskistas y anarquistas. Durante el rodaje conoció al hombre de su vida, el guionista Paul Averty, normalmente asociado al cine británico. Actualmente tienen 3 hijos.

A Bollaín no siempre le (6) _____ (ofrecer) interpretar películas de gran calidad. En cualquier caso, decidió convertirse ella misma en directora. Debutó con *Hola, ¿estás sola?*, una comedia muy ligera (7) _____ (protagonizar) por Silke y Candela Peña, que no permite intuir por dónde se iba a desarrollar su carrera tras las cámaras. Ella misma había escrito el guion con Julio Medem.

Continuó actuando en cintas como *Niño nadie*, de José Luis Borau, que volvió a contar con ella en *Leo*. Pero desde finales de los 90 adquiere una mayor notoriedad en su faceta como directora, sobre todo después de *Flores de otro mundo*, sólida comedia dramática sobre un grupo de mujeres que acude a una fiesta en un pueblo donde no (8) _____ (haber) ninguna en edad casadera.

  En aquella cinta ya (9) _____ (estar) Luis Tosar, que repitió a las órdenes de la cineasta en *Te doy mis ojos*, sobre el problema de los malos tratos. Bollaín ofrece una visión completa del tema, y obtuvo 7 premios Goya, entre ellos los relativos a película y dirección. Quizás obtuvo una repercusión menor *Mataharis*, correcta cinta sobre tres mujeres que tratan de (10) _____ (conciliar) su vida personal con su profesión de detectives privados. *También la lluvia* es su quinto largometraje como realizadora.

2 La película tiene lugar en Valencia y en Benicasim de España. ¿Sabes en qué Comunidad Autónoma se encuentran? ¿Cómo se divide esta comunidad? ¿Cuáles son las fiestas más importantes de la Comunidad Valenciana? ¿Sabes algo más de esta comunidad autónoma? Busca información por Internet. 这部影片在西班牙的瓦伦西亚和贝尼卡西姆市取景拍摄。你知道这两个城市属于哪个自治区吗？该自治区有哪些最受欢迎的传统节日？你对该地区还有更多的了解吗？请通过网络查询相关信息。

3 Sinopsis de la película. Reordena coherentemente las siguientes frases. 电影简介。请将下列句子重新排序。

A. Una persona que siempre está para los demás: es el gran apoyo de su padre, de sus hermanos, de su hija, de su pareja, imprescindible en su trabajo.

B. Esta situación desborda los límites de Rosa, quien realiza un viaje retrospectivo volviendo a sus orígenes en Benicasim para reabrir el taller de costura de su madre.

C. Para celebrar este compromiso consigo misma, Rosa invita a su familia y seres queridos a una ceremonia íntima: una boda en la que la única protagonista es ella.

D. Allí decide tomar las riendas de su vida, anteponer su felicidad y luchar por sus sueños.

E. Rosa está a punto de cumplir 45 años y se ha dado cuenta de que es un personaje secundario en la historia de su propia vida.

F. Sin embargo, nadie parece entender o escuchar lo que ella quiere y necesita.

El orden correcto

(1)_____→(2)_____→(3)_____→(4)_____→(5)_____→(6)_____

II. Durante la película 观影中练习

1 Análisis de personajes. ¿Cómo es cada personaje en la película? Completa el cuadro con tus compañeros de clase usando los adjetivos propuestos u otros que conozcáis. Prestad atención a la consistencia de adjetivos y sustantivos. 角色分析。电影中的主要角色具有怎样的人物性

Unidad 3　La boda de Rosa
第三单元　罗莎的婚礼

格？请你与同学们使用下面所给的词汇或其他形容词回答。请注意形容词与所修饰的名词阴阳性的一致性。

Rosa	
Violeta	
Armando	
Lidia	
Antonio (el papá de Rosa)	

afectuoso, amable, amargado, atrevido, bromista, burlón, cariñoso, comprensivo, dependiente, deprimido, descuidado, despreocupado, disciplinado, doloroso, educado, egoísta, expresivo, feliz, frágil, fuerte, habladora, hosco, imprudente, indiferente, infeliz, insensible, irónico, irritante, generoso, grosero, laborioso, melancólico, mentiroso, miserable, olvidadizo, optimista, pesimista, positivo, realista, responsable, sensible, sentimental, social, solidario, trabajador, triste, valiente

65

2 La lengua española es rica en expresiones populares. A continuación, vas a encontrar algunas expresiones españolas que van a aparecer en la película. Encuentra el significado de cada una para que puedas comprender mejor el largometraje. 西班牙语的常用表达丰富多样。请将下面的西班牙语常用短语与其西语释义相匹配。

echar de menos	ser el último mono
echar una mano a alguien	caerse a pedazos
ser un sol	de vez en cuando
ser el ojo derecho de alguien	

(1) _____: Ser el menos considerado dentro de un grupo: la última persona a la que le cuentan algo, la última persona que recibe una propuesta, el último al que avisan para alguna actividad, la persona a la que nadie pide su opinión, etc.

(2) _____: Señala que algo se hace o sucede a intervalos de tiempo más o menos regulares.

(3) _____: Añorar o notar la falta de una persona o cosa.

(4) _____: Ser la persona preferida por alguien.

(5) _____: Estar deteriorada, en muy mal estado o gravemente dañada.

(6) _____: Ayudar a alguien.

(7) _____: Se usa para ponderar afectuosamente las cualidades de una persona y, a veces, de un animal o cosa.

3 Di si son verdaderas (V) o falsas (F) las siguientes oraciones según la trama de la película. En caso de ser falsas, corrígelas en los espacios de abajo. 请根据剧情判断下列表述的正（V）误（F）。如有错误，请在画线空白处纠正。

Ejemplo:

Rosa no ayuda a tu hermano Armando con los niños.（ F ）

No, según la trama de la película, Rosa lo ayuda mucho con los niños._____

(1) Rosa es una mujer de mediana edad que vive por y para los demás: se deja mangonear en el

trabajo por un jefe que le paga mal. (   )

(2) La familia de Rosa está tan acostumbrada a que siempre esté pendiente de ellos que ya se ha convertido para todos en algo sistemático. (   )

(3) Lidia, la hija de Rosa ya cuenta con su propia familia a la que debe sacar adelante en Manchester y tras renunciar a la vida profesional. (   )

(4) Armando que se empeña en extender su negocio tiene una relación maravillosa con su mujer Marga. (   )

(5) Violeta tiene serios problemas con el alcohol y con el trabajo, pero ha estado cuidando a su padre Antonio desde que murió su madre hace tres años. (   )

Sección 3   Conocimiento del idioma y de la cultura
语言及文化相关知识

I. Vocabulario relacionado   相关词汇与表达

1. **perchero** m. Conjunto de perchas.〈集〉衣架，挂物架
2. **agradar** intr. Complacer, contentar, gustar. 使感到愉快，使感到惬意，使高兴，使喜欢
3. **gemelo, la** m.,f. Dicho de una persona o de un animal: Nacido del mismo parto que otro, especialmente cuando se ha originado por la fecundación del mismo óvulo. 双生子，双胞胎
4. **turnarse** prnl. Alternar con una o más personas en el repartimiento de algo o en el servicio de algún cargo, guardando orden sucesivo entre todas. 轮流
5. **no pegar ojo** 睡不着觉，无法入眠
6. **merecer la pena** 值得
7. **descolgarse** prnl. Dicho de una persona o de una cosa: Ir bajando de un sitio alto o por una pendiente. 掉下，落下
8. **echar de menos a alguien** 思念/想念某人
9. **alicatar** tr. Revestir algo de azulejos. 用瓷砖贴（墙面）
10. **análisis** m. Examen cualitativo y cuantitativo de los componentes o sustancias del organismo

según métodos especializados, con un fin diagnóstico. 化验

11. **de vez en cuando** 经常，时而，时不时地

12. **echar una mano a alguien** 帮助某人

13. **aspiradora** f. Electrodoméstico que sirve para limpiar el polvo, absorbiéndolo. 吸尘器

14. **recado** m. Provisión que para el surtido de las casas se lleva diariamente del mercado o de las tiendas. （日用食品）采购

15. **caerse a pedazos** 破旧不堪

16. **conflictivo, va** adj. Del conflicto o relativo a él. 对抗的

17. **rodar** tr. Actuar en una película o dirigirla. 【电影】摄制，拍摄

18. **costurero** m. Caja o canastilla para guardar los útiles de costura. 针线包，针线盒

19. **recortar plantilla** 裁员

20. **en mitad de** 在（某事的）中途；在（某物的）中间

21. **congreso** m. Conferencia generalmente periódica en que los miembros de una asociación, cuerpo, organismo, profesión, etc., se reúnen para debatir cuestiones previamente fijadas. 专业会议；代表大会

22. **electricista** m.,f. Dicho de una persona: Experta en aplicaciones técnicas y mecánicas de la electricidad. 电工

23. **echar a la cama a alguien** 让某人上床睡觉

24. **disparate** m. Hecho o dicho disparatado. 胡言乱语，胡说八道，蠢话

25. **reconvertir** tr. Proceder a la reconversión industrial. 改造

26. **taller** m. Lugar en que se trabaja una obra de manos. 作坊，工场；车间，工作室

27. **dieta** f. Conjunto de sustancias que regularmente se ingieren como alimento. 规定的饮食

28. **formación** f. Acción y efecto de formar o formarse. 教育，培训

29. **de categoría** 上等的

30. **hiperactividad** f. Conducta caracterizada por un exceso de actividad. 多动症

31. **síntoma** m. Manifestación reveladora de una enfermedad. 【医】症状，症候

32. **duelo** m. Dolor, lástima, aflicción o sentimiento. 痛苦，忧伤

33. **percha** f. Pieza o mueble de madera o metal con colgaderos en que se pone ropa, sombreros u otros objetos, y que puede estar sujeto a la pared o constar de un palo largo y de un pie para que apoye en el suelo. 衣架；挂衣架

34. **caos** m. Confusión, desorden. 混乱

35. **vestuario de boda** 婚纱

36. **nuclear** adj. Perteneciente o relativo al núcleo. 核心的，中心的

37. **ceremonia** f. Acción o acto exterior arreglado, por ley, estatuto o costumbre, para dar culto a las cosas divinas, o reverencia y honor a las profanas. 仪式，典礼

38. **nene, na** m.,f. Niño de corta edad. 婴儿，幼儿

39. **liado, da** adj. Atareado, muy ocupado. 忙碌的，繁忙的

Unidad 3　La boda de Rosa
第三单元　罗莎的婚礼

40. **yayo, ya** m.,f. Abuelo, en el lenguaje infantil. 祖父，祖母

41. **cacao** m. Jaleo, alboroto. 吵闹，争吵

42. **mogollón** adv. Mucho. 很多，大量

43. **ilusión** f. Esperanza cuyo cumplimiento parece especialmente atractivo. 幻想，憧憬

44. **ruina** f. Destrozo, perdición, decadencia y caimiento de una persona, familia, comunidad o Estado. 崩溃，毁灭

45. **ahorro** m. Dinero ahorrado o guardado para un uso futuro. 积蓄，储蓄

46. **pensión** f. Cantidad periódica, temporal o vitalicia, que la seguridad social paga por razón de jubilación, viudedad, orfandad o incapacidad. 退休金，养老金

47. **respetar** tr. Tener respeto, veneración, acatamiento. 尊敬，尊重

48. **sobrefalda** f. Falda corta que se coloca como adorno sobre otra. 罩裙

49. **flipar** intr. Agradar o gustar mucho a alguien. 〈口〉非常喜欢

50. **antelación** f. Anticipación con que, en orden al tiempo, sucede algo respecto a otra cosa. 提前，提早

51. **autónomo, ma** adj. Que tiene autonomía. 自主的，自治的

52. **dependiente** adj. Que depende o está subordinado a algo. 依赖的，依附的

53. **extinguir** tr. Dicho de un plazo o de un derecho: Acabarse, vencer. 使终结，使消亡

54. **indemnización** f. Aquello con lo que se compensa el daño recibido. 赔偿费，赔款

55. **demandar** tr. Presentar una demanda judicial contra alguien. 【法】起诉

56. **de repente** 突然地，骤然地

57. **enhorabuena** f. Felicitación. 祝贺，祝福

58. **visualizar** tr. Imaginar con rasgos visibles algo que no está a la vista. 使可以看见

59. **en orden** 就绪地；齐全地；齐备地；有秩序地

60. **dedal** m. Utensilio pequeño, ligeramente cónico y hueco, con la superficie llena de hoyuelos y cerrado a veces por un casquete esférico para proteger el dedo al coser. （缝东西用的）顶针

61. **hacer cargo de alguien** 照顾某人

62. **despistarse** prnl. Desorientar o desconcertar a alguien. 糊涂，错乱

63. **íntimo, ma** adj. Perteneciente o relativo a la intimidad, o que se hace en la intimidad. 只有至亲好友参加的；亲密的

64. **cala** f. Ensenada pequeña. 小海湾

65. **cojonudo, da** adj. Estupendo, magnífico, excelente. 极好的，很棒的

66. **a ratos** 有时

67. **definitivo, va** adj. Que decide, resuelve o concluye. 最后的，决定性的

68. **impedido, da** adj. Inválido, tullido de alguno de los miembros. 伤残的，残疾的

69. **demencia** f. Estado de degeneración progresivo e irreversible de las facultades mentales. 痴呆，智力丧失

70. **pisar**　tr. Poner el pie sobre alguien o algo. 踩，踏
71. **inmobiliario, ria**　adj. De los bienes inmuebles o relativo a ellos. 房地产的，不动产的
72. **ajuste**　m. Adaptación o acomodación de una cosa a otra, de suerte que no haya discrepancia entre ellas. 调整，调节
73. **decente**　adj. Adornado, aunque sin lujo, con limpieza y aseo. 体面的，过得去的
74. **garbanzo**　m. Planta herbácea de tallo duro y ramoso, hojas compuestas de hojuelas elípticas, de borde aserrado, flores blancas, axilares y fruto en vaina inflada, con una o dos semillas amarillentas. 鹰嘴豆
75. **remojo**　m. Introducción de una cosa en agua para que, al empaparse, se ablande. 浸泡
76. **curro**　m. Trabajo. 〈口〉工作
77. **hasta las narices**　忍受够了，不能再忍受下去了
78. **morcilla**　f. Embutido hecho de sangre cocida, condimentada con cebolla y especias y a la que suelen añadírsele otros ingredientes como arroz, miga de pan o piñones. 血肠
79. **ampliación**　f. Aumento de la cantidad, la duración o el tamaño de algo. 扩大，扩充，扩展
80. **avalar**　tr. Garantizar por medio de aval. （用签名或出证明）担保，作保
81. **mugriento, ta**　m.,f. Lleno de mugre. 肮脏的，满是污垢的
82. **apolillado, da**　m.,f. Pasado de moda, anticuado o desfasado. 过时的，老旧的
83. **quedarse con la boca abierta**　下巴都惊掉了
84. **precipitado, da**　adj. Dicho de una persona: Que actúa con prisa o precipitación. 草率的，轻率的，鲁莽的
85. **vital**　adj. De suma importancia o trascendencia. 非常重要的
86. **borracho, cha**　adj. Ebrio, embriagado por la bebida. 喝醉了的
87. **comportamiento**　m. Conducta, manera de portarse o actuar. 表现，行为，举止
88. **conserje**　m. Persona que cuida, vigila y realiza pequeñas tareas de información en un edificio o establecimiento público. （公共设施的）管理人
89. **tumbarse**　prnl. Echarse, especialmente a dormir. 躺下
90. **mascarilla**　f. Capa de diversos productos cosméticos con que se cubre la cara o el cuello durante cierto tiempo, generalmente breve, con fines estéticos. 面膜
91. **plataforma**　f. Zona plana desprovista de asientos y cercana a la puerta de salida de un autobús. 站台
92. **espanto**　m. Terror, asombro, consternación. 恐惧，恐怖
93. **traca**　f. Serie de petardos dispuestos a lo largo de una cuerda, que estallan sucesivamente. 鞭炮
94. **mascletá**　f. Serie de petardos que explotan uno tras otro produciendo mucho ruido. 烟火秀
95. **tinglado**　m. Artificio, enredo, maquinación. 阴谋，圈套
96. **para nada**　无益地，无用处地
97. **estar de moda**　流行，盛行

Unidad 3　La boda de Rosa
第三单元　罗莎的婚礼

98. **tomar el pelo a alguien** 拿某人开玩笑
99. **ridículo** adj. Absurdo, falto de lógica. 奇怪的，荒唐的；滑稽的，可笑的
100. **fastidiar** tr. Molestar o disgustar. 使恼火，使不高兴；使厌烦，使讨厌
101. **ser el último mono** 无关紧要的，无足轻重的
102. **fatal** adj. Muy malo; desgraciado, infeliz. 〈口〉糟糕透顶的
103. **guardería** f. Institución o establecimiento dedicado al cuidado de los niños que aún no están en edad de escolarización. 托儿所
104. **jurar** tr. Afirmar o negar algo, poniendo por testigo a Dios, o en sí mismo o en sus criaturas. 发誓，起誓
105. **vergüenza** f. Sentimiento ocasionado por alguna falta cometida, o por alguna acción deshonrosa y humillante. 羞愧，羞耻
106. **decepcionar** tr. Desengañar, desilusionar. 使失望，使沮丧
107. **emprendedor, ra** m., f. Quien emprende con resolución acciones o empresas innovadoras. 创业者
108. **tesoro** m. Persona o cosa digna de estimación. 宝贝
109. **miserable** adj. Desdichado, abatido o infeliz. 吝啬的，小气的
110. **animarse** prnl. Cobrar ánimo y esfuerzo. 振作，振奋
111. **empujar** intr. Hacer fuerza contra alguien o algo para moverlo, sostenerlo o rechazarlo. 张罗，活动，奔忙
112. **amanecer** intr. Estar en un paraje, situación o condición determinados al aparecer la luz del día. （在某一状况下或某一地点）赶上天亮
113. **endeudarse** prnl. Contraer deudas. 负债
114. **equivocarse** prnl. Hacer que alguien se confunda o yerre. 犯错，弄错
115. **en fin** 总之，总而言之
116. **proyecto** m. Plan y disposición detallados que se forman para la ejecución de una cosa. 计划，方案，想法
117. **concejal** m., f. Persona que ha sido elegida para formar parte del ayuntamiento o gobierno municipal. 市政府成员
118. **en nombre de...** 以……的名义，代表……
119. **convite** m. Comida o banquete en el que se celebra algo y al que solo acuden invitados. 宴会，筵席
120. **rictus** m. Gesto de la cara con que se manifiesta un sentimiento de tristeza o amargura. 强颜欢笑
121. **asegurar** tr. Afirmar la certeza de algo o quedar seguro de que se está en lo cierto. 保证，使确信
122. **seguir adelante** 继续前行
123. **dejar de lado** 弃置，搁置

124. **renunciar** tr. Hacer dejación voluntaria, dimisión o apartamiento de algo que se tiene, o se puede tener. 舍弃，放弃

125. **desastre** m. Persona poco hábil, poco capaz, que lo hace todo mal o a la que todo le sale mal. 特别倒霉的人，特别不幸的人

126. **humillarse** prnl. Dicho de una persona: Pasar por una situación en la que su dignidad sufra algún menoscabo. 羞辱，凌辱

127. **reírse de alguien** 取笑某人

128. **mamarrachada** f. Acción desconcertada y ridícula. 滑稽可笑的言行

II. Frases usuales 实用句子

1. Para cualquier cosa estoy en control. 一切尽在我掌握中。

2. Prometo estar siempre contigo, en lo bueno y en lo malo. 我发誓永远和你在一起，无论顺境逆境。

3. Tu padre de salud está fantástico. 你的父亲身体很健康。

4. A veces cuando hay una pérdida así de fuerte, tapamos el duelo. 有时由于悲伤过度，我们会把痛苦掩藏起来。

5. Yo voy donde tú digas. Hago lo que tú quieras. 你让我去哪儿我就去哪儿，让我做什么我就做什么。

6. ¿Cómo te pillo? 你现在方便吗？

7. Tengo muchísimas cosas que contarte. Bueno, la verdad es que no sabría ni por dónde empezar. 我有好多事情想要对你说，但又实在不知从何说起。

8. Te echo muchísimo de menos. 我非常想念你。

9. ¡Qué alegría! Me das una sorpresa muy grande. 太开心了！你给了我一个超大的惊喜。

10. Hay veces que hay que dar al botón nuclear y empezar de cero. 有时必须按下那个关键的按钮，从头开始。

11. Dime dónde estás y voy a verte, por favor, y te lo explico todo. 请告诉我你现在在哪儿，我去找你并向你解释一切。

12. ¡Qué alegría que me llamas! 真高兴接到你的电话！

13. No te preocupes por nada. 你什么都不必担心。

14. Ahora que ya lo sabéis, podéis hacer lo que os dé la gana. 既然现在你们都已经知道了，那么悉听尊便。

15. Eres el corazón de la familia. 你一直是家里的"主心骨"。

16. Está todo manga por hombro. 一切都乱了套。

17. Tienes todo el derecho de hacer de tu vida lo que te dé la gana. 你完全有权活成自己想要的样子。

18. ¿Cómo puedes tener un pensamiento tan miserable? 你怎么这么"小心眼"呢？

19. No me puedo endeudar ahora. 我现在不能有负债。

20. No puedo prometer algo que no voy a cumplir. 我无法许诺自己不能履行的诺言。
21. Ya estoy de los nervios. 我已经很紧张了。
22. Tú tienes que hacer tu vida y yo la mía. 你应该去过你自己的生活，我也要过我的生活。

III. Notas de cultura　文化点拨

1 Valencia: 瓦伦西亚

　　Valencia es un municipio y una ciudad de España, capital de la provincia homónima y de la Comunidad Valenciana. Con una población de 801.545 habitantes a 1 de enero de 2020, es el centro de un área metropolitana que sobrepasa el millón y medio. Representa el 15,9% de la población de la Comunidad Valenciana y es, por tamaño demográfico, la tercera ciudad de España después de Madrid y Barcelona.

　　La ciudad está situada a orillas del río Turia, en la costa levantina de la Península Ibérica, justo en el centro del golfo de Valencia, aunque en el momento que los romanos la fundaron, se encontraba en una isla fluvial del Turia, a unos cuatro kilómetros de distancia del mar. A unos diez kilómetros al sur de la ciudad se encuentra la Albufera de Valencia, la cual es propiedad del Ayuntamiento de Valencia desde 1911 cuando la compró a la Corona de España por 1.072.980,41 pesetas. La albufera es uno de los lagos más grandes de España, ya que tiene cerca de 2100 hectáreas de superficie, a las cuales hay que añadir una extensión de 14.100 hectáreas de marjal dedicadas al cultivo del arroz. Debido a su valor cultural, histórico y ecológico, este paraje natural fue el primer parque natural que declaró la Generalidad Valenciana, en 1986.

　　Debido a su larga historia, esta es una ciudad con innumerables fiestas y tradiciones, entre las que caben destacar las Fallas, las cuales fueron declaradas como fiestas de interés turístico internacional el 25 de enero de 1965 y Patrimonio cultural inmaterial de la Humanidad por la UNESCO el 30 de noviembre de 2016, y el Tribunal de las Aguas, también declarado en 2009 como Patrimonio cultural inmaterial de la Humanidad. Además de esto, Valencia celebra su Semana Santa Marinera, una histórica procesión del Corpus y la Feria de Valencia, en julio.

2 El Valenciano: 瓦伦西亚语

　　El valenciano es una lengua romance hablada por 2.000.000 de personas en la Comunidad Valenciana. La extensión de la lengua, abarca el 75% del territorio de la Comunidad Valenciana y El Carché murciano.

3 Benicasim: 贝尼卡西姆

    Benicasim es un municipio de la Comunidad Valenciana, España. Situado en la costa de la provincia de Castellón, en la comarca de la Plana Alta. Su población residente es de 18.364 habitantes (INE 2020), aunque se alcanza más de 60.000 en el periodo estival, ya que su economía se basa en el turismo. En las cercanías de la localidad se encuentra el Parque Acuático Aquarama.

4 Las Fallas: 法雅节

    Las Fallas son unas fiestas que se celebran entre del 15 al 19 de marzo en varias localidades de la Comunidad Valenciana incluida Denia, aunque los actos falleros comienzan el último domingo de febrero.

    También hablamos de "Falla" cuando nos referimos al "monumento fallero" que es una figura de varios metros de altura de cartón piedra, poliuretano o poliestireno expandido. El conjunto de Fallas tiene un significado normalmente crítico. El contenido está explicado en letreros en valenciano.

Sección 4	**Actividades postvisionadas** 观影后练习

I. Dictado de unos fragmentos de la Película 电影片段听写练习

Mira y escucha los siguientes fragmentos de la película tres veces y completa los huecos que faltan. 请视听下面的电影片段三遍并完成填空。

Fragmento 1 (00:06:04-00:07:05)

(L por Lidia, R por Rosa y A por Armando)

Unidad 3　La boda de Rosa
第三单元　罗莎的婚礼

L: Hola, mami.

R: ¡Hola, cariño!

L: Me llamaste, ¿no? Tenía (1) _____.

R: Sí, como hacía días que no hablábamos, ¿qué tal todo?

L: Bien, muy bien.

R: Ay, se te ve cansadita.

L: Ya. Es que los gemelos se turnan para que no (2) _____.

R: ¿Y qué tal todo? A ver, ¿qué tal el trabajo?

L: Pues el trabajo lo he dejado, mamá.

R: ¿Cómo?

L: Sí, si es que no merecía la pena, de verdad. Ya (3) _____.

R: Pero a ver, Lidia. ¿Cómo no va a (4) _____, aunque fueran tres días? Que ya te has descolgado bastante yéndote a Manchester. Te vas a descolgar muchísimo si dejas de trabajar.

L: Mamá, por favor. Te lo pido por favor, de verdad. Te he dicho mil veces que no me organices la vida. Mira, te dejo que estoy con los niños. Ya hablamos otro rato, ¿vale?

R: A ver, Lidia.

A: Hermanita, soy Armando. Que esta noche tampoco llego con los nanos. A ver, por favor, les das tú la cena y los acuestas (5) _____, ¿eh? Venga, gracias, Rosa, que eres un sol. Chao, chao.

Fragmento 2 (00:10:10-00:12:21)

(R por Rosa, A por Antonio)

R: Papi, ¿qué haces aquí?

A: Jolín, hay que ver lo tarde que llegas, hija.

R: Pero, papá, si habíamos quedado para el fin de semana..., ¿Entonces?

A: Que no me gusta estar solo en mi casa, Rosita, ya lo sabes.

R: Ya.

A: Bueno, he estado pensando en una cosa, a ver qué te parece.

R: Sí.

A: Pues como Lidia no está, ¿eh? Se queda (1) _____, pues, eh, he pensado que me vengo aquí.

R: ¿Cómo?

A: ¡Que me vengo! Que me gusta contigo, hija. Además, en vez de venir (2) _____ a comer y andar de aquí para allá con dos cocinas, dos neveras, dos compras, me vengo aquí del todo y así estamos juntos los dos.

R: A ver, papá. Pero es que aquí no te puedes quedar. O sea, tú puedes venir las veces que quieras, pero luego te vas a casa. Si yo aquí apenas estoy, papi.

A: ¿Ves? Pues por eso. Yo me vengo aquí, te (3) _____ a lo que sea y tú te vas a lo tuyo tranquilamente. Mira, he pasado la aspiradora.

R: Ya, ya, Papi.

A: Y he hecho recados porque tenías la nevera, hija mía… Ah, y he bajado a la reunión, que ha venido el casero esta tarde…

R: ¡Hostia, joder, era hoy!

A: Va, no te preocupes. Nada, ya le he dicho que (4) _____.

R: Pero ¿cómo le dices eso, papá? Si está la casa que se cae a pedazos.

A: Pero no hay que ser conflictivos, hija. Yo me voy a la cama.

R: A ver, no te puedes quedar a vivir aquí, papi.

A: Pero, ¿por qué no?

R: Eh…Porque…

A: ¿Hay algún problema?

R: Papá…

A: ¡Pero si vamos a estar muy bien aquí! Ya lo verás. ¡Ah!, y te he dejado (5) _____ para cenar, ya verás que… mañana me dices, ¿eh?

R: A ver…

A: Bueno…

R: Espera.

A: Mañana desayunamos churritos. Ya verás qué bien vamos a estar los dos juntos. Venga, hasta mañana.

Fragmento 3 (00:26:28-00:27:40)

(R por Rosa, L por Laura)

R: Estoy dejando la casa. He llamado a Lucas. Se ha ido, Laura. O sea…

L: ¡Qué total, guapi! Me parece perfecto. O sea, cambio de vida, (1) _____, cambio de karma, ya has dado al "botón nuclear".

R: Exacto. ¡Cambio total! Y para iniciar esta nueva vida quiero (2) _____, como… como una ceremonia. Y la quiero hacer en la playa. En Benicasim. ¿Tú podrás venir, Laura?

L: Pues, cuenta conmigo, ¡allí estaré! ¿Qué vas a hacer?

R: Me voy a casar conmigo, Laura.

L: ¿Contigo? Pero no entiendo.

R: No importa, ya lo entenderás. Lo que a mí (3) _____ es que tú vengas, Laura. Te necesito allí conmigo.

L: Sí, sí, cariño, yo voy dónde tú digas, hago (4) _____. Pero… ¿tú estás bien?

R: Estoy genial. Te voy a pasar con Toni.

Unidad 3 La boda de Rosa
第三单元 罗莎的婚礼

L: Sí, sí, sí. Claro, claro.

R: ¡Mira, Toni! Mira quién está aquí.

L: Toni, cariño.

R: Bueno, (5) _____, ¿vale? Perfecto.

L: ¡Qué precioso estás! ¡Estás guapísimo! ¿Estás contento? ¿Estás cuidando de la Rosi, cariño?

Fragmento 4 (01:03:25-01:05:12)

(V por Violeta, R por Rosa)

V: Lo siento, Rosa.

R: Déjalo, Violeta, de verdad, Ya está, déjalo.

V: No, lo siento de verdad.

R: Que no pasa nada, ya está.

V: He sido (1) _____...

R: ¿Ya? Nada...

V: ¿Y esta boda tuya? ¿Cómo no me has contado nada a mí?

R: Pensé que igual pensabas que (2) _____.

V: ¿Una tontería, Rose? ¡Es tu boda! Por mí como si te casas con una mesa. Allí nos habrías tenido a todos. ¿Cómo no vamos a estar en un día así? Eres el (3) _____.

R: Anda, anda, por favor, el corazón... Si soy el último mono...

V: Pero, ¿qué dices? Eras (4) _____ de mamá, ahora el de papá Yo por más que me lo curro y hablo tres idiomas y soy lo más... No pasa nada si no estoy. Pero tú has desaparecido quince días y mira cómo está todo en nuestra familia. Está todo (5) _____, ¿no te das cuenta? Es así, Rosa. Y siempre fue así.

Fragmento 5 (01:05:12-01:09:03)

(L por Lidia, R por Rosa)

L: ¿Te casas contigo?

R: ¡Ay, qué alegría verte, gorda! Sí, sí, bueno, ya (1) _____, mi vida. Ven, que lo he hecho fatal. Lo siento muchísimo. Perdóname, Lidia, por favor.

L: Bueno, yo tampoco te lo he puesto muy fácil.

R: Pero (2) _____ has venido, que es lo importante.

L: Pero no he venido a la boda.

R: ¿Entonces...?

L: Pues he venido porque ya no podía más. Porque nada estaba saliendo como yo esperaba. A John no le veo el pelo y ya me paso las horas sola.

R: ¿Pero y por qué (3) _____, mi amor?

L: Joder, porque era una mierda. Y me pagaban fatal. Y el poco dinero que ganaba lo tenía que poner en (4) _____. Para eso, pues me quedaba con ellos. Pero es que te juro que estaba a punto de volverme loca, a punto... Y si me quedaba un minuto más allí, John y yo íbamos a acabar fatal.

R: Pero, entonces... ¿Has venido para quedarte en Valencia?

L: Pues creo que sí. A ver John y yo lo hemos hablado y a él no le importa... intentarlo aquí. Yo he venido a contártelo, pero cuando llegué, me enteré de todo (5) _____ y... de que te vas de Valencia... Y como estás enfadada conmigo, pues...

R: ¿Cómo voy a estar enfadada, mi amor?

L: Un poco.

R: ¿Qué dices, mi niña?

L: Pues no te lo quería contar porque me daba vergüenza, y tampoco te (6) _____. Mira, mamá, yo sé que... que tú hubieras querido que yo fuera otra cosa.

R: Mi niña...

L: Y que no dejase de estudiar. Pero es que, mamá, yo me he dado cuenta... yo me he dado cuenta...de que no soy artista. Y tampoco soy emprendedora. Yo solo soy pues...pues una cobarde.

R: ¿Cómo vas a ser una cobarde, cariño? Si eres una mujer que ha sido capaz de levantar y de sacar una familia adelante (7) _____. Eres muy fuerte y muy valiente, mi vida. Yo soy la que he sido muy dura contigo y muy injusta. Y tienes (8) _____ hacer de tu vida lo que te dé la gana. Lo siento muchísimo, tesoro, muchísimo.

Fragmento 6 (01:12:23-01:14:16)

(V por Violeta, A por Armando)

V: ¿Dónde estará Armando? Hermanito... ¡Que estamos de fiesta!

A: Sí, sí. Ya lo sé, ya lo sé.

V: ¿Qué os ha pasado a Marga y a ti?

A: Yo qué sé. Que llevo diez años... empujando o (1) _____ para... ir más desahogados y para... tener un poco más de tiempo para nosotros... Más adelante, pero...

V: Más adelante, ¿cuándo?

A: La he perdido. Marga como no...no quiere volver.

V: Bueno, ya (2) _____.

A: Es que...(3) _____ como que he hecho todo mal. He hecho lo de la escuela...mal, lo del matrimonio, lo de cuidar a papá... Joder, todo mal.

V: Todo mal no, hombre. Mira las camisetas. ¿No?, que son preciosas. ¡De verdad!

A: ¡Serás tonta!

V: ¡Oh, mi hermano guapo!

II. Doblaje o dramatización de los siguientes fragmentos de la película
电影片段配音或短剧表演练习

Fragmento 1 (00:42:11-00:45:56)

(R por Rosa, A por Armando, V por Violeta y L por Lidia)

R: Gracias por venir, que siento, bueno, que ha sido así todo tan de pronto, ¿no?, y de repente.

V: Pues, un poco, la verdad, porque a este Rafa, ¿qué le conoces, desde hace meses?

A: Pues sí que os ha dado fuerte, ¿no? Además, ¿cómo te vas a casar mañana? Si te quedan los papeles, y avisar a la gente, organizarlo...

R: Que no hace falta nada, que no es lo que pensáis. No hace falta nada de eso, de verdad. Y aparte, es que no quiero esperar. Porque quiero empezar una nueva vida.

L: Ya. ¿Y esto desde cuándo llevas pensándolo?

R: Hace dos semanas.

V: Oye, ¡cómo estamos! ¿Eh, Rose? ¡Vaya pasión!

L: Ya, ¿y te vienes aquí con Rafa?

R: Es que esto es lo que me gustaría...

V: Rosa, no me seas antigua, por favor. Ahora las parejas se casan, pero luego cado uno se va a su casa. No vas a estar tú ahora aguantándole los calcetines sucios a un señor.

A: Cada uno en su casa y Dios en la de todos, como decía mamá.

V: Es verdad y: costurera sin dedal, cose poco y cose mal. Bueno, y luego está papá.

R: Bueno, justamente. De eso es lo que quería hablaros, que os tenéis que hacer cargo de papá.

A: Por supuesto, tenemos que pillarlo, decirle la hora concreta y clara, que no se despiste. Y bueno, avisar a más gente, es que hay muy poco tiempo, Rosa.

R: Que no hay que avisar a nadie, de verdad que no. Que mi boda va a ser algo íntimo y privado.

V: Bueno, íntimo y privado una moda precisamente no es.

A: Íntimo no va a ser.

R: Bueno, las bodas pueden ser como cada uno quiere que sea la suya, ¿no?

V: Cógelo.

A: Y tú, ¿tú cómo quieres que sea?

R: La mía a mí me gustaría que fuera en la cala.

V: ¿En la cala?

A: ¿En la cala? ¿Ahí como las cabras entre las piedras? Rosa, a ver...

V: ¡Rosa, por favor!

A: Por pequeño que sea, hay que montarlo que quede bonito. Que no se casa uno todos los días.

V: Ya, Armando, pero que no es eso.

A: Rosa, no te preocupes. Que, aunque sea un poco así deprisa y corriendo, lo organizamos todo y tal. Lo primero, lo más importante, lo del ayuntamiento.

R: Pero ¿qué ayuntamiento? Que no, Armando, que yo ya lo tengo pensado. Que no, Armando.

A: ¿Y cómo lo tienes pensado?

R: Que es una sorpresa.

A: Pues nos das la sorpresa en el ayuntamiento.

R: Que no... ¡Armando, por favor!

A: Que es un momento, Rosa.

R: Que no vayas a llamar. ¡Armando, por favor! ¡Que no!

V: Pocholín, no llores. ¡Ay, mira, mira, mira, mira!

L: ¡No, no, no, no, no! ¡Eso no! No se llora.

A: Vale. Me lo confirmas, venga. Cojonudo.

L: Mira, que la... Oye, no se lo quites a tu hermano, por favor.

R: Escuchadme.

A: Arreglado.

R: Escuchadme. Escuchadme un momento. Mira, es que papá hace dos semanas decidió venirse a vivir conmigo.

A: Esto nos lo acabamos, que aquí quedan dos calamares de nada.

V: Vamos a pedir otra botella.

A: Haga el favor.

V: ¡Joven!

A: ¿Tú no estás bebiendo mucho últimamente?

V: ¿Te digo yo a ti que comes mucho?

R: Chicos, ¿me habéis escuchado?

V: ¿Qué, Rose?

R: Que papá hace dos semanas me dijo que se venía a vivir conmigo.

V: Bueno, a papá a ratos le gusta estar contigo, sí.

R: Bueno, Violeta, a ratos, A papá lo llevo pegado como un mejillón hace dos años. Pero es que hace dos semanas me dijo que se venía a vivir conmigo, pero que de manera definitiva.

V: Pero tú le habrás dicho que no, me imagino.

R: Pues no tuve valor. Así que eso os quiero decir, que os tenéis que hacer cargo vosotros también.

V: Pero vamos a ver, Rose, que papá tiene su casa.

R: Ya, pero que en su casa no quiere estar, que le trae recuerdos, que se pone triste... Bueno, que tenemos que turnarnos para hacerle compañía. Oye, tú puedes estar unos días allí con él también.

V: ¿Yo? ¿Ahora? Vamos. Impossible! Que no puedo, Rose. Ahora no.

A: En casa, Rosa, en casa mía no puede estar. Yo tengo ahí el sofá-cama. Puede dormir una noche o dos máximos, pero no es un lugar para estar tiempo. Otra cosa que podemos hacer, pues buscar a alguien que se ocupe de él, que le haga compañía.

Unidad 3　La boda de Rosa
第三单元　罗莎的婚礼

R: Que no es eso, Armando.

V: Vamos a ver, Rosa, por favor: que papá está perfecto. Por favor, que el otro día me lo dijo la enfermera, ¿eh? Y, a ver. Sí, vale, está un poco tristón, pero...

A: Lo normal.

V: Pues como todo el mundo, pero ni está impedido ni tiene demencia, ¿vale? Oye, ¿alguien ha pisado una caca, ¿no?

L: A ver...

V: Es un olor... ¿Se han hecho caca?

L: Sí.

R: ¿Te ayudo?

L: No.

V: ¡Espera, espera, que ya voy yo!

A: ¿Vas tú?

V: Hombre, claro, para eso soy su tía. Vamos, ven aquí con la tía. ¡Huy! ¡Huy lo que pesa!

Fragmento 2 (00:59:16-01:03:22)

(R por Rosa, A por Armando y V por Violeta)

V: ¿De dónde has sacado estas fotos, Armando?

A: De mi Facebook.

V: Yo de fallera, ¡qué espanto!

A: Mira esta...

V: ¡Rosie!

A: Ya está aquí.

R: Me tenéis que ayudar.

A: No te preocupes por nada. Está todo organizado. Y vas a tener también, nena, una traca. ¡Vas a tener una mascletá que ni en las Fallas!

R: Chicos, me tenéis que ayudar: Lidia se ha ido.

A: ¿Dónde se ha ido?

R: Que se ha enfadado conmigo.

A: Pero ¿cómo se va a ir? ¿Cómo se va a perder la boda de su madre?

V: ¡Pero que eso da igual! ¡Por favor, Armando!

A: ¿Pero ¿cómo va a dar igual?

R: ¡Que da igual, Armando!

A: A ver qué pasa, pero ¿soy yo el único que se toma en serio esta boda?

R: ¡Ay, pero, por favor! ¡La boda ya, Armando! ¡Por favor!

A: Pero...

R: ¡Que es que no me caso con nadie!

81

A: Que no te casas... ¿Cómo que no te casas con nadie?

R: Que no hay marido, que me caso yo sola.

V: ¿Estás de coña?

R: No.

A: Pero ¿cómo? ¿Pero es una broma?

R: No.

A: Entonces... ¿Entonces hemos estado armando todo esto, todo este tinglado, para nada?

R: No. ¿Quién está armando este pollo? Lo estás armando tú, Armando.

A: ¿Yo lo estoy...? Pero Rosa, por favor.

R: Yo solo quería hacer una ceremonia pequeña...y contaros que no voy a volver a Valencia. Que me quedo aquí. Que os las tendréis que arreglar sin mí y ocuparos de papá.

A: ¿O sea que es todo mentira?

R: No, no es mentira, Armando. Me caso, pero me caso conmigo.

A: Pero ¿cómo que contigo?

V: ¿Cómo contigo?

R: Conmigo misma.

V: ¿Que te vas a vestir de faralá y te vas a casar... sola?

A: Pues aquí... en esta boda... O sea, no te vas a casar con nadie, no te vas a vivir con nadie... Ni... ni... Bueno, y el Rafa ese. El Rafa... ¿Existe Rafa o no?

R: Por supuesto que existe.

A: Ah, por supuesto, ¿pero no te casas con él?

R: Que no, ¡que me caso conmigo!

A: Contigo... ¿contigo misma? Ah, ya, ¡que te casas contigo! Es el rollo "Me too". Contigo misma. Esto está de moda ahora. Ah, ¿es eso? ¿Pues sabes qué te digo, Rosa? Que le vais a toma el pelo a tu tía, ¿vale? Que ahí te quedas tú con tu boda. Me voy a Valencia, que tengo cosas más importantes que hacer... que hacer el ridículo allí en el ayuntamiento delante de todo el mundo. Por favor, Rosa, de verdad... Por favor, Bueno, y al papá... Al papá se lo cuentas tú cuando venga, ¿eh? A ver qué te dice, ¿eh? ¿Porque qué pensabas? No, ¿qué... qué pensabas? ¿Cuándo pensabas decírnoslo? ¿Ahí en el ayuntamiento, delante de todo el mundo? ¿Eso pensabas?

R: No, quería en la playa. Esa era mi sorpresa, pero también me la habéis fastidiado.

V: A ver, Rosa, es que yo no acabo de entender esto tampoco.

R: Pues, mira, Violeta, es que no os queréis enterar. Pero desde que mamá se ha muerto, papá no ha rehecho su vida, se ha metido en la mía. Y toda esa hiperactividad que tiene es para no hacerse cargo que está solo. Desde que papá me dijo que se quedaba a vivir conmigo, yo he estado pensado. Tengo casi 45 años, ¿cuándo voy a hacer lo que yo quiera? Lo que me hace feliz a mí. ¿Cuándo? ¿Cuándo voy a pensar en mí? ¿Cuando papá deje de necesitarme? ¿O Cuando me dejes de necesitar tú? ¿Cuándo?

Unidad 3　La boda de Rosa
第三单元　罗莎的婚礼

A: Bueno, pues muy bien. Pues no sé porque no nos lo decías así... sin más.

R: Pues porque lo quería decir en la boda. Pero, bueno, ahora que ya lo sabéis, podéis hacer lo que os dé la gana. Y siento muchísimo haberos hecho perder el tiempo.

V: Espera, Rose.

R: No, ni Rose ni nada.

A: Pues no sabía yo que Rosa estaba tan mal. De verdad.

V: Claro, sobre todo comparada con nosotros, que estamos fenomenal.

A: Y ahora ¿adónde vas tú?

Fragmento 3 (01:14:38-01:17:05)
(R por Rosa, A por Armando y V por Violeta)

R: Buenos días, cariño.

V: Buenos días. ¿Cómo has amanecido?

R: Bien. ¿Dónde está Lidia?

V: Está arriba, ahora baja. Está acabando de arreglar a los niños.

R: No quiere volver a Manchester, se queda en Valencia.

V: ¿Y eso?

R: Pues que no le ha ido bien. Y ahora necesita una casa, yo necesito un sueldo para poder ayudarla. Así que me voy a ir a Valencia con ella.

V: Pero ¿qué estás diciendo? ¿Y tus planes?

R: Pues tendrán que esperar. ¿Qué hago? ¿La dejo colgada? ¡Por lo menos hasta que venga John!

V: Pero, hombre, ¿y el taller? ¿No querías abrirlo?

R: No me puedo endeudar ahora, Violeta.

V: ¿Y la boda?

R: Eso es lo bueno de casarse sola, que me puedo dejar plantada.

V: Rosa, ¿y tu compromiso?

R: No puedo prometer algo que no voy a cumplir, Violeta. Díselo tú a Armando, ¿vale?

V: No.

R: Que sí. Y comemos juntos. Por lo menos os invito a un arroz.

V: Espera. Lo hablamos tranquilamente, que te estás equivocando. Que no, mi amor.

R: Que muchísimas gracias por ayudarme, por escucharme, por entenderme... cariño. Díselo tú, por favor, ¿vale?

V: ¡Ay, qué líos!

A: Bueno, ahí vamos, de boda. Y que sea lo que Dios quiera. ¡Ya, ya estoy de los nervios!

V: Pues relájate, Armando, que me parece que no hay boda.

A: ¿Cómo?

V: Pues que a Lidia no le ha ido bien en Manchester y se vuelve... y Rosa se va con ella. En fin, ¡que dice que no hay boda!... Bueno, el que faltaba. Papá. ¡Papi! ¡Aquí todo fenomenal! Pero... ¿cómo? ¿Pero cómo se te ocurre llamar a toda la familia de Pamplona? ¿A la tía Conchita? ¿Pero no se había muerto ya? Oye, papá, te lo pido, por favor: no llames a nadie más. ¿vale? Ya, ya, ya sé que es la boda de Rosa, papá, pero... es que ella quería algo más... discreto. Mira, cuando lleguéis, vais para el ayuntamiento, que ya vamos nosotros para allá. ¡Venga! Joder...

Fragmento 4 (01:17:23-01:19:54)

(L por Lidia, R por Rosa, V por Violeta y A por Armando)

L: ¡Mami! ¿Pero qué haces?

R: Que nos vamos a Valencia, gordita. De momento nos vamos a ir a casa del abuelo, que estará muy contento, y ya buscaremos una casa para los cuatro.

L: No, no. No, mamá. Mamá, no, no.

R: Que sí.

L: ¡Decidle por favor algo!

V: Que no, Rose...

A: A ver, Rosa: yo siento mucho cómo he llevado todo esto del taller, y más sin tu permiso. Yo entiendo que tú tienes que tirar para adelante con tus proyectos... y yo ya encontraré una solución para lo mío. No te preocupes.

L: Pero ¿qué dices? Tío, no es eso. Lo siento, pero es que no es eso.

A: Ah, ¿no?

L: No, vamos a ver... ¿Se puede saber qué le pasa a esta familia que no escuchamos?

V: ¿Cómo que no escuchamos?

L: No, no. No escuchamos. Vamos cada uno a lo nuestro, pero no sabemos lo que le está pasando al de al lado.

A: Perdonad que interrumpa este momentazo de terapia familiar, pero es que habría que tomar...decisiones con lo de la boda de Rosa.

R: ¿Qué decisiones?

V: Bueno...

A: Ahora... Es que a ver... Rosa... Ahora mismo, en el ayuntamiento, ¿vale? Nos está esperando... el concejal, medio pueblo, y la banda municipal del pueblo.

R: ¿Qué dices?

A: Bueno...

R: ¿La banda?

A: Municipal.

R: ¿Qué banda?

A: La banda de... Bueno, toda no entera, es una versión reducida, son solo diecisiete, pero... están ahí todos. Hay mucha gente esperando, Rosa. Mucha gente esperándote a ti.

Unidad 3　La boda de Rosa
第三单元　罗莎的婚礼

V: Y en diez minutos viene papá; con los primos, los tíos... y... los de Pamplona también.

R: ¿Qué dices, Violeta?

V: Bueno, pues que papá ha llamado a todo el mundo, Rosa. Te casas.

R: Pero a ver, ¿y no le habéis dicho que me caso sola?

V: Pues... yo... anoche no... ¡No me atreví, sinceramente!

R: ¡Joder, que os lo dije, que quería hacer algo íntimo?

A: Bueno, bueno... Rosa, tú no te preocupes... Ahora voy yo para allá y hablo con la gente, me disculpo en nombre de la familia y, bueno, y nos tomamos el convite.

L: Ay, ¿qué convite?

R: ¿Qué convite?

A: El convite. El convite que he organizado en el hotel.

R: A ver, Armando, ¿puedes dejar de organizar lo que nadie te pide?

A: Oye, yo si lo organizo, es porque considero pues que es lo mejor.

R: ¿Lo mejor para qué? ¿Lo mejor para quién?

L: Vamos a ver, vamos a ver, un segundo. Mami, escúchame. Mírame. Yo voy y hablo con la gente y les cuento que ha sido un malentendido y...

R: ¡No! ¡Voy yo! ¡Cojones ya!

III. Lee y memoriza las siguientes frases más célebres de la película. 请朗读并背诵电影中的经典台词。

1 "Tienes que seguir adelante, Rosa, Con la boda, con tus planes, con todo. ¿Tú no te das cuenta que la historia se repite? Primero mamá, dejando de lado sus sueños por tenernos a nosotros. Luego tú por Lidia. No puede ser, Rosa. Por favor, no renuncies otra vez. Lidia tiene su pareja. Tiene a papá, que estará encantado de ayudarla. Bueno, y me tiene a mí. Que se quede a vivir conmigo. Yo soy un desastre, me vendrá fenomenal. Si lo que necesita tu hija de ti es que la quieras como es. ¿Tú no querías hacer un compromiso hoy? ¿No querías empezar un camino nuevo?... ¡Pues es el momento, Rosa! Delante de toda la gente que te importa, ¿vale? Sí, hay algunos más, pero estamos nosotros... ¡Ay, comprométete! ¡Y cúmplelo! Es que, si no haces hoy, no lo vas a hacer nunca."

▶ 参考译文

"罗莎，你必须继续下去，继续婚礼，继续你的计划，继续一切。你没意识到历史正在重演吗？先是妈妈，因为有了我们，放弃了自己的梦想。后来是你为了莉迪亚，又要重蹈覆辙。罗莎，不要这样做。拜托，请不要再次放弃。莉迪亚有她自己的伴侣，她有爸爸，他肯定愿意帮助她。她还有我，可以搬来与我同住。我是个倒霉鬼，这反而对我是件好事。你女儿需要的是你爱她原本的样子。你今天不是打算做出承诺吗？你不是想要开始新生活吗？……那么，现在正是时候，罗莎。在所有你在乎的人面前做出承诺，好吗？是的，尽

85

管还有其他人，但是我们（你在乎的人）该来的都来了……去做出承诺吧！去遵守你的承诺吧！因为如果你今天不做，那就永远不会做了。"

2 "Muchísimas gracias a todos por estar aquí. Muchísimas gracias por venir. Hoy es un día muy especial para mí. Es un día que me gustaría recordar el resto de mi vida. Hoy voy a casarme, Porque he decidido comprometerme conmigo misma. Porque para que te traten con respeto y amor, te tienes que respetar y amar tú la primera. Y eso es lo que quiero prometer aquí hoy delante de todos vosotros: 'Prometo respetarme. Cuidarme. Prometo escucharme. Prometo perdonarme. Prometo hacer lo que me haga bien a mí. Prometo preguntarme a mí misma primero, antes que preguntar lo que quieren los demás. Prometo llevar a cabo mis sueños... y mis deseos. Prometo quererme con todo mi corazón, todos los días de mi vida. También quiero renunciar a poner mi felicidad en manos de los demás. Y, por último, renuncio a ser obediente.' "

▶ 参考译文

"非常感谢大家能够来到这里！非常感谢各位的到来！今天对我来说是个特殊的日子，是我将铭记余生的日子。今天我要结婚了，因为我决定将自己托付给自己。因为如果你想要得到别人的尊重与爱，首先必须尊重和爱护自己。以下是我今天希望在诸位的见证下在此处许下的誓言：'我发誓要尊重自己，照顾好自己。我发誓要倾听自己的心声。我发誓要谅解自己。我发誓要善待自己。我发誓在问别人想要什么之前，先问问自己的需求。我发誓要实现自己的梦想……和愿望。我发誓在我生命中的每一天都会全心全意地爱自己。同时我再也不想将自己的幸福交付到别人的手中。最后，我再也不会一味地迁就顺从。' "

IV. Este largometraje recibió 8 nominaciones y finalmente consiguió 2 galardones en la 35 edición de los Premios Goya 2021. Busca información en internet sobre los premios Goya y contesta las siguientes preguntas. 这部影片获得了2021年第35届西班牙电影戈雅奖八项提名并最终斩获两项大奖。请在网上查询该奖项的相关信息并回答下列问题。

Unidad 3　La boda de Rosa
第三单元　罗莎的婚礼

1. ¿Qué son los premios Goya? Y ¿hay algún premio parecido en China?
2. Rozalén (María de los Ángeles Rozalén Ortuño) ganó el Goya 2021 a la Mejor Canción original con *"Que no, que no"* de la película *La Boda de Rosa* de Icíar Bollaín. Escucha tres veces esta canción, completa la letra e intenta traducirla al chino.

Que no, que no

Llevo un tiempo que no descanso
Que como poco, cuesta sonreír
He pasado por el aro
Y he hecho cosas que no (1) _____
Tengo la bandeja llena
De peticiones, de mil favores
Y absolutamente nadie
Pregunta por mí
Lo pienso y (2) _____
Y despliego todo el arsenal de velas
Me paro, respiro, sonrió, me fío
Descorcho una botella
Si elijo (3) _____
No es cuestión de egoísmo
El tiempo de calidad
Parte dedicado uno mismo
Y si no me sale del corazón
Voy a aprender a decir que no
Quien bien me quiere lo va a comprender
Yo no nací solo pa' complacer

Y si no me sale del corazón
Voy a aprender a decir que no
Si quiero mejorar el mundo
Primero (4) _____ yo
Me he vestido con ropa a la moda
Me he puesto muy mona pa' gustarme a mí
He comprado un ramito de rosas
Y nerviosa me he pedido salir
Tengo la cabeza llena de mil razones
Que me aseguran que (5) _____
Está más cerca de lo que creo
Ay qué tontería María si te quedas sola pa' toda la vida
Vistiendo los santos con cientos de gatos
Llorando sin compañía
Si elijo ser mi prioridad
No es cuestión de egoísmo
El tiempo de calidad
Parte dedicado uno mismo
Y si no me sale del corazón
Voy a aprender a decir que no
Quien bien me quiere lo va a comprender
Yo no nací solo pa' complacer
Y si no me sale del corazón
Voy a aprender a decir que no
Si quiero mejorar el mundo
Primero voy a mimarme yo
Y si no me sale del corazón
Voy a aprender a decir que no
Quien bien me quiere lo va a comprender
Yo no nací solo pa' complacer
Y si no me sale del corazón
Voy a aprender a decir que no
Si quiero mejorar el mundo
Primero voy a mimarme, a mimarme yo

Unidad 3　La boda de Rosa
第三单元　罗莎的婚礼

V. Elige las preguntas que te interesen más y discútelas con tus compañeros de grupo. 请选择你感兴趣的话题与同学进行讨论。

1. Desde tu punto de vista, ¿qué destacaría de la película que acabas de ver? ¿Cómo te has hecho sentir?
2. ¿Sabes qué es la crisis de la mediana edad y cómo son las personas complacientes? ¿Cuál es tu posición con referencia a estos temas? ¿Estás de acuerdo con lo que ha hecho Rosa? Argumenta tu respuesta.
3. ¿Qué sucede actualmente en tu país respecto de estos temas en cuanto a lo personal y lo social?
4. Comenta tu escena preferida de la película teniendo en cuenta los siguientes aspectos:
   (1) ¿Qué personajes intervienen?
   (2) ¿Dónde están estos personajes?
   (3) ¿Qué ocurre en la escena?
   (4) ¿Por qué es tu escena preferida?

VI. Recomendación de películas similares　同类电影推荐

1. *Tres bodas de más*《婚礼三个多》（西班牙，2013）
2. *Nosotros los nobles*《我们是贵族》（墨西哥，2013）
3. *Ocho apellidos vascos*《西班牙情事》（西班牙，2014）
4. *Ocho apellidos catalanes*《西班牙情事2》（西班牙，2015）
5. *Ahora o nunca*《机不可失》（西班牙，2015）
6. *Nuestros amantes*《我们的情人们》（西班牙，2016）
7. *Sin rodeos*《直率症》（西班牙，2018）
8. *Padre no hay más que uno*《父亲只有一个》（西班牙，2019）

Unidad 4 第四单元

Conducta
飞不起来的童年

Sección 1 | Información general de la película 影片基本信息

Director 导演: Ernesto Daranas
País 制片国家: Cuba
Año 上映时间: 2014
Guion 编剧: Ernesto Daranas
Reparto 主演: Armando Valdés Freyre (Chala), Alina Rodríguez (Carmela), Silvia Águila (Raquel), Yuliet Cruz (Sonia), Amaly Junco (Yeni), Armando Miguel Gómez (Ignacio), Miriel Cejas (Marta), Idalmis Garcia (Mercedes)
Duración 片长: 108 minutos
Género 类型: Drama. Infancia. Colegios & Universidad. Enseñanza. Drama social

Premios 所获奖项:

2014: *Premios Goya: Nominada a Mejor película hispanoamericana*
2014: *Premios Ariel: Nominada a Mejor película iberoamericana*
2014: *Festival de La Habana: Mejor película, Mejor Actor (Valdés Freire., SIGNIS)*
2015: *Premios Platino: 8 nominaciones incluyendo mejor película y dirección*

Sección 2 | Comprensión audiovisual de la película 影片视听理解

I. Antes de ver la película 观影前练习

1 Abajo hay tres carteles promocionales de la Película cubana *Conducta* en diferentes países. En parejas, fijados en estos carteles, pensad y contestad las siguientes preguntas. 下面有三张古巴电影《飞不起来的童年》在不同国家的宣传海报。请与同伴仔细观察这些海报，认真思考并回答下列问题。

Unidad 4　Conducta
第四单元　飞不起来的童年

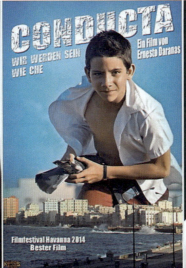

(1) ¿Qué te sugieren los carteles y el título de la película?

(2) ¿Qué temas piensas que va a tratar el largometraje?

(3) Después de compararlos, ¿cuál te gusta más? y ¿por qué?

2 Encuentra el mapa de Cuba por Internet y obsérvalo con atención, obsérvalo, busca información relacionada con este país y contesta las siguientes preguntas. 请通过网络找到古巴地图并仔细观察后，查询这个国家的相关信息并回答下列问题。

(1) Cuba es considerada "La Mayor de las Antillas", ¿por qué tiene esta denominación?
_____
_____
_____
_____

(2) ¿Cuál es la población de Cuba? Y ¿cuál es su capital?
_____
_____

(3) ¿Cómo es el clima en Cuba?
_____
_____
_____
_____

(4) En América Latina y el Caribe coexisten varios tipos de gobiernos y sistemas políticos: gobiernos de izquierda y de derecha. Investiga las principales características de cada tipo y diga cuál de ellos define a Cuba.
___
___
___
___

(5) ¿Cuál es la música que identifica a Cuba en el mundo?
___
___
___
___

(6) ¿Cuáles son los principales productos que exporta Cuba?
___
___
___
___

3 Para comprender mejor este largometraje, a continuación, tienes 5 fragmentos de una entrevista realizada a Ernesto Daranas, el director cubano de *Conducta*, en la que habla sobre determinados aspectos de la película. Relaciona cada pregunta del periodista con la respuesta del director. 为了更好地理解这部影片，下面提供五段对《飞不起来的童年》的导演埃内斯托·达拉纳斯进行的采访，内容谈及这部电影某些方面的具体内容。请将记者的提问与导演的回答联系起来。

Unidad 4　Conducta
第四单元　飞不起来的童年

PREGUNTAS DEL PERIODISTA

(1) ¿Cómo es el momento de la escritura del guion? ¿Trabajas con muchos elementos de la vida real? (　)

(2) ¿Podemos también encontrar en tu película, además de la ficción, elementos de la actual sociedad cubana? (　)

(3) ¿Tenías en mente referencias de otras películas para hacer *Conducta*? (　)

(4) ¿Qué te motivó a la aproximación que hace la película a una familia disfuncional y a nuestro sistema de enseñanza? (　)

(5) ¿Cómo explicas el gran éxito de la película en Cuba? (　)

RESPUESTAS DEL DIRECTOR

A. Partí de la inquietud que me causa la crisis económica y los cambios que están teniendo lugar en Cuba. Todo eso marca de una manera muy fuerte a la familia, la escuela y la niñez. Pero por supuesto que también estudiamos muchos referentes cinematográficos entre los que destacó *Los 400 golpes*.

B. Complejo. Cuba es un país de grandes contrastes, muchos de sus jóvenes alcanzan una buena preparación educacional, pero luego no encuentran opciones para encaminar sus vidas. Eso determina que la nación se desangre en un éxodo constante compuesto, básicamente, por jóvenes bien calificados en busca de oportunidades. *Conducta*, sin embargo, pertenece a un sector más marginal marcado por la crisis actual de Cuba y por la necesidad de referentes como el de su maestra Carmela, que es un modelo de educador que se encuentra amenazado en todas partes por razones muy diversas.

C. Hay algunas vivencias personales, pues la película transcurre en el mismo barrio en que he vivido toda la vida. El resto lo trajeron los propios niños de la película y mis alumnos de la Facultad de Cine de La Habana, quienes me ayudaron en la investigación previa a la escritura. Nunca tuvimos un guion cerrado y estuvimos siempre abiertos a los aportes de ellos y de los maestros con los que trabajamos.

D. Porque todo está expresado a través relaciones humanas y sentimientos que cualquier cubano entiende. También influyen mucho esos aportes de mis jóvenes estudiantes, el de los maestros que nos ayudaron y, sobre todo, el de los niños de la película, todos ellos provenientes del mismo entorno social que refleja Conducta.

E. Por supuesto. Gran parte de lo que narra *Conducta* proviene de hechos y personajes reales que sintetizan una parte de lo que es la sociedad cubana de hoy.

(Adaptación del artículo de Cédric Lépine en *Le Club de Mediapart*)

4 Mira y escucha dos veces el vídeo de una entrevista con Ernesto Daranas sobre la película y completa las siguientes frases. 请视听两遍埃内斯托·达拉纳斯关于这部电影的访谈视频后，将下列句子补充完整。

(1) La película fue rodada en una zona muy especial...
___
___

(2) Trata de un tema universal que es el de...
___
___

(3) Una figura muy importante es la del...
___
___

(4) Ha trabajado con niños que...
___
___

(5) La película fue una experiencia de...
___
___

(6) Ha ganado premios en los Festivales de...
___
___

Unidad 4　Conducta
第四单元　飞不起来的童年

5 VOCABULARIO: El español que se habla en Cuba tiene sus peculiaridades. A continuación, vas a encontrar algunas palabras, expresiones y frases cubanas que van a aparecer en el largometraje. Encuentra el significado de cada una y prepárate para que puedas comprender mejor lo que se dice. 词汇练习：古巴的西班牙语有许多独特之处。请将下面的古巴特色方言与其西语释义相匹配。

asere	¿Qué bolá?
guagua	chama o chamaco/a
palestino/a	guatacón/a
carro	puro/a
perreta	¡Está bueno ya!

(1) _____: Niño, muchacho.
(2) _____: Coche.
(3) _____: ¿Qué tal? o ¿cómo está todo?
(4) _____: ¡Basta!
(5) _____: Adulador/a.
(6) _____: Un autobús, ómnibus o camión de servicio urbano (un vehículo automotor que presta servicio urbano o interurbano en un itinerario fijo).
(7) _____: Emperrarse, en valerse de la rabieta perruna.
(8) _____: Muy generalizado entre los jóvenes: el padre y la madre.
(9) _____: Persona proveniente de la región oriental del país y que se ha establecido en la capital.
(10) _____: Amigo, compañero; suele emplearse como apelativo en general, y aunque de mal gusto inicialmente, está muy generalizado entre hablantes jóvenes.

II. Durante la película 观影中练习

1 Aquí tienes la sinopsis de la película. Completa con los sustantivos o los verbos conjugados que aparecen de abajo. 下面是这部电影的简介。请用下列名词或动词的正确形式将其补充完整。

| violencia | abandonar | manejar | trasladar | grado |
| relucir | sustento | permanencia | entrenar | oponerse |

　　Chala es un niño cubano, tiene once años, vive solo con su madre drogadicta y (1)_____ perros de pelea para buscar un (2)_____ económico. Este mundo de brutalidad y (3)_____ a veces sale a (4)_____ en la escuela. Carmela es su maestra de sexto (5)_____, por la que el muchacho siente cariño y respeto; pero cuando ella enferma y se ve obligada a (6)_____ el aula durante varios meses, una nueva profesora, incapaz de (7)_____ el carácter de Chala, lo (8)_____ a una escuela de conducta. Al regresar, Carmela (9)_____ a esta medida y a otras transformaciones ocurridas en su clase. La relación entre la veterana maestra y el niño se hace cada vez más fuerte, pero este compromiso pondrá en riesgo la (10)_____ de ambos en la escuela.

2 Aquí abajo tienes varios fotogramas de la película. Obsérvalos, completa los nombres de estos personajes principales del filme y escribe algunas frases sobre cada uno (por ejemplo, edad/profesión/personalidad, etc.). 下面是几张影片主要人物的剧照。请仔细观察后，写出他们的名字并按照提示简单描述每个人物（比如：年龄、职业、性格等）。

> **Adjetivos que puedan ayudarte a describir a los personajes**
> achacoso/a, alcohólico/a, amable, antipático/a, bondadoso/a, brillante, bueno, burocrático/a, cariñoso/a, caluroso/a, comprensivo/a, comunicativo/a, decidido/a, dogmático/a, drogadicto/a, exigente, generoso/a, hipócrita, hosca/a, imprudente, incomprendido/a, incompetente, independiente, inexpresivo/a, insensible, insolente, inteligente, intolerante, irresponsable, joven, manipulador/a, maltratado/a, mayor, moralizador/a, pobre, paciente, responsable, rebelde, rígido, salvaje, sensible, serio, simpático, valiente, violento/a

Unidad 4　Conducta
第四单元　飞不起来的童年

	Nombre: ¿Cómo es? ¿Qué opinión te merece?
	Nombre: ¿Cómo es? ¿Qué opinión te merece?
	Nombre: ¿Cómo es? ¿Qué opinión te merece?
	Nombre: ¿Cómo es? ¿Qué opinión te merece?
	Nombre: ¿Cómo es? ¿Qué opinión te merece?
	Nombre: ¿Cómo es? ¿Qué opinión te merece?
	Nombre: ¿Cómo es? ¿Qué opinión te merece?

Sección 3	**Conocimiento del idioma y de la cultura** 语言及文化相关知识

I. Vocabulario relacionado　相关词汇与表达

1. **apurarse**　prnl. Apremiar, dar prisa.〈拉美〉赶快，急忙

2. **esclavo, va**　m.,f. [Persona] que, por estar bajo el dominio jurídico de otra, carece de libertad. 奴隶

3. **infancia**　f. Período de la vida humana desde el nacimiento hasta la pubertad. 童年，幼年

4. **párrafo**　m. Fragmento de un texto en prosa constituido por un conjunto de líneas seguidas y caracterizado por el punto y aparte al final de la última.（文章或演说的）章节，段落

5. **bola**　f. Cuerpo esférico de cualquier materia. 球，球体，球状物

6. **candela**　f. Lumbre, fuego. 火，炭火

7. **bobo, ba**　m.,f. Persona de poco entendimiento y capacidad. 傻子，笨蛋

8. **amenazar**　tr. Dar a entender con actos o palabras que se quiere hacer algún mal a alguien. 威胁，恐吓

9. **corriente**　f. Corriente eléctrica.（空气、水、电等）流

10. **chama**　m.,f. Niño o niña, hijo pequeño. 孩子，小孩

11. **hacerse el loco**　假装心不在焉，装疯卖傻，装聋作哑

12. **relampaguear**　intr. Haber relámpagos. 发出闪光，闪闪发光

13. **mambís, isa**　m.,f. Insurrecto contra España en las guerras de independencia de Santo Domingo y Cuba en el siglo XIX.（独立战争中的）起义者

14. **guayabera**　f. Es la camisa tradicional cubana y el corazón de la línea de ropa de inspiración latina de Cubavera. Las camisas de guayabera de hombre están adornadas con 2 o 4 bolsillos y filas verticales de pliegues delicadamente cosidos. La guayabera es la camiseta nacional de varios países latinoamericanos, entre ellos México, Cuba y República Dominicana. 瓜亚贝拉薄布短衫

15. **chamaco, ca**　m.,f. Niño, muchacho. 小孩，孩子

16. **ponerse en guardia**　警惕，戒备

17. **fresco, ca**　adj. Desvergonzado. 脸皮厚的

18. **consecuencia**　f. Hecho o acontecimiento que se sigue o resulta de otro. 结果，后果

19. **anexar**　tr. Adjuntar.〈拉美〉附加，添加

20. **expediente**　m. Conjunto de calificaciones e incidencias en la carrera de un estudiante.（学校里存档的）学生成绩单

21. **pulir**　tr. Educar a alguien para que sea más refinado y elegante. 教育，使懂礼貌

22. **municipio**　m. Entidad local formada por los vecinos de un determinado territorio para gestionar autónomamente sus intereses comunes. 市；市辖地区

23. **seguimiento**　m. Acción y efecto de seguir o seguirse. 追随，紧跟

Unidad 4　Conducta
第四单元　飞不起来的童年

24. **internar**　tr. Disponer o realizar el ingreso de alguien en un establecimiento, como un hospital, una clínica, una prisión, etc. 监禁，关押

25. **lindo, da**　adj. Hermoso, bello, grato a la vista. 漂亮的，好看的

26. **arrimarse**　prnl. Acercar o poner una cosa junto a otra. 接近，靠近

27. **embancarse**　prnl. Dicho de una embarcación: Varar en un banco. （船）搁浅

28. **guagua**　f. Autobús de recorrido fijo. 〈古巴〉公共汽车

29. **en blanco**　（文稿的）空白

30. **recuperarse**　prnl. Dicho de una persona o de una cosa: Volver a un estado de normalidad después de haber pasado por una situación difícil. （健康、情绪、理智等）复原

31. **infarto**　m. Necrosis de un órgano o parte de él por falta de riego sanguíneo debida a obstrucción de la arteria correspondiente. 【医】（血管）梗塞，栓塞

32. **entusiasmo**　m. Exaltación y excitación del ánimo por algo que causa interés, admiración o placer. 热情，热心，热忱

33. **apendejarse**　prnl. Ponerse bobo o acobardarse. 〈拉美〉变成孬种

34. **revancha**　f. Desquite o venganza. 报仇，复仇

35. **filo**　m. Arista o borde agudo de un instrumento cortante. 刀口，刃，锋

36. **chapa**　f. Tapón metálico que cierra herméticamente las botellas. （酒瓶的）金属盖

37. **receso**　m. Vacación, suspensión temporal de actividades. 〈拉美〉休息，休憩

38. **guay**　adj. Excelente, estupendo. 极妙的，惊人的，了不起的

39. **palestino, na**　m.,f. Persona proveniente de la región oriental del país y que se ha establecido en la capital. 〈古巴〉来自古巴东部地区并在首都定居的人

40. **en el fondo**　本质上，实质上

41. **rigor**　m. Excesiva y escrupulosa severidad. 严厉，严格

42. **afecto**　m. Cada una de las pasiones del ánimo, como la ira, el amor, el odio, etc., y especialmente el amor o el cariño. 爱慕，喜欢；好感

43. **guarda**　m.,f. Persona que tiene a su cargo el cuidado de algo. 看守人，保管人

44. **chaval, la**　m.,f. Niño o joven. 青年；小伙子，姑娘

45. **pararse**　prnl. Detenerse o suspender la ejecución de un designio por algún obstáculo o reparo que se presenta. 站立，站着

46. **dar el bate a alguien**　拒绝某人的表白/求爱

47. **buchón, na**　adj. De carácter bondadoso y amable. 好心肠的，厚道的

48. **volverse loco**　晕头转向，昏头昏脑

49. **bárbaro, ra**　m.,f. Grosero, que no tiene educación. 野蛮人

50. **laburo**　m. Trabajo. 〈口〉工作，劳动

51. **compadre**　m. Amigo o conocido. 老兄，老弟（朋友和熟人间的称呼）

52. **manso, sa**　adj. [Animal] que no es bravo. （动物）驯服的，温顺的

53. **caramba**　intej. Se usa para expresar extrañeza, enfado o asombro. （表示惊讶、恼怒、不悦

等）好家伙

54. **buenazo, za** adj. Persona pacífica y de buen carácter. 温和的，温顺的，和善的

55. **vidrio** m. Sustancia dura, frágil, transparente, formada de sílice, potasa o sosa y pequeñas cantidades de otras bases. 玻璃

56. **fulo, la** adj. Furioso, muy enfadado. 气疯的，狂怒的

57. **abuso** m. Acción y efecto de abusar. 过分的行为；不法的行为

58. **púa** f. Cuerpo delgado y rígido que acaba en punta aguda. 刺状物；（陀螺的）尖儿

59. **trompo** m. Un tipo de peonza que puede girar sobre una punta, sobre la que sitúa su centro gravitatorio de forma perpendicular al eje de giro, y se equilibra sobre un punto gracias a la velocidad angular, que permite el desarrollo del efecto giroscópico. De múltiples formas y funcionamientos, los hay de numerosos tipos. （玩具）捻捻转

60. **liquidar** tr. Saldar, pagar enteramente una cuenta. 结算，结清

61. **preso, sa** adj. Dicho de una persona: Que sufre prisión. 被囚禁的

62. **aguantar** tr. Sostener, sustentar, no dejar caer. 支撑，抓住

63. **soltar** tr. Dejar ir o dar libertad a quien estaba detenido o preso. 松开，放开

64. **perreta** f. Emperrarse, en valerse de la rabieta perruna. 发脾气，发火；哭闹

65. **tremendo, da** adj. Terrible, digno de ser temido. 可怕的，恐怖的

66. **atravesado, da** m.,f. Dicho de una persona: Que se expresa de manera disparatada, incongruente o confusa. 邪恶的，存心不良的

67. **palo** m. Pieza de madera u otro material, mucho más larga que gruesa, generalmente cilíndrica y fácil de manejar. （长圆的）木棍，木棒，木杆

68. **hembra** f. Animal del sexo femenino. 雌性动物，雌兽

69. **poner mano en algo** 干预，插手

70. **conque** conj. Para enunciar una consecuencia natural de lo que acaba de decirse. （表示结果）那么，这么，这么说

71. **uniforme** m. Traje peculiar y distintivo que por establecimiento o concesión usan los militares y otros empleados o los individuos que pertenecen a un mismo cuerpo o colegio. 制服

72. **por dentro** 在里面，在内部

73. **defenderse** prnl. Responder bien en una actividad o situación difícil. 取得进展；获得成功

74. **dar el alta** 宣布病愈，允许出院

75. **a partir de...** 从……起，自……始

76. **impartir** tr. Dar o distribuir algo, especialmente de carácter no material. 讲授，教授

77. **humanidad** f. Conjunto de disciplinas que giran en torno al ser humano, como la literatura, la filosofía o la historia. 人文学科；语言文学

78. **al tanto de...** 了解……，得知……

79. **indisciplina** f. Falta de disciplina. 无纪律；不守纪律

80. **inspección** f. Reconocimiento exhaustivo. 检查，检验

Unidad 4　Conducta
第四单元　飞不起来的童年

81. **matrícula** f. Especialmente en la enseñanza, acción y efecto de matricular o matricularse. 注册，登记

82. **criar** tr. Dicho de un animal: Producir, cuidar y alimentar a sus hijos. （动物）繁殖；养育，喂养

83. **encima de...** 除……之外；不仅……还

84. **agarrar** tr. Asir o coger fuertemente con la mano o de cualquier modo. 抓，抓住

85. **fugarse** prnl. Escaparse, huir. 逃走，潜逃，私逃

86. **frijol** m. Judía, alubia. 菜豆

87. **responsabilidad** f. Cumplimiento de las obligaciones o cuidado al hacer o decidir algo. 责任

88. **comisión** f. Conjunto de personas encargadas por la ley, o por una corporación o autoridad, de ejercer unas determinadas competencias permanentes o entender en algún asunto específico. 委员会

89. **carro** m. Automóvil. 〈拉美〉轿车，小汽车

90. **para empezar** 首先，一开始

91. **libreta** f. Cuaderno pequeño para escribir anotaciones. 笔记本

92. **mandado** m. Compra de lo necesario para la comida. 〈古巴〉采购，购买

93. **prohibir** tr. Vedar o impedir el uso o la ejecución de algo. 禁止

94. **hacer fuerza** 施加压力

95. **explotación** f. Abuso de alguien para obtener un beneficio. 利用，取利

96. **manilla** f. Especie de argolla de oro, plata u otro metal, usada para adornar las muñecas, brazos o tobillos. 手镯，手链

97. **afrenta** f. Vergüenza y deshonor que resulta de algún dicho o hecho, como la que se sigue de la imposición de penas por ciertos delitos. 侮辱，耻辱

98. **oprobio** m. Ignominia, afrenta, deshonra. 耻辱，不名誉，不光彩的事

99. **clarín** m. Instrumento musical de viento, de metal, semejante a la trompeta, pero más pequeño y de sonidos más agudos. 号，号角，军号

100. **atletismo** m. Conjunto de actividades y normas deportivas que comprenden las pruebas de velocidad, saltos y lanzamiento. 竞技；体育运动；田径运动

101. **matutino, na** adj. Que ocurre o se hace por la mañana. 早晨的，清晨的

102. **sobrar** intr. Haber más de lo que se necesita. 多余，剩余

103. **delincuente** m.,f. Quien comete delitos. 罪犯，犯人

104. **a la ligera** 轻率地，草率地，无根据地

105. **legalizar** tr. Dar estado legal a algo. 使法律化，使合法化

106. **coro** m. Conjunto de personas reunidas para cantar, especialmente si lo hacen de una forma habitual o profesional. 合唱团；唱诗班

107. **suficiente** adj. Bastante, adecuado para cubrir lo necesario. 充足的，足够的

108. **rabia** f. Ira, enfado grande. 狂怒，暴怒，愤怒

109. **estampa** f. Papel o tarjeta con una imagen religiosa. 神像

110. **patrón, na** m.,f. Santo elegido como protector de un pueblo o congregación religiosa, profesional o civil. 庇护神，守护神

111. **mural** m. Pintura o decoración que se coloca o se hace sobre una pared. 壁画

112. **valorar** tr. Reconocer, estimar el valor o mérito. 评价，评估；考虑，衡量

113. **a fondo** 深入地，深刻地

114. **psicólogo, ga** m.,f. Persona que se dedica profesionalmente a la psicología. 心理学者，心理学家

115. **marginar** tr. Poner o dejar a una persona o grupo en condiciones sociales de aislamiento e inferioridad. 使处于社会边缘

116. **dar curso** 听凭，放任

117. **proceso** m. Acción de ir hacia delante. 进程，过程，流程

118. **echarse para atrás** 改变主意，变卦，食言

119. **para siempre** 永远

120. **desenterrar** tr. Exhumar, descubrir, sacar lo que está debajo de tierra. 挖出，挖掘

121. **sinónimo** m. [Vocablos o expresiones] que tienen una misma o muy parecida significación. 同义词，近义词

122. **servil** adj. Adulador, rastrero. 奴颜媚骨的，奴才相的

123. **guatacón, na** adj. Persona que adula servilmente. 〈古巴〉谄媚的人，马屁精

124. **lameculos** m.,f. Persona aduladora y servil. 〈俗〉马屁精

125. **salvar** tr. Evitar un inconveniente, impedimento, dificultad o riesgo. 使免受

126. **manejar** tr. Gobernar, dirigir. 控制，管理

127. **lamentablemente** adv. De manera lamentable. 令人遗憾地，令人惋惜地

128. **opción** f. Elección, posibilidad de elegir entre varias cosas. 选择，选择权

129. **violación** f. Acción y efecto de violar. 违反，违犯

130. **naturalidad** f. Espontaneidad en el modo de proceder. 自然

131. **escollera** f. Obra hecha con piedras o bloques de cemento u hormigón echados al fondo del agua para formar un dique de defensa contra el oleaje del mar. （港口的）防波堤

132. **educación física** 体育课

133. **reventado, da** adj. Muy cansado. 〈口〉筋疲力尽的

134. **boya** f. Cuerpo flotante sujeto al fondo del mar, de un lago, de un río, etc., que se coloca como señal, y especialmente para indicar un sitio peligroso o un objeto sumergido. 【海】浮标

135. **costanera** f. Avenida o paseo que se extiende a lo largo de una costa. 河滨大道

136. **empeorar** tr. Hacer que aquel o aquello que ya era o estaba malo, sea o se ponga peor. 使变得更坏，使恶化

137. **círculo** m. Club o sociedad con fines recreativos o culturales. 社团

Unidad 4　Conducta
第四单元　飞不起来的童年

138. **alzar**　tr. Esforzar la voz. 使升高（音量、音调）
139. **ni siquiera**　甚至不
140. **de todos modos**　不管怎样，无论如何
141. **en serio**　认真地，严肃地
142. **batirse**　prnl. Combatir, pelear. 战斗，格斗，决斗
143. **pila**　f. Montón o cúmulo que se hace poniendo una sobre otra las piezas o porciones de que consta algo. 大量，许多，一大堆
144. **por lo menos**　至少，起码
145. **pegar**　tr. Castigar o maltratar a alguien con golpes. 打，揍，殴打
146. **pellizco**　m. Señal que dejan los pellizcos en la carne o en la piel. 拧痕，捏痕，掐痕
147. **reglazo**　m. Golpe dado con la regla. 尺击
148. **tipa**　f. Cesto de varillas o de mimbre sin tapa. 篮子，筐
149. **colarse**　prnl. Entrar o ponerse a escondidas o con engaño en algún sitio. 〈口〉溜进，混进
150. **involucrar**　tr. Complicar a alguien en un asunto, comprometiéndolo en él. 使卷入，使牵连，使纠缠
151. **forzar**　tr. Hacer fuerza o violencia física para conseguir algo que habitualmente no debe ser conseguido por la fuerza. 强迫，强逼，强制
152. **presionar**　tr. Ejercer presión sobre alguien o algo. 施加压力，强迫，威逼
153. **contener(se)**　tr./prnl. Reprimir un deseo, un sentimiento, etc. 强忍，抑制，克制
154. **picazón**　f. Enojo, desazón o disgusto. 不安；烦恼，不快；气恼，生气
155. **copado, da**　adj. Entusiasmado o fascinado con algo. 高兴的，满意的
156. **abanico**　m. Instrumento compuesto por un conjunto de varillas articuladas por un extremo y pegadas por el otro a una tela o un papel que se despliega con ellas en semicírculo. 扇子
157. **macho**　m. Para dirigirse a una persona de sexo masculino. 〈古巴〉公猪
158. **encuentro**　m. Reunión de expertos en alguna materia con el fin de intercambiar opiniones y experiencias. 会见
159. **retiro**　m. Situación del militar, funcionario, obrero, etc., retirado. 退休，隐退
160. **por supuesto**　当然，自然
161. **vocación**　f. Inclinación a una profesión o carrera. （对某职业的）爱好，才能
162. **concretar**　tr. Reducir a lo más esencial y seguro la materia sobre la que se habla o escribe. 使（文章、讲话等）简明扼要
163. **por lo claro**　清楚地，明白地
164. **decoroso, sa**　adj. Que tiene o manifiesta decoro, dignidad o pudor. 体面的，有尊严的
165. **ejemplar**　adj. Que sirve de ejemplo. 可以作为范例的，模范的
166. **calmarse**　prnl. Sosegar, adormecer, templar a alguien o algo. 平静，安静，镇静
167. **perder de vista**　看不见；失去联系，断绝联系
168. **intervenir**　intr. Interponer alguien su autoridad. 干涉，干预

169. **dar guerra** 抗争，对抗

170. **plantar** tr. Fundar, establecer. 树立（信心、信仰、立场等）

171. **cachimba** f. Pipa para fumar. 烟斗

172. **enfrentar** tr. Afrontar, hacer frente. 使面对面，使面临

173. **menos mal** 总算幸运

174. **declararse** prnl. Manifestar el ánimo, la intención o el afecto. 宣布，宣称

175. **a favor de...** 对……有利

176. **tristeza** f. Cualidad de triste. 忧愁，忧伤；悲伤，悲哀

177. **cansarse** prnl. Causar cansancio, fatigar. 厌倦，厌烦

178. **gritería** f. Confusión de voces altas y desentonadas. 吵闹，喧嚷

179. **rajarse** prnl. Echarse atrás, dejar de hacer algo en el último momento. 中途放弃，半途而废

180. **zurra** f. Castigar a uno, especialmente con azotes o golpes. 恶斗，打架

181. **seguido, da** adj. Continuo, sucesivo, sin intermisión de lugar o tiempo. 连续的，不间断的

182. **sentimental** adj. Que expresa o incita sentimientos afectivos y tiernos. 感情用事的，爱动感情的，多愁善感的

183. **flojo, ja** adj. Que no tiene mucha fortaleza o vigor. 力量不大的，没有力气的

184. **pomo** m. Frasco o vaso pequeño de vidrio, cristal, porcelana o metal, que sirve para contener y conservar los licores y confecciones olorosas. （玻璃或金属做的）小瓶，小杯

185. **finca** f. Propiedad inmueble, rústica o urbana. 不动产

186. **colmillo** m. Diente agudo y fuerte, colocado en cada uno de los lados de las hileras que forman los dientes incisivos de los mamíferos, entre el más lateral de aquellos y la primera muela. 尖牙，犬牙

187. **seleccionar** tr. Elegir, escoger por medio de una selección. 挑选，选择，选拔

188. **encerrar** tr. Meter a una persona o cosa en un lugar y no dejarla salir. 把……关起来

189. **casquero, ra** m.,f. Persona que vende vísceras y otras partes comestibles de la res no consideradas carne. 卖杂碎的人

190. **sector** m. Parte de una clase o de una colectividad que presenta caracteres peculiares. 部门

191. **cubrirse** prnl. Ocultar y tapar una cosa con otra. 保护自己；规避；防备（以避免遭受某种危险）

192. **achacoso, sa** adj. Que sufre con frecuencia pequeños achaques o molestias, a causa de una enfermedad o por edad avanzada. 生病的；常患小病的；多病的

193. **carga** f. Acción y resultado de cargar. 负担；思想包袱，精神负担

194. **dar de comer** 给东西吃，喂食

195. **insistir en** 坚持

196. **indicado, da** adj. Que es bueno o adecuado para algo. 适合的，适当的

197. **cagón, na** m.,f. Muy temeroso y cobarde. 〈口〉胆小的人，怯懦的人

198. **demorarse** prnl. Tardar, retrasarse. 迟缓，耽误

Unidad 4 Conducta
第四单元 飞不起来的童年

199. **advertencia** f. Escrito breve en que se advierte algo al público. 警告
200. **comprometerse** prnl. Responsabilizar u obligar a alguien a hacer algo. 许诺，答应，应承
201. **contramaestre** m. Jefe de uno o más talleres o tajos de obra. 工长，工头，监工
202. **regla** f. Conjunto de instrucciones que indican cómo hacer algo o cómo comportarse. 规则，守则，准则
203. **pelado, da** adj. [Persona] pobre o de poco dinero. 〈拉美〉穷困的，身无分文的
204. **atmósfera** f. Masa gaseosa que rodea un astro, especialmente referida a la que rodea la Tierra. （包围地球的）大气；大气层
205. **capa de ozono** 臭氧层
206. **hábitat** m. Lugar que ocupa una especie animal o vegetal. （动物的）栖息地，（植物的）产地
207. **suelto, ta** adj. Libre y desenvuelto. 无约束的，不自我控制的
208. **carajito, ta** m.,f. Niño. 孩子，青少年
209. **catequesis** f. Ejercicio de instruir en cosas pertenecientes a la religión. 【宗】教义传授
210. **comunión** f. En el cristianismo, acto de recibir los fieles la eucaristía. 圣餐（仪式）
211. **finado, da** m.,f. Persona muerta. 死人，死者
212. **entierro** m. Acto en que se lleva a enterrar un cadáver. 葬礼，出殡
213. **en silencio** 不出声，不声不响地
214. **al pie de la letra** 逐字逐句地，不折不扣地
215. **botar** tr. Despedir a alguien de un empleo. 〈拉美〉辞退，解雇

II. Frases usuales 实用句子

1. Dale, apúrate, que llegamos tarde. 快点吧，不然我们就迟到了。
2. ¿De verdad quiere que se lo explique? 您真要我解释给您听吗？
3. Usted sabe perfectamente de lo que estamos hablando aquí. 您很清楚我们说的是什么。
4. Tranquilos, yo no les voy a robar tiempo. 别担心，我不会耽搁你们太多时间。
5. Aquí está bien para despedirnos. 我们在这个地方告别挺好的。
6. Se te agradece el entusiasmo de la bienvenida. 感谢你的热情欢迎。
7. Si quieres un delincuente, trátalo como un delincuente. 如果你想要一个罪犯，就用对待罪犯的方式去对待他。
8. Yo no tengo que pensar nada. 我没什么需要考虑的。
9. ¿Qué parte de la palabra "no" es la que tú no entiendes? 这个"不"字你听不懂是吧？
10. A otra con ese cuento. 鬼才会相信你的话！
11. Me estoy volviendo loco/a en la casa. 我在家待得快疯了。
12. Ahora después yo te pongo al tanto de todo eso. 我马上会跟你解释这一切。
13. Déjeme explicarle lo que pasó. 请允许我给您解释一下发生了什么。

14. En eso estamos de acuerdo. 在这一点上我们意见相同。
15. Yo estoy al tanto de todo. 我什么都知道了。
16. No hay peor cuña de la del mismo palo. 同行是冤家。/家贼难防。
17. Usted sabe que no queda de mi parte. 您知道我已经尽力了。
18. ¡No me alces la voz! 你不要对我大声说话！
19. Yo no me merezco de lo que uste hace por mí. 我不值得您为我这么做。
20. A mí no me está presionando nadie. 没人对我施加压力。
21. ¿Tienes alguna idea mejor que la mía? 那你有（比我的主意）更好的主意吗？
22. Yo sé que vas a dar guerra. 我知道你会奋起反抗的。
23. Perdona los problemas que te estoy cansando. 请原谅我给你添了这么多麻烦。
24. En esto no se puede ser sentimental. 你不能这么感情用事。
25. No insista en lo mismo. Yo no voy a caer en esa trampa. 您别费劲了。我是不会上当的。
26. Algún día me lo vas a agradecer. 总有一天你会感激我的。
27. Este problema lo tienen que resolver ustedes. 这个问题诸位得自己解决。
28. ¡Cómo te demoraste! 你怎么耽搁了这么久！
29. Tú aquí no pintas nada. 这里不适合你。
30. Escúchame bien lo que te voy a decir. 请你仔细听好我接下来说的话。

III. Notas de cultura　文化点拨

1 Che Guevara: 切·格瓦拉

　　Ernesto Guevara (Rosario, Argentina, 14 de junio de 1928-La Higuera, Bolivia, 9 de octubre de 1967), conocido como "el Che Guevara" o simplemente "el Che", fue un médico, político, guerrillero, escritor, periodista y revolucionario comunista argentino nacionalizado cubano.

　　Fue uno de los ideólogos y comandantes de la Revolución cubana. Guevara participó desde el alzamiento armado hasta 1965 en la organización del Estado cubano. Desempeñó varios altos cargos de su administración y de su Gobierno, sobre todo en el área económica. Fue presidente del Banco Nacional, director del Departamento de Industrialización del Instituto Nacional de Reforma Agraria (INRA) y ministro de Industria. En el área diplomática, actuó como responsable de varias misiones internacionales.

Convencido de la necesidad de extender la lucha armada por todo el tercer mundo, el Che Guevara impulsó la instalación de "focos" guerrilleros en varios países de América Latina. Entre 1965 y 1967, él mismo combatió en el Congo y en Bolivia. En este último país fue capturado y ejecutado por el Ejército de Bolivia en colaboración con la CIA el 9 de octubre de 1967.

Su figura, como símbolo de relevancia mundial, despierta grandes pasiones en la opinión pública tanto a favor como en contra. Para muchos de sus partidarios representa la lucha contra las injusticias sociales, mientras que sus detractores lo consideran un personaje autoritario y violento.

Su retrato fotográfico, obra de Alberto Korda, es una de las imágenes más reproducidas del mundo tanto en su original como en variantes que reproducen el contorno de su rostro, para uso simbólico.

2 La Habana: 哈瓦那

La Habana—antiguamente nombrada Ciudad de La Habana—es la actual ciudad capital de la República de Cuba y a la vez una de las quince provincias cubanas. La Habana es la ciudad más poblada de Cuba y de todo el Caribe insular, con una población superior a los dos millones de personas.

El territorio de la capital ocupa el décimo sexto lugar en extensión entre las provincias, con 726,75 kilómetros cuadrados, representando el 0,7 por ciento de la superficie total del país.

Fundada en la primavera de 1514, más al sur, con el nombre de San Cristóbal de La Habana,

La Habana es el principal centro de la vida política, económico y sociocultural de la nación siendo sede de las oficinas del gobierno y del Partido Comunista cubano, así como de las principales instituciones culturales y científicas del país.

(Fuente: EcuRed)

3 Holguín：奥尔金

Holguín es la tercera provincia más grande de Cuba, con una extensión que representa el 8,6 % de la superficie total de la isla, contando con 14 municipios, en los cuales se localizan 1112 asentamientos poblacionales, de ellos 43 urbanos.

En Cuba la nombran de varias maneras: "provincia de Holguín", "provincia Holguín" o simplemente "Holguín".

Aunque Holguín fue tradicionalmente una región agropecuaria, actualmente es una de las principales zonas industriales de Cuba. Llamada la tierra del níquel, su producción aporta el 20 % de los ingresos económicos del país por concepto de exportaciones.

(Fuente: EcuRed)

4 José Martí 何塞·马蒂

Unidad 4 Conducta
第四单元 飞不起来的童年

José Julián Martí Pérez (La Habana, 28 de enero de 1853-Dos Ríos, 19 de mayo de 1895). Héroe Nacional de Cuba. Fue un hombre de elevados principios, vocación latinoamericana e internacionalista; intachable conducta personal, tanto pública como privada y con cualidades humanas que en ocasiones parecen insuperables. Un cubano de proyección universal que rebasó las fronteras de la época en que vivió para convertirse en el más grande pensador político hispanoamericano del siglo XIX.

Autor de una obra imprescindible como fuente de conocimientos y de consulta para todas las generaciones de cubanos y el contenido, estilo y belleza singular de los poemas, epistolario, artículos periodísticos, de todos los escritos y discursos que realizó lo sitúan como un intelectual de vasta cultura.

(Fuente: EcuRed)

Sección 4 Actividades postvisionadas
观影后练习

I. Dictado de fragmentos de la Película   电影片段听写练习

Mira y escucha los siguientes fragmentos de la película tres veces y completa los huecos que faltan.   请视听下面的电影片段三遍并完成填空。

Fragmento 1 (00:10:04-00:11:57)

(M por Mercedes, R por Raquel, S por Sonia y C por Carmela)

M: Mamá, este no es (1)_____ de la trabajadora social y usted sabe que todo eso se anexa al expediente de Chala.

S: Con todo respeto, directora, pero lo que ustedes están llenando papelitos, yo tengo que pulirla muy duro para sacar a Chala adelante.

R: ¿Qué cosa es eso de "pulirla"?

S: ¿De verdad quiere que (2)_____?

M: Sonia, Raquel es la especialista del municipio que le da seguimiento a estos casos.

C: Chala, por favor, espera afuera. (A Sonia. ¿Tú leíste esto antes de firmarlo?)

S: ¿Para qué, Carmela, si es lo mismo de siempre?

C: Están proponiendo apartar a Chala un tiempo de la casa.

R: Y darle a usted todo el apoyo necesario para que (3)_____.

S: ¿Mi problema?

R: Mamá, usted sabe perfectamente lo que estamos hablando aquí. Y mientras usted no lo asuma, Chala será quien paga (4)_____.

S: ¿Usted y yo nos conocemos? No, ¿verdad? Entonces no le voy a responder por respeto a la directora y a Carmela.

M: ¿Qué cosa es eso de apartar a Chala un tiempo de la casa?

109

R: Que hay que internarlo, Mercedes.

C: Ningún alumno mío ha ido a parar nunca a una (5)_____ y Chala no va a ser el primero.

M: Pero eso es algo que no decide sólo usted, Carmela.

C: El día que yo no decida lo que pasa en mi clase, hasta ese día soy maestra.

Fragmento 2 (00:31:07-00:32:57)

(M_1 por Mercedes, M_2 por Marta, M_3 por María Paula, C por Carmela, T por todos los alumnos, A_1 por la alumna 1, A_2 por la alumna 2, A_3 por el alumno 3, A_4 por el alumno 4 y A_5 por la alumna 5)

M_1: Te veo mejor. ¿Cómo está todo?

C: Mañana empiezo.

M_1: ¿No es muy pronto?

C: Ya el curso se está acabando.

M_1: Sin prisa, que la maestra nueva (1)_____.

C: Mercedes, me estoy volviendo loca en la casa.

M_1: Va a ser bueno para los muchachos. La enfermedad de Camilo (2)_____.

M_2: Permiso.

M_1: Ah, mira, Carmela, ella es Marta. [...] Buenos días.

T: Buenos días.

C: Buenas. Siéntense. Siéntense, que ustedes no me quieren tanto, ni nada de eso.

A_1: Profe, ¿y Orlandito?

C: Está muy bien. Me llama todos los fines de semana y (3)_____.

A_2: Profe, y ¿es verdad que le van a dar el alta a Camilo?

M_1: Bueno, a partir de mañana la profe Carmela les va a impartir (4)_____, y Marta les va a dar las ciencias.

C: A quí falta Chala.

A_3: Sí, profe, falta Chala.

A_4: Es verdad, es verdad.

A_5: Sí, profe, falta Chala. Es que a Chala lo mandaron.

M_1: Ahora después yo te pongo (5)_____.

M_3: Profe, también falta Yeni, profe.

M_1: ¿Qué pasa con Yeni?

M_2: Para eso es que fui a verla, Mercedes. Trajeron esto cuando usted no estaba y la mandé a buscar al papá.

Fragmento 3 (00:42:23-00:45:31)

(Ch por Chala, C por Carmela, M_1 por Mercedes, M_2 por Marta, Y por Yeni y P por Pablo)

Unidad 4　Conducta
第四单元　飞不起来的童年

M₂: Y ¿tú qué haces aquí?

Ch: Pregúntele a Carmela.

M₂: María Paula, éntrelos al aula, hazme el favor.

M₁: Disculpa, Marta, llegaste con el matutino y no me dio el tiempo a avisarte. Buenos días.

M₂: Mercedes, si Carmela regresa y tiene derecho a hacer lo que le dé la gana, la que (1)_____ _____ soy yo.

C: Aquí no sobra nadie. Y Chala no puede más que nosotros.

M₂: Carmela, es que no se trata sólo de nosotros. ¿Usted ha visto como vive ese niño?

C: ¿Qué sabes tú de la vida de Chala?

M₂: Que es un niño que necesita ayuda.

C: Yeni también necesita ayuda y es la mejor alumna que tienes (2)_____. ¿Sabes qué tú hiciste ayer por ella al mandarla a buscar a su papá? No tienen dirección en la Habana. Su padre vino a verme para que (3)_____ ¿Cuál es el problema? Que son de Holguín. ¿Acaso Holguín no es una (4)_____?

M₂: Perdóname, pero estábamos hablando de Chala.

C: Si quieres un delincuente, trátalo como un delincuente. Y Chala no es el único niño que tenemos con razones para serlo.

M₁: Por favor, Carmela, que aquí nada de esto se hizo a la ligera. Yo también estuvo de acuerdo.

C: Perdón, Mercedes, pero de eso hablamos luego. ¿Yeni vino hoy? Hay que ocuparse de eso, entonces. [...] Buenas, Pablo. ¿Cómo está?

P: Buenas tardes, maestra. ¿Cómo está?

C: Vengo a ver lo que Yeni.

P: Ah, sí.

C: ¡Ay, Yeni! Mi hija, tráeme un poquito de agua, anda. No es tan fácil llegar hasta aquí.

P: Siéntese, maestra. Yo he intentado de todo, maestra, pero no hay cómo legalizarnos aquí en la Habana.

C: Aquí lo único que no puede pasar es que Yeni nos falta a la escuela.

P: Usted nos salvó la vida cuando me la matriculó, pero ahora la estoy metiendo en un problema, ¿ve?

C: Pues no me haga quedar mal, Pablo. Mañana quiero a Yeni en la escuela.

M₂: ¿No te molesta para dormir?

Y: Si yo casi no (5)_____.

M₂: ¿Ella va y viene sola de la escuela hasta aquí?

Y: No, papi me trae. Cuando salgo de la escuela voy para el coro, o para el baile, y después para el supermercado, así lo cuido un poco.

M₂: ¿Cómo que lo cuidas?

Y: La policía nunca se mete con él cuando estamos juntos.

P: Porque ya me conocen y saben que estoy luchando, y eso que la mayoría son de allá, por mi tierra. Pero bueno, no hay peor cuña que la del mismo palo, maestra.

Fragmento 4 (01:18:59-01:20:00)

(C por Carmela, Y por Yeni, T por todos los alumnos, A_1 por el alumno 1 y A_2 por el alumno 2)

C: ¿Alguien debe algún libro del cojín literario anterior?

T: No.

C: Bueno, ¿quién trajo una lectura para hoy?

A_1: "El Señor de los Anillos."

C: ¡Ay, ya ese lo vimos!

A_2: "El Principito".

C: ¡Ay, pero ese también! A ver, Yeni.

Y: Yo trajo uno que nunca (1)_____.

C: ¿Cuál?

Y: "Colmillo Blanco", de Jack London.

C: ¡Qué bien! Yeni, ¿cuál es el tema de "Colmillo Blanco"?

Y: La amistad de un hombre y un perro. El hombre (2)_____, luego de que lo dejan casi muerto (3)_____.

C: Ah, ¡qué bien!

Y: Y después el perro ayuda al hombre.

C: "Colmillo Blanco" es un gran libro. Y ¿quién es el afortunado al que (4)_____?

T: ¡A mí!

C: ¿Seleccionaste (5)_____ que Chala debe leer, ¿no?

Y: Sí, profe, está marcado.

Fragmento 5 (01:25:20-01:27:38)

(C por Carmela, Ch por Chala y I por Ignacio)

I: Buenos días.

Ch: Buenos días.

I: ¿Cómo sigue Sonia, Chala?

Ch: Está mejor. La van a (1)_____.

C: Va a estar una semana fuera. Chala, mi hijo, ¿tú no tenías que darles a comer a las palomas antes de irte? Ignacio, el jefe de sector y la trabajadora social están preocupados con Chala. Yo pensé que entre tú y yo podríamos (2)_____.

I: Pero es que usted no puede penar por mí, Carmela.

C: Por eso estamos hablando.

I: No insista en lo mismo. Yo no voy a (3)_____.

Ch: Tampoco quiero nada contigo. ¿Oíste?

I: Ahí lo tienes, "man".

Ch: Ya lo sé que tú no eres mi papá.

I: Entonces sabes más que tu madre.

C: ¡Por favor, está bueno ya!

I: Usted no tiene derecho a esto.

C: Yo tenía la esperanza que le pusieras al rigor que necesita.

I: Usted me conoce. ¿Usted cree que soy (4)_____ para esto?

C: ¿Dónde está el más indicado? Asuma, Ignacio. Algún día me lo vas a agradecer.

Ch: Y te voy a soltar a los perros, ¿oíste? Así que te puedes meter tu dinero. ¡Suéltame, cagón!

C: ¡Está bueno, ya! ¡Ya, está bueno ya!

I: Dígame cómo coño va a ser esto.

C: Este problema lo tienen que resolver ustedes.

Ch: ¡Pero Carmela!

C: Carmela nada. Mañana te quiero (5)_____ en la escuela. Y que te quede claro que para Chala no hay más perros.

II. Doblaje o dramatización de los siguientes fragmentos de la película
电影片段配音或短剧表演练习

Fragmento 1 (00:33:56-00:37:07)

(C_1 por Carmela, Ch_1 por Chala, C_2 por Carlos y Ch_2 por el chófer de un taxi)

Ch_1: Se metió con el papá de Iván. ¿Qué quería que yo hiciera?

C_1: ¿Y el resto de las quejas? Espérame afuera.

C_2: ¿Café?

C_1: El médico me lo quitó.

C_2: Estuve en su casa, Carmela. Este niño cría perros de pelea. Ni la madre ni la maestra pueden con él, y encima de eso...

C_1: Perdón, Carlos, la maestra de Chala soy yo, y me quito el nombre si no puedo con él.

C_2: Ya lo sé, pero usted no estaba, y el muchacho se las trae. Ya lo agarré varias veces intentando fugarse.

C_1: Chala no va a dejar sola a su madre. ¿No sabía que en su casa él es el que pone los frijoles en la mesa?

C_2: Otra razón para que esté aquí. Un niño no tiene que ocuparse de esas cosas.

C_1: Dondequiera que tú lo metas la realidad lo va a estar esperando. Nada de lo que hagas aquí va a cambiar eso.

C_2: Carmela, por favor. Mira, con este expediente veo... Esto es una novela.

C_1: En la que yo no he escrito ni una letra, y soy maestra desde cuarto grado. Aquí toda la responsabilidad es mía, así que me lo llevo.

C_2: Usted sabe que no puede hacer eso.

C_1: Carlos, tú no eras mejor que Chala. Déjeme esto a mí, por favor, y que la comisión vaya a verme a la escuela.

[...]

Ch_1: Un carro, profe.

C_1: Páralo, que está vacío.

Ch_1: Al Capitolio. Monte, profe.

C_1: Sube, sube.

Ch_2: Señora, cuidado con la puerta.

C_1: Ay, perdóname. Óigame, ¿usted me puede bajar un momentito esto?

Ch_1: Está bueno, abuela.

C_1: Bueno está lo que te espera. Para empezar, el lunes quiero todas tus libretas al día.

Ch_1: Ya empezó el abuso.

C_1: A que viramos para atrás. Y te voy a poner a alguien para que te repase.

Ch_1: No hace falta, repaso solo.

C_1: Ah, ¿sí? ¿Con los perros? También quiero que me ayudes a hacer los mandados, porque me prohibieron hacer fuerza.

Ch_1: Más abuso. Explotación de menores, como decía el maestro. ¿No?

Ch_2: Muchacho, hazle caso a tu abuela.

Ch_1: Ella no es mi abuela. Pero ojalá lo fuera.

Fragmento 2 (00:48:55-00:51:25)

(C_1 por Carmela, R por Raquel, M_1 por Mercedes, M_2 por Mirta y C_2 por Carlos)

C_1: Aquí estamos más cómodos.

M_2: ¿Y esto?

C_1: Ponla como estaba.

M_2: Pero es que esto no...

C_1: Por favor.

R: Carmela, usted sabe perfectamente que no puede hacer eso.

C_1: Yo no, pero los muchachos sí.

M_1: Mire, déjeme explicarle lo que pasó. El problema fue que...

R: Disculpa, Mercedes, pero no hay manera de explicar la presencia de esa imagen en el mural de un aula nuestra.

C_1: ¡Hay tantas cosas que no se explican y que yo me he visto obligada a hacer!

C_2: Señores, nos estamos apartando del tema de este encuentro. Usted me pidió que viniera por el

Unidad 4　Conducta
第四单元　飞不起来的童年

　　caso de Chala.

R: Muy bien. La decisión de mandarlo contigo se tomó después de valorar a fondo este expediente con la escuela, la trabajadora social, el jefe de sector, la psicóloga que atiende este caso...

C_1: Ya está, que no es un santo, pero también sé que es un niño con valores y sentimientos que no le enseñaron en su casa.

M_2: Pero la escuela de conducta no va a quitarle eso, Carmela, y puede lograr que se...

C_1: La escuela de conducta sería otra marca en su vida. Nos guste o no, eso lo margina. Fui maestra de su madre y soy maestra de él hace tres años. Ninguno de ustedes lo conoce mejor que yo.

R: Pero es que no podemos darle curso a un proceso tan serio como éste y tres semanas más tarde echarnos para atrás.

C_1: Lo que pasa es que éstas pensando en cómo quedan ustedes y yo pienso en cómo queda el muchacho.

R: Carmela, usted sabe del respeto que se le tiene, pero es que y se van sumando varios problemas en su clase. Entienda que no podemos permitírselo.

C_1: Perdón, pero en mi aula ustedes no permiten nada. Yo doy clases aquí de antes que tú nacieras.

R: A lo mejor ha sido demasiado tiempo.

C_1: No tanto como los que dirigen este país. ¿Te parece demasiado?

R: Habla con ella, que lo último que quisiera hacer es verme obligada a tomar una medida con Carmela.

Fragmento 3 (01:01:20-01:04:12)

(C por Carmela, Ch por Chala y I por Ignacio)

C: ¿Dónde está tu mamá, Chala?

I: ¿Cómo usted está, Carmela?

C: Regular. ¿Tú tienes idea de dónde puede estar Sonia?

I: No la he visto hoy. Chala, te lo traigo ahorita.

C: Ignacio. Tienes que ayudarme con Chala.

I: Discúlpame, Carmela, pero Chala no es mi problema.

C: Hay quien piensa que sí.

I: Usted sabe que ni siquiera la madre está segura de eso. De todos modos, por mí no queda.

C: ¿En serio, Ignacio?

I: En esa casa se come y se vive de lo que yo le pago a Chala.

C: Él no está en edad de eso.

I: Chala no está en edad de batirse con una pila de cosas con que se está batiendo. Si la madre pudiera lo vendería para meterse un poco de mierda de esa de la que se mete.

C: ¿Tú crees que una pelea de perros sea un lugar para un niño?

I: Peor es una vida de perro, Carmela, con esto por lo menos está comiendo.

C: Ignacio, tú y yo sabemos que Chala se merece una oportunidad.

I: Por eso se la estamos dando, lo que pasa es que cada cual a su manera.

[...]

C: Perdóname, mi hijo.

Ch: ¿Por qué?

C: Porque no tengo derecho a pegarte.

Ch: ¿Con la cantidad de pellizcos y reglazos que usted me da?

C: No es lo mismo.

Ch: A mí me pegan más los reglazos.

C: A mí me duele más ponerte una mano encima, Chala.

Ch: Yo no me merezco de lo que usted hace por mí.

C: ¿Tú no harías cualquier cosa por mí? ¿Quién fue el único niño que me fue a ver al hospital?

Ch: No me dejaban entrar. Me metí con una tipa por la puerta, y me colé.

C: ¡Ay, Chala, mi hijo! Tienes que ayudarme, Chala. Si no, estamos muy jodidos.

Fragmento 4 (01:08:49-01:12:15)

(A por el asesor, R por Raquel, C por Carlos, M_1 por Mercedes y M_2 por Mirta)

A: Señores, estamos hablando de nuestra maestra con más años de servicio y con un prestigio que hay que tener en cuenta.

R: Por eso mismo le pedimos este encuentro.

A: ¿Cuántos años tiene Carmela?

M_2: Imagínese que puede haberse jubilado como hace 10 años. Y sume a eso que ese infarto no fue cualquier cosa.

R: No sé estamos en la misma cuerda, pero nosotros también hemos pensado que una opción puede ser el retiro, por supuesto reconociéndole todo lo que ella se merece.

C: Yo me estaba fijando que hoy mismo hoy aquí dos que fuimos alumnos de Carmela.

R: Perdón, pero no sé qué tiene que ver eso con lo que estamos hablando de aquí.

C: Que no es casualidad, que la vocación nace cuando se tiene delante a un maestro como ella. Miren, señores, que yo conozco a Carmela desde que tenía no sé, no era más grande que esta mesa, y les puedo asegurar que esa mujer está entera, cogiendo la misma lucha de siempre...

R: Concreta, por favor.

C: Bueno, que no creo que Carmela merece el retiro. Y si de lo que se está hablando aquí es eso, yo les digo por lo claro que no estoy de acuerdo.

R: No, Carlos, aquí de lo que se está hablando es de encontrar una salida decorosa para una maestra ejemplar, pero que sabemos que lleva años actuando por su cuenta.

C: Al maestro de primaria que no actúe por su cuenta, los chiquitos se lo comen crudo.

R: Por favor, cálmese.

Unidad 4　Conducta
第四单元　飞不起来的童年

A: Señores, por favor. No perdamos de vista que la estrategia es devolver a las aulas a los educadores de experiencia.

R: Supongamos que volvemos a hacernos de la vista gorda porque se trata de Carmela. ¿Qué pasa si la inspección nacional nos encuentra una imagen religiosa en el mural de un aula nuestra?

M_1: ¡Ay, señores, por favor! Que yo tengo hechos bátala y soy la directora de esa misma escuela.

M_2: Ay, Mercedes, ¡aquí el que no corre vuela! Pero todos sabemos que esa no nos la van a dejar pasar.

M_1: Entonces ustedes me van a tener que disculpar, pero yo no quiero seguir aquí si Carmela no está sentada en esta mesa.

R: Perdónenme un instante. [...] Mercedes. Yo nunca hubiera pedido esta reunión sin haber agotado antes todas mis posibilidades con ella.

M_1: Igual no quiero ser parte de esto, Raquel.

R: ¿Tienes alguna idea mejor que la mía? Carmela es una maestra tuya y si yo tengo o que intervenir es porque tú no has sabido resolver este problema.

[...]

C: No voy a aceptarlo, Mercedes.

M_1: Yo sé que vas a dar guerra.

C: Que los muchachos no se enteren de esto. Y perdona los problemas que te estoy causando.

M_1: Tú siempre has sido una atravesada. ¡Coño, vieja, pero este curso me la has puesto muy dura!

C: ¿Tú sabes qué es lo que pasa?

M_1: Que plantaste, que se te llenó la cachimba y plantaste. Pero recuerda que tú no eres la única en enfrentar las consecuencias.

C: Es que se me ha unido todo, Mercedes, y soy demasiados años luchando con tanta mierda.

M_1: No repitas eso si no piensas jubilarte.

III. Lee el siguiente discurso de la maestra Carmela en la película, luego discute con tus compañeros de clase y contesta las siguientes preguntas. 请朗读影片中卡梅拉老师感人至深的一段讲话，然后跟同学讨论并回答相关问题。

Discurso de la maestra Carmela

Está escrito a la primera. No sé si debí pensar mejor algunas cosas, pero así es como lo siento.

Mi abuela era nieta de esclavos y no se lo creía que el día que le enseñé mi título de maestra. Se gastó cinco pesos para ponerlo en un cuadro que colgó debajo de la Caridad. Ahí está todavía. Ya van a hacer 50 años de eso y la mayor parte de ese tiempo lo he pasado en esta aula. Yo creo que casi ninguno de ustedes había nacido la primera vez que yo escribí en esta pizarra.

Todos los años tengo un Chala en el aula. Ninguno pudo más que yo, porque en el fondo, todos son muchachos. Hay cuatro cosas que hacen a un niño: la casa, la escuela, el rigor y el afecto. Pero cuando cruzan esa puerta, está la calle. Y un maestro necesita saber lo que les espera allá afuera. Antes para mí la vida era más clara, y yo sabía para lo que preparaba a un alumno pero ahora, lo único que tengo claro, es para lo que no debo prepararlo.

No hay dos grupos iguales, y cada uno trae muchachos que te marcan para siempre. Éste es el grupo en el que le di clases a mi propio nieto. Con él son siete los que se me han ido en apenas tres años. Uno les habla de Martí y de la patria, pero en la casa desentierran a los nuestros para hacerse ciudadanos españoles. Éste también fue el grupo de Camilo, que les enseñó lo que es la muerte. El grupo de Yoan, con su padre preso por asuntos políticos. El grupo de Yeni, una gran alumna, pero con la cruz de ser palestina. Y claro, este es el grupo de Chala, el grupo donde en el mural del aula hay una estampita de Nuestra Señora de la Caridad del Cobre, y que no hay Dios que le quite mientras la maestra sea Carmela.

Yo sé que crucé la raya, pero ponerme de este lado ha sido el único modo de estar en paz con mi conciencia. Si ustedes lo deciden, Carmela se va, pero Marta se queda. Yo sólo quería enseñarte una cosa muy simple que tú has aprendido al pie de la letra. Ahora los años se encargarán de que seas mejor maestra que esta vieja, que sólo va a jubilarse el día que no pueda subir por esa escalera. A mí tienen que botarme. Me presilla esto, es mi baja.

参考译文

内容写得很粗糙，也许某些事情我应该考虑得更全面些，不过这就是我真实的感受。

我的祖母是奴隶的女儿，当我把自己的教师证书拿给她看时，她不相信这是真的。她花了五比索将教师证挂在圣母玛利亚画像的旁边，直到现在依然挂在那里。一转眼五十年过去了，这五十年的大部分时间我都是在这间教室里度过的。当我第一次在黑板上写板书的时候，我想你们在座的大多数人都还没有出生吧。

每年我的班上都会有一个像查拉这样的孩子，他们没有一个比我更强硬，因为他们毕竟都还是孩子。教育一个孩子，需要四样东西：家庭、学校、管教和关爱。但是一旦走出校门，他们就得面对社会百态。作为一名教师需要知道，外面有什么正在等着他们。过去的生活比现在简单许多，我知道自己要让学生们为什么做好准备，但是现在对我来说，唯一清楚的就是不要给他们准备什么。

没有两个班是完全相同的，每个班都会有学生在老师的人生里留下永久的印记。我的外孙曾在这个班里学习，包括他在内，在过去的三年里，我已经有七位学生离开了古巴。在这个班里，我们谈论着何塞·马蒂和祖国。但在家里，家长们却想方设法挖掘祖上的关系去成为西班牙的公民。这也是卡米罗所在的班，是他让孩子们知道了什么是死亡。这也是约安的班，他的父亲由于政治原因入狱。在这个班里，一位像耶妮这样出色的学生，却不得不承受着被人叫作"乡巴佬"的痛苦。当然，这也是查拉的班。这个教室的墙上，有一幅圣母玛利亚的画像。只要他们的老师还是卡梅拉，就算是上帝也不能移走这幅画像。

我知道自己越界了，但是只有这样我才能对得起自己的良心。如果各位已经做出了决定，卡梅拉可以离开，但是玛尔塔会留下。我只想教你一件非常简单的事，你已经学得很

Unidad 4　Conducta
第四单元　飞不起来的童年

好了。时间将会证明你会是一个比我这个老太婆更出色的教师。我这个老太婆只有在爬不动楼梯的时候才会退休。除非各位辞退我，否则我是不会主动退休的，而且我希望这份稿件能与我的离职文件放在一起。

1. Apoyándote en estos fotogramas y en lo que dice la maestra Carmela, cuenta una breve biografía sobre ella con tus propias palabras.
2. En parejas o en equipos discutid si estáis de acuerdo con ella cuando Carmela declara: "Hay cuatro cosas que hacen a un niño: la casa, la escuela, el rigor y el afecto."
3. ¿Cómo considera a sus alumnos? ¿Podrías comentar un poco de sus valores educativos?

IV. Elige las preguntas que te interesen y discútelas con tus compañeros de clase.　请选择你感兴趣的话题与同学进行讨论。

1. ¿Te gusta la película que acabas de ver? Y ¿por qué?
2. Comenta tu escena preferida de la película teniendo en cuenta los siguientes aspectos:
   (1) ¿Qué personajes intervienen?
   (2) ¿Dónde están estos personajes?
   (3) ¿Qué ocurre en la escena?
   (4) ¿Por qué es tu escena favorita?
3. Desde tu punto de vista, ¿cuál es el conflicto principal en la película?
4. Tomando en consideración el mensaje principal y/o enseñanza del filme, redacta en una frase el tema que aborda Conducta. Argumenta tu idea de forma oral.

5. En China, hay muchos profesores como la maestra Carmela. Zhang Guimei es una más representativa entre ellos. Ve con atención el telediario sobre ella y argumenta oralmente tu opinión.

V. Recomendación de películas similares　同类电影推荐

1. *La lengua de las mariposas*《蝴蝶的舌头》（西班牙，1999）
2. *Machuca*《那年阳光灿烂》（智利，2004）
3. *La mala educación*《不良教育》（西班牙，2004）
4. *Promoción fantasma*《猛鬼毕业典礼》（西班牙，2012）
5. *Vivir es fácil con los ojos cerrados*《闭上眼睛活着很容易》（西班牙，2013）
6. *Las niñas*《女生们》（西班牙，2020）

Campeones
篮球冠军

Sección 1 — Información general de la película 影片基本信息

Director 导演: Javier Fesser
País 制片国家: España
Año 上映时间: 2018
Guion 编剧: David Marqués, Javier Fesser
Reparto 主演: Javier Gutiérrez (Marco), Athenea Mata (Sonia), Juan Margallo (Julio), Sergio Olmo (Sergio), José de Luna (Juanma), Jesús Lago (Jesús), Jesús Vidal (Marín), Fran Fuentes (Paquito), Gloria Ramos (Collantes), Roberto Chinchilla (Román), Stefan López (Manuel), Julio Fernández (Fabián), Alberto Nieto Fernández (Benito)
Duración 片长: 124 min.
Género 类型: Drama. Comedia

Premios 所获奖项：

2018: *3 Premios Goya: Mejor película, actor revelación (Vidal) y canción. 11 nominaciones*

2018: *Premios Ariel: Nominada a Mejor película iberoamericana*

2018: *Premios Feroz: Mejor comedia. 4 nominaciones*

2018: *Premios Forqué: Mejor película y Premio al cine en educación en valores*

2019: *Premios Platino: Premio Cine y Educación en Valores. 5 nominaciones*

Sección 2 — Comprensión audiovisual de la película 影片视听理解

I. Antes de ver la película 观影前练习

1 El director Javier Fesser, nacido en Madrid, España en 1964, tiene su propia visión del cine y el humor. *Campeones*, una de las películas más populares dirigidas por él, logró con éxito el campeón de taquilla de España en 2018 y ganó el 33º Premio Goya de España a la Mejor Película. La película está adaptada de la historia real de un equipo español de baloncesto discapacitado llamado Aderes Burjassot. Vamos a conocer la historia detrás a través de un reportaje (extracto) en 2019.

影片导演哈维尔·费舍尔1964年出生于西班牙马德里，对电影和幽默有着自己独到的见解。由他执导的最受欢迎的电影之一《篮球冠军》成为2018年西班牙本土年度票房冠军，并勇夺第33届西班牙戈雅奖最佳影片奖。该片根据西班牙安德烈斯·布哈索特残疾人篮球队的真实故事改编而成。让我们先通过下面这篇对哈维尔·费舍尔的采访报道（节选）了解一下影片背后的故事。

Premios Goya 2019: Javier Fesser, el director que ha triunfado con *Campeones*

Marta Barroso
(4 febrero, 2019)

El cineasta Javier Fesser reflexiona sobre el éxito de *Campeones*. Ganadora de tres Premios Goya (mejor película, actor revelación para Jesús Vidal y mejor canción para *Este es el momento*, de Coque Malla), "es un espejo donde mirarnos quienes dedicamos un enorme porcentaje de nuestra inteligencia a disimular nuestras limitaciones", dice.

[...]

PREGUNTA：¿Cuánto de real hay en *Campeones*?

Afirma Fesser que todo proviene de la realidad y del conocimiento que ha tenido de este colectivo tan fascinante en la preparación de la cinta. "En el casting vimos a casi 600 personas en cuatro meses, y fue muy difícil elegir a los protagonistas. Con cualquiera podíamos haber hecho una película fascinante, y de todos, aunque finalmente no aparecieran, hay una expresión, una idea, una mirada, un silencio, un comportamiento. Para mí, el casting fue una inmersión profunda en el mundo de la discapacidad intelectual, que es un universo paralelo, o parecido, pero que no tiene nada que ver y en el que se aprende muchísimo a nivel humano."

PREGUNTA: ¿Qué siente, Javier?

RESPUESTA: Imagínate. Creo que es como un paso a la inclusión, a quitar etiquetas. ¿Discapacidad para qué? No es que tengan más o menos mérito, es que la capacidad que han tenido para emocionar y transmitir es enorme. Hay algo en la mirada de estas personas que no han dicho una mentira jamás, que veo difícil que pueda interpretarlo el mejor actor del mundo. Así que vamos a pensar que, por otro lado, parten con ventaja.

[...]

"La decisión de hacerlo con personas reales con discapacidad intelectual en lugar de actores que interpretaran ese rol fue inmediata. Yo soy bastante flexible, no trabajo con dogmas, pero en este caso era evidente que la película hecha de esa manera iba a ser la que yo, como espectador, quería ver". Suponía un reto. "Esto es buenísimo. Te coloca en un lugar en el que no estás muy seguro. Yo no sabía exactamente cómo iba a ser la película y, aunque pudiera intuir el resultado final, no conocía lo que podía pasar. Y yo

Unidad 5　Campeones
第五单元　篮球冠军

necesito esa inseguridad que te obliga a prepararte, a comerte la cabeza y a buscar un camino para fabricar algo distinto a lo ya usado."

Partió de una premisa clara: no dar por hecho ninguna limitación ni discapacidad de nadie. Ni de los protagonistas con discapacidad intelectual, ni de su equipo, ni de sí mismo. Y pensó: "Si la realidad en algún momento se impone y hay que renunciar a algo, buscaremos otra manera de hacerlo; pero no ocurrió. Todo se pudo hacer. Y trabajé con la misma exigencia que hubiera trabajado con actores profesionales", asevera.

[...]

"*Campeones* es un espejo donde mirarnos las personas que presumimos de no tener discapacidades, las que nos creemos muy listas y que, sin embargo, dedicamos un enorme porcentaje de nuestra inteligencia a disimular nuestras limitaciones y nuestras taras. Y creo que aquí está la clave de la empatía que ha creado la película. Porque haciendo eso, es una historia que te deja con preguntas más que dar respuestas. Y quedarte con preguntas después de ver una peli es una situación más que interesante, sobre todo porque son cuestiones para las cuales cada uno tiene una respuesta diferente. Eso está muy bien."

[...]

(Fuente: Expansión)

Considera si las siguientes frases son verdaderas o falsas. Marca con "V" el enunciado correcto conforme al contenido del reportaje y con "F" el enunciado falso. Justifica oralmente las ideas que sean falsas. 请根据上述报道判断下列表述的正（V）误（F）。如有错误，请以口头形式纠正。

(1) Los actores de miembros principales del equipo de baloncesto de la película son personas con discapacidad intelectual en la vida real. (　　)

(2) El director sabía exactamente cómo iba a ser la película al elegir a los protagonistas. (　　)

(3) Teniendo en cuenta la limitación y discapacidad de los actores de jugadores, el director trabajó

con menos exigencia de la que hubiera trabajado con actores profesionales. (　)

(4) En opinión del director, las personas con etiquetas de "discapacidad" tienen una enorme capacidad de emocionar y transmitir, y han interpretado con algo muy sincero y preciso en la mirada. (　)

(5) Según Javier Fresser, las personas que presumen de no tener discapacidades, dedican un enorme porcentaje de su inteligencia a disimular sus limitaciones y taras. (　)

2 Has conocido y aprendido acerca de las personas con discapacidades intelectuales que se mencionan en el reportaje? ¿Sabes cómo se define y se clasifica? ¿Cuáles son las principales causas? ¿Qué sabes del "Síndrome de Down"? Lee lo siguiente y consulte la información relevante de forma independiente, luego discute los temas anteriores con los socios del grupo y registra abajo los puntos relevantes abajo.　你认识或接触过报道中提到的智力残障人士吗？你是否了解这类群体是如何界定与划分的？导致这种症状出现的主要原因有哪些？你对"唐氏综合征"有哪些了解？请阅读下文并自主查询相关资料，与小组成员就上述问题进行讨论，并将相关要点记录在下面。

> (1) Utilizamos el concepto de discapacidad mental o intelectual para referirnos a las limitaciones o barreras para la inclusión social de personas por causas psíquicas (diagnósticos como trastornos bipolares, esquizofrenia, entre otros) y/o intelectual o cognitiva (síndrome de Down, autismo, retardo mental, entre otros).
>
> (2) La discapacidad intelectual se ha definido cuantitativamente como un valor de Cociente Intelectual (CI) menor a 70, pero este criterio no es suficiente para determinarla.
>
> (3) Hay muchos tipos y causas diferentes de discapacidad intelectual. Algunos se originan antes de que un bebé nazca, otros durante el parto y otros a causa de una enfermedad grave en la infancia, pero siempre antes de los 18 años.
>
> (4) El síndrome de Down (SD) no es una enfermedad, sino una alteración genética que se produce por la presencia de un cromosoma extra o una parte de él. Las células del cuerpo humano tienen 46 cromosomas distribuidos en 23 pares. Las personas con síndrome de Down tienen tres cromosomas en el par 21 en lugar de los dos que existen habitualmente. Afecta al desarrollo cerebral y del organismo, y es la principal causa de discapacidad intelectual y también la alteración genética humana más común. No existe una causa concreta, pero existen factores de riesgo que indican una mayor probabilidad de que se desarrolle, entre ellos, la edad avanzada de la madre. El riesgo de una mujer de concebir un hijo con síndrome de Down aumenta después de los 35 años.
>
> (5) _____
> _____
> _____

Unidad 5　Campeones
第五单元　篮球冠军

II. Durante la película　观影中练习

1 La columna A de la tabla ofrece una breve introducción de los miembros del equipo de baloncesto de la película en la vida real. Por favor, haga coincidir los roles de la película descritos en la columna B.　请了解表5.1 A列中十位篮球队员的表演者的现实生活状况，并根据电影剧情将他们与B列所描述的影片角色相匹配。

(1)＿＿, (2)＿＿, (3)＿＿, (4)＿＿, (5)＿＿, (6)＿＿, (7)＿＿, (8)＿＿, (9)＿＿, (10)＿＿

表5.1　篮球队员信息

		Columna A		Columna B
Juanma (José de Luna)	A	Al nacer, no le pusieron vitamina K y, a las 48 horas, tuvo una hemorragia cerebral. Pasó un mes en la incubadora. su diagnóstico: Encefalopatía—un 70% de discapacidad—y miopía de 12 dioptrías.	(1)	Vive en una casa tutelada con otros tres compañeros que también tienen diversidad funcional. Por las mañanas va a un taller de jardinería donde le ha dado por hablar a las plantas.
Paquito (Fran Fuentes)	B	Tiene Síndrome de Down y una discapacidad del 65%. Trabaja en un centro de la Fundación Carlos Martín. Embala paquetes, colonias o cremas. También encuaderna libros.	(2)	Cada dos por tres aparece con el pelo teñido de un color diferente porque trabaja en una fábrica embazando tintes y su jefe le dice que como no puede pagarle las horas extras se puede quedar con los que vengan con desperfectos. Tiene una novia a la que nombra continuamente en la película.
Manuel (Stefan López)	C	Diagnosticado con TGD (trastorno general del desarrollo) en el espectro autista, un grupo de trastornos caracterizados por alteraciones cualitativas de las interacciones sociales y la comunicación.	(3)	Es bajita, pero con mucho carácter. Sus compañeros de equipo la llaman "la mosca cojonera". Es divertida, directa y jovial. No le gusta que la tuteen desde el inicio y pide que la traten de "usted o señorita" si no la conoces.

125

(continuación)

		Columna A		Columna B
Fabián (Julio Fernández)	D	Padece el Síndrome de Noonan, aunque no lo parece. Es un trastorno genético con una mutación en el cromosoma 12, caracterizado por talla baja, cardiopatía, rasgos faciales típicos y alteraciones esqueléticas. El síndrome de Noonan aparece casi con la misma frecuencia que el Síndrome de Down.	(4)	Trabaja en un centro ocupacional donde desarma motores y los vuelve a armar una y otra vez. Es tan buen mecánico que tiene aprendices que van al centro solo para verle trabajar. Él los llama sus followers. También le gusta mucho la música. Tiene un grupo con el que ensaya todos los domingos.
Jesús (Jesús Lago Solis)	E	Tiene discapacidad intelectual de etiología no filiada, una alteración en el desarrollo del ser humano caracterizada por limitaciones significativas tanto en el funcionamiento intelectual como en las conductas adaptativas.	(5)	Trabaja en un centro de acogida de animales, le encantan y les da mucho amor y cariño. Cuando era pequeño estuvo a punto de ahogarse, y ahora le ha cogido tanto miedo al agua que ni se lava. Le encanta repartir abrazos a todo el mundo, cantar y estar feliz y contento.
Collantes (Gloria Ramos)	F	Ha logrado vencer las barreras que le plantea el Síndrome de Down, es graduada de auxiliar en Entornos Educativos por la Universidad Pontificia de Comillas.	(6)	Tiene a veces dificultad para expresarse bien, pero lo entiende todo perfectamente. De hecho, en los entrenamientos con Marco es el único que le obedece en todo lo que dice. Es el sobrino de la jueza que ha dictado la sentencia a Marco.
Sergio (Sergio Olmos)	G	Presenta una discapacidad psíquica intelectual del 68%. convive en un piso tutelado con seis compañeros y trabaja como jardinero.	(7)	Se organiza la vida él solo. No tiene familia y se levanta todos los días a las 4:00 de la mañana para ir a trabajar a la cocina de un restaurante. Allí friega los platos y no para, teniendo como jefe a un abusón y maltratador.

Unidad 5　Campeones
第五单元　篮球冠军

(continuación)

Columna A		Columna B	
Benito (Alberto Nieto)	H	Sufre síndrome de Sotos, inicialmente Gigantismo Cerebral. Es una patología autosómica dominante que se caracteriza por un crecimiento excesivo de la frente durante los 3 primeros años de vida. Este crecimiento se acompaña de retrasos en el desarrollo motor, cognitivo y social. Los niños con este síndrome presentan un aumento de talla, con peso acorde a la estatura, tono muscular bajo y habla deteriorada, son más altos, pesados, y presentan la cabeza más grande que la de sus iguales.	(8)	Era el capitán del equipo español en los Juegos Paralímpicos, pero le quitaron la medalla porque los únicos que tenían discapacidad eran él y otro. A él le afectó tanto que estuvo a punto de suicidarse. Jugaba en el primer equipo del Getafe cuando tuvo un accidente de moto. Román se golpeó en la cabeza y al despertarse del coma tenía afectada la cabeza.
Román (Roberto Chinchilla)	I	Tiene la Enfermedad de Bourneville, enfermedad hereditaria dominante, que produce la formación de masas anormales en algunos órganos del cuerpo: la retina, la piel, los pulmones, los riñones y el corazón. Generalmente también suele afectar al Sistema Nervioso Central (la medula espinal y el cerebro).	(9)	Sabe girar el balón de baloncesto en su mano durante mucho tiempo. Le encanta estar abrazado, y abrazar y preguntar si le quieren. Hace unos gestos con las manos como dando vueltas porque él siente que así pasa el tiempo más rápido.
Marín (Jesús Vidal)	J	Tiene ceguera por miopía magna, por lo que solo posee el 10% de visión en el ojo izquierdo. Este trastorno se produce por el alargamiento posterior del globo ocular asociado a un adelgazamiento de las paredes del ojo.	(10)	Trabaja en el servicio público de Parkings de Madrid. Le gusta llevar un protector en la cabeza al jugar al baloncesto, porque suele tener la sensación de que siempre tiene alguna enfermedad o algún dolor. Tiene el hobby de observar los aviones en el cielo conociendo cuándo tienen que pasar y sus horarios y destinos. A veces se preocupa si hay retrasos.

(*Fuente: otramaneradeestudiarbiologia.blogspot.com y Tutoriasenred*)

2 ¿Cómo son los personajes Marco, Sonia y Julio en la película? Descríbelos guiándote en la forma de las descripciones anteriores. 影片中马尔科、索尼娅和胡里奥分别是怎样的人物形象？请你仿照上表的具体描述对他们进行简要介绍。

Marco	(1) Marco es interpretado por el actor Javier Gutiérrez. Marco Montes es_____ _____ _____ _____ _____ _____
Sonia	(2) Sonia es interpretada por la actriz Athenea Mata. Sonia es_____ _____ _____ _____ _____ _____
Julio	(3) Julio es interpretado por el actor Juan Margallo. Julio es _____ _____ _____ _____ _____ _____

3 Durante la película salen muchas expresiones con "palabras feas" en castellano. En todas las lenguas existen malas palabras: grosería, insultos, improperios o palabrotas (con un aumentativo para reforzar la fuerza de la expresión). No les digas fácilmente que son muy ofensivas y fuertes. Sin embargo, es necesario conocerlas. Relaciona las siguientes expresiones con su significado. 影片中出现了许多西班牙语"脏话"。在每个国家的语言中都会存在这类不太美丽的词语，即粗话、侮辱、咒骂或脏话（程度由弱到强）。此类话语切不可轻易出口，因为它们极具攻击性且不堪入耳。但是，作为语言学习者，我们有必要对其进行了解。请你将下列表达与其含义或使用语境（见表5.2）相匹配。

(1)____, (2)____, (3)____, (4)____, (5)____, (6)____, (7)____, (8)____, (9)____, (10)____

Unidad 5 Campeones
第五单元　篮球冠军

表5.2　西语常见俗语

opción	Palabras o expresiones	No.	Significados o contextos
(1)	Hijo de puta; Hijoputa; Hijoeputa	A	Que es poco inteligente o se comporta con poca inteligencia. Se utiliza la palabra como sinónimo de tonto y se emplea para referirse a la persona que molesta, haciendo constantemente tonterías o para indicar a un individuo que es arrogante.
(2)	Gilipollas	B	Persona muy taimada, astuta y solapada. Mujer que acostumbra a mantener relaciones sexuales con hombres diferentes.
(3)	Cabrón	C	Ese término fue creado para describir a niños con síndrome de Down que producía unos rasgos que, en el caso de los ojos, podían asemejarse a los de los habitantes de Mongolia.
(4)	Subnormal	D	Es una forma vulgar de denominar a alguien "mala persona". El carácter ofensivo del término procede de la utilización de la palabra "puta", un sinónimo peyorativo de prostituta.
(5)	Capullo	E	Dicho de una persona, de un animal o de una cosa: que hace malas pasadas o resulta molesto. Se dice del hombre al que su mujer es infiel, y en especial si lo consiente.
(6)	Imbécil	F	Tiene relación con "tonto" y "penes", o, en otras palabras, "tonto de la polla". Se refiere a alguien que piensa con el pene y no con la cabeza.
(7)	Maricón	G	Se dice del homosexual que hace gala de su condición y lo pregona con sus ademanes. Hombre, afeminado o no, que busca la compañía de otro hombre, con respecto al cual se comporta como mujer, adoptando una actitud pasiva.
(8)	Zorra	H	Se aplica al hombre a quien su mujer le es infiel, particularmente cuando es con su consentimiento. Insulto violento contra un hombre por motivo de fuerte irritación.
(9)	Cornudo/da	I	Puede significar dos cosas: una, lo que ha dicho Pablo, tonto, imbécil, torpe. Otra, referido a alguien que generalmente actúa con mala intención.
(10)	Mongólico/ca	J	Dicho de una persona: Que tiene una capacidad intelectual notablemente inferior a la normal. Si lo dice a una persona con discapacidad intelectual, es muy ofensivo.

4 Ya has visto la película completa. Lee el siguiente resumen de la historia y reordena las siguientes frases de acuerdo con la tendencia de la trama.　影片已观看完毕。请阅读下面的电影简介，并根据剧情将下列句子重新排序。

A. Es el segundo entrenador de un equipo de baloncesto de la primera división española. Tiene problemas en el trabajo, con su pareja y con casi todo lo que le rodea. Es, más que nada, una cuestión de actitud frente a la vida.

B. A regañadientes comienza lo que para Marco significa un trabajo forzado. Sin embargo, cuanto más tiempo pasa con ellos, más cuenta se da de que estos chicos con discapacidad son felices e independientes más allá de su enfermedad.

C. Un día, en pleno partido de Liga, esas frustraciones desembocan en una tremenda bronca con el primer entrenador, que deriva en una borrachera y está en un accidente de tráfico que le sienta en el banquillo.

D. Marco (Javier Gutiérrez) se considera un tipo normal, no es demasiado optimista y además tiene un miedo atroz a crecer de verdad.

E. De forma sorpresiva para el propio Marco, él será quien realmente aprenda de su aventura junto a un equipo donde imperan las ganas de vivir y el dar importancia a las cosas que realmente la tienen.

F. La sentencia le llevará a entrenar a un equipo de baloncesto muy especial, formado por personas con discapacidad intelectual, a la vez que pierde su trabajo y se rompe su relación de pareja.

(Fuente: *El Mundo*)

El orden correcto

(1) _____ →(2) _____ →(3) _____ →(4) _____ →(5) _____ →(6) _____

Sección 3　Conocimiento del idioma y de la cultura
语言及文化相关知识

I. Vocabulario relacionado　相关词汇与表达

1. **campeón, na**　m., f. Persona que obtiene la primacía en el campeonato. 冠军
2. **sanción**　f. Pena que una ley o un reglamento establece para sus infractores. 处罚，处分
3. **multa**　f. Sanción administrativa o penal que consiste en la obligación de pagar una cantidad determinada de dinero. 罚款
4. **aparcamiento**　m. Plaza de estacionamiento. 停车场
5. **equivocar**　tr. Tener o tomar algo por otra cosa, juzgando u obrando desacertadamente. 搞错
6. **bloqueo**　m. La acción destinada a interceptar un ataque del equipo contrario. Se trata de un movimiento defensivo frecuente en el voleibol y en el baloncesto. （球类运动中）拦截
7. **anotar**　tr. En deportes, marcar tantos. 计分
8. **ataque**　m. Iniciativa que toma un jugador o un equipo para vencer al adversario. 进攻

Unidad 5　Campeones
第五单元　篮球冠军

9. **pick and roll** （篮球运动中）挡拆

10. **árbitro** m.,f. Persona que en algunas competiciones deportivas cuida de la aplicación del reglamento. 体育裁判

11. **entrenador, ra** m.,f. Persona que entrena. 教练员

12. **disputar** tr. Discutir. 争论，争夺

13. **emblemático, ca** adj. Significativo, representativo. 标志性的，代表性的

14. **juicio** m. Conocimiento de una causa en la cual el juez ha de pronunciar la sentencia. 审判

15. **estropear** tr. Echar a perder, malograr cualquier asunto o proyecto. 损坏，破坏

16. **desacato** m. Delito que se comete calumniando, injuriando, insultando o amenazando a una autoridad en el ejercicio de sus funciones. 不敬，冒犯

17. **insulto** m. Acción y efecto de ofender a alguien provocándolo e irritándolo con palabras o acciones. 辱骂，侮辱

18. **retirar** tr. Negar, dejar de dar algo. 收回，撤销

19. **desmesurado, da** adj. Excesivo, mayor de lo común. 过大的，过分的

20. **condena** f. Resolución judicial, sentencia del juez. 判决

21. **pena** f. Castigo impuesto conforme a la ley por los jueces o tribunales a los responsables de un delito o falta. 处分，惩罚，刑罚

22. **conmutar** tr. Sustituir penas o castigos impuestos por otros menos graves. 改判，减刑

23. **tribunal** m. Lugar destinado a los jueces para administrar justicia y dictar sentencias. 法院，法庭

24. **levantar la sesión** 闭会

25. **asociación** f. Conjunto de los asociados para un mismo fin y, en su caso, persona jurídica por ellos formada. 协会，团体，联合会

26. **subnormal** adj. Dicho de una persona: Que tiene una capacidad intelectual notablemente inferior a lo normal. （智力上）低于常人的

27. **ofensivo, va** adj. Que ofende o puede humillar o herir el amor propio o la dignidad de alguien, o ponerlo en evidencia con palabras o con hechos. 侮辱性的

28. **enhorabuena** f. Felicitación. 祝贺性的

29. **SIDA** m. Síndrome de inmunodeficiencia adquirida. 艾滋病，获得性免疫缺陷综合征

30. **fastidiar** tr. Enfadar, disgustar o ser molesto a alguien. 使恼火，使厌烦

31. **invadir** tr. Ocupar anormal o irregularmente un lugar. 侵犯，侵占

32. **campeonato** m. En ciertos juegos y deportes, certamen o contienda en que se disputa el premio. 冠军赛

33. **normalizar** tr. Regularizar o poner en orden lo que no lo estaba. 使正常化

34. **entrenar** tr. Preparar, adiestrar personas o animales, especialmente para la práctica de un deporte. 训练

35. **trofeo** m. Monumento, insignia o señal de una victoria. 奖杯，胜利纪念

36. **tope**　m. 顶点，最高点
37. **ofrecerse**　prnl. Presentar y dar voluntariamente algo. 自愿，自告奋勇
38. **caer**　intr. Venir en conocimiento, llegar a comprender. 明白，记起
39. **ayuntamiento**　m. Gobierno de un municipio. 市政府
40. **ausencia**　f. Lapso en que una persona pierde la conciencia. 出神，走神
41. **empanado**　m. Dicho de una habitación de una casa: Rodeada de otras piezas y sin luz ni ventilación directas. 不透光、不通风的房间
42. **fresco, ca**　adj. Dicho de una persona, que no muestra vergüenza por cometer acciones que se reputan inmorales, en especial las relativas al pudor. （女人）轻佻的，轻浮的
43. **dar alguien un estirón**　（小孩）突然长高
44. **enano, na**　m.,f. Persona de estatura muy baja. 侏儒
45. **ni siquiera**　就连……也不，甚至没有
46. **encestar**　tr. En el juego del baloncesto, introducir el balón en el cesto de la meta contraria. 投篮
47. **poner los cuernos**　对配偶不忠
48. **desviarse**　prnl. Apartar, alejar a alguien o algo del camino que seguía. 偏离
49. **apretar**　tr. Activar, tratar de llevar a efecto con urgencia o instancia. 加快
50. **deprisa**　adv. Con rapidez o celeridad. 迅速地，快，赶紧
51. **poner en marcha**　开始，着手进行
52. **tremendo, da**　adj. Muy grande y excesivo en su línea. 巨大的，极大的
53. **feriado, da**　adj. De fiesta, vacacional. 休息日的
54. **antojarse**　prnl. Ofrecerse a la consideración como probable. 觉得
55. **desahogarse**　prnl. Mejorar el estado de ánimo de alguien, aliviándolo en sus trabajos, aflicciones o necesidades. 宽慰，宽解，减轻
56. **táctica**　f. Sistema o método utilizado para conseguir un fin. 战术
57. **estiramiento**　m. Acción de desplegar o mover brazos o piernas para desentumecerlos. 拉伸
58. **dormir la mona**　醉后酣睡
59. **ilusionar**　tr. Hacer que alguien se forje ilusiones. 使憧憬，使向往
60. **tutelar**　tr. Perteneciente o relativo a la tutela de los incapaces. 监护，保护
61. **aprendiz**　m.,f. Persona que aprende algún arte u oficio. 学徒，徒工
62. **caravana**　f. Vehículo acondicionado para cocinar y dormir en él, con motor propio o remolcado por un automóvil. 房车
63. **equitación**　f. Uniformes de equipos deportivos. 体育队队服
64. **escaquearse**　prnl. Rehuir un trabajo, una tarea o una obligación, dejando que otros la hagan. 逃避（工作、责任等）
65. **ahogarse**　prnl. No poder respirar, por ejemplo a causa de inmersión en el agua o por presión en la garganta, hasta a veces morir. 窒息；淹死

Unidad 5　Campeones
第五单元　篮球冠军

66. **polideportivo** m. [Lugar, instalaciones, etc.] destinados al ejercicio de varios deportes. 综合运动场

67. **marearse** prnl. Padecer mareo. 晕车；头晕

68. **anular** tr. Incapacitar, desautorizar a alguien. 使失去身份，使失去重要性

69. **regañar** tr. Expresar o advertir con reproches a alguien que no se aprueba una acción y que no debe ejecutarla. 训斥，责骂，斥责

70. **debate** m. Discusión de diversas posturas u opiniones, especialmente si son opuestas o contrapuestas. 辩论，争论

71. **tocar las pelotas a alguien** 惹恼某人，激怒某人

72. **reventar** intr. Deshacer o desbaratar algo aplastándolo con violencia. 使爆裂

73. **arrancar** intr. Dicho de una máquina: Iniciar el funcionamiento. （车辆）启动

74. **quedarse como una pasa** （皮肤）变得像葡萄干那样（皱皱巴巴）

75. **machacar** tr. Derrotar (al enemigo). 击溃（敌人）

76. **humillar** tr. Herir el amor propio o la dignidad de alguien. 羞辱，使蒙耻，使丢脸

77. **hacer el ridículo** 出丑

78. **mérito** m. Resultado de las buenas acciones que hacen digna de aprecio a una persona. 功劳

79. **despreciable** adj. Digno de poca o ninguna estima. 令人轻蔑的，不足挂齿的

80. **patrocinador, ra** m.,f. Dicho de una persona o de una entidad: Que patrocina una actividad frecuentemente con fines publicitarios. 赞助者

81. **pavor** m. Temor, con espanto o sobresalto. 恐惧

82. **convento** m. Comunidad de religiosos regulares, en especial los católicos. 修道院

83. **fraude** m. Engaño o abuso en una relación comercial por el que alguno obtiene beneficio ilegítimo. 欺骗，舞弊

84. **subvención** f. Ayuda económica para un fin determinado que recibe una persona o una entidad. 补贴

85. **incorporarse** prnl. Presentarse en el lugar en que se debe empezar a trabajar o prestar servicio. 参加，加入；上任

86. **encarrillarse** prnl. Dirigir a alguien por el camino que le es conveniente. 走上正轨；恢复正常

II. Frases usuales　实用句子

1. Así que te guste o no, soy el que manda en este equipo. 所以不管你乐不乐意，这支球队我说了算。

2. Lo siento muchísimo, pero no me dejas otra opción. 我真的非常抱歉，但你没给我留出做其他选择的余地。

3. No entiendo a qué se refiere. 我没明白您指的是什么。

4. No quiero hablar con ella y ya está. 我不想和她说话，仅此而已。
5. Qué honor que un profesional como tú esté interesado en trabajar con un equipo como el nuestro. 像您这样的专业人士有兴趣与我们这样的团队合作，真是太荣幸了。
6. Eso depende de ti. 这取决于你。
7. No te prometo nada. 我不向你做出任何承诺。
8. No te pido ninguna garantía. Solo que no tires la toalla. 我不要求任何保证。只希望你不要认输。
9. Que no estamos en nuestro mejor momento. Hace días que no hablamos. 我们现在关系不太好，好几天没说话了。
10. Mejor así, no quiero que se entere de lo que ha pasado. 这样更好，我不想让她知道发生了什么。
11. Solo tú puedes hacerlo. 只有你能做到。
12. ¿Estamos de acuerdo? 我们达成一致了吗？
13. Nunca lo hubiera creído. 我简直不敢相信。
14. A mí tampoco me gustaría tener un hijo como nosotros. 我也不想有个像我们这样的孩子。
15. Lo que sí me gustaría es tener un padre como tú y muchísimas gracias por todo. 我想要的是像你这样的爸爸。非常感谢你所做的一切。
16. Está completamente fuera de nuestras posibilidades. 这完全超出我们的能力范围。
17. Diviértete mucho. 祝你玩得开心。
18. Dios bendiga a este señor. 愿上帝保佑这位先生。
19. Me alegro de que hayas venido. 我很高兴你能来。
20. Me hace mucha ilusión que me llames. 我很开心你给我打来电话。
21. Lo importante es que tú estés bien. 重要的是你好好的。
22. Hacía mucho tiempo que no me sentía tan bien. 我好久没有感觉这么好了。
23. Los dos sabíamos que este momento iba a llegar. 你我都知道这一刻早晚会来。
24. Nos has dado mucho más de lo que te correspondía y no sabes lo agradecido que te está el club. 你对我们的付出远超出本分，你不知道俱乐部对你有多感激。
25. No sabes cuánto me alegro por ti. 你不知道我有多为你高兴。
26. Preferiría que lo hicieras tú. 我更愿意你来做这件事。
27. Tengo una gran oportunidad y me tengo que ganar el pan. 我有个特别好的机会，而且我得赚钱养家。

III. Notas de cultura　　文化点拨

1 Campeonato de España de Baloncesto para Deportistas con Discapacidad Intelectual: 西班牙智力障碍运动员篮球锦标赛

　　El Campeonato de España de Baloncesto para Deportistas con Discapacidad Intelectual es la

Unidad 5　Campeones
第五单元　篮球冠军

máxima competición para equipos de baloncesto formados por personas con discapacidad intelectual en España. Se celebra anualmente desde 1992 auspiciado por la Federación Española de Deportes para Deportistas con Discapacidad Intelectual (FEDDI).

La Asociación Deportiva, Rehabilitadora y Social (ADERES), el club que inspiró el argumento de Campeones (la película ganadora del Goya a La Mejor Película), nace en 1992 con el objetivo de mejorar la calidad de vida de las personas con discapacidad intelectual y favorecer su inclusión social como ciudadanos de pleno derecho a través del deporte. El humilde

club de Burjassot (Valencia) que inspira la película, que ganó entre 1999 y el 2014, casi seguidos, 12 campeonatos de baloncesto de España para personas con discapacidad intelectual nada más crearse el equipo.

2 Juegos Paralímpicos: 残疾人奥林匹克运动会

Los Juegos Paralímpicos son una competición internacional fundada por Ludwig Guttmann en 1960, para atletas con todo tipo de discapacidades físicas, mentales o sensoriales; como amputaciones, ceguera, parálisis cerebral y discapacidades intelectuales.

Dada la alta variedad de discapacidades, los Juegos Paralímpicos tienen un gran número de categorías. Cada discapacidad es dividida hasta en diez categorías. Las categorías son: discapacidad de potencia muscular, rango de movimiento pasivo, deficiencia en alguno o varios miembros, corta estatura, hipertonía, ataxia, atetosis, discapacidad visual y discapacidad intelectual.

3 Pena de trabajos en beneficio de la comunidad: 社会服务刑

Es una pena privativa de derechos que obliga al penado a prestar su cooperación no retribuida en determinadas actividades de utilidad pública y que se caracteriza por requerir para su imposición el consentimiento expreso del penado.

Sección 4　Actividades postvisionadas
观影后练习

I. Dictado de unos fragmentos de la Película　电影片段听写练习

Mira y escucha los siguientes fragmentos de la película tres veces y completa los espacios en blanco que faltan.　请视听下面的电影片段三遍并完成填空。

Fragmento 1 (00:08:39-00:09:41)

(V por Victoria, M por Marco y A por el abogado)

V: Conducir con una (1)_____en sangre que triplica lo permitido, daños a un vehículo policial, lesiones pendientes de determinar a los agentes, resistencia a la autoridad...

M: No, no, no, no, no. Yo no me resistía a nadie. Yo le pedí a uno de los agentes su número de placa, nada más.

A: Cállese, por favor.

M: (2)_____ la verdad.

V: ¿Quiere que añada desacato a la lista? Yo la veo ya cargadita.

A: No, nada que añadir, señoría.

M: Perdone, abogado, me está preguntando a mí.

V: Más repetidos insultos a los dos agentes referidos. (3)_____ pagar los daños ocasionados y de la retirada del permiso de conducir por dos años...

M: ¿Cómo, ¿cómo?, ¿cómo?

A: Está muy bien, (4)_____.

M: Pero ¿cómo que más de dos años? ¿Cómo que más de dos años? Vamos a ver. A mí me parece un poquito desmesurada la condena por conducir con dos copitas.

A: La condena viene ahora, señor Monte.

M: Montes.

A: Montes.

V: El acusado (5)_____ una pena de prisión no inferior a los 18 meses. Pena que podrá ser conmutada por la realización de trabajos en beneficio de la comunidad, en un destino y por un periodo que le serán comunicados en los próximos días en este mismo tribunal. Se levanta la sesión.

Unidad 5　Campeones
第五单元　篮球冠军

Fragmento 2 (00:14:14-00:15:13)

(J por Julio y M por Marco)

J: ¡Qué honor que un profesional como tú esté interesado en trabajar con un equipo como el nuestro!

M: Interesado, no sería la palabra.

J: Ni equipo tampoco.

J: Tenemos la sección de fútbol sala con la que hemos jugado varios campeonatos.

M: Ya, ya, ya veo. Impresionante.

J: Y (1)_____que vas a estar con nosotros varios meses para que seas el entrenador.

M: Ya, verá Lo que pasa es que (2)_____de fútbol sala, yo sé de baloncesto.

J: Pues eso es lo que necesitamos, un entrenador de baloncesto.

M: Que ¿tienen sección de baloncesto?

J: Sí, sí. Lo que pasa es que (3)_____sin entrenador.

M: ¿Y cuántos días tengo que entrenar a la semana?

J: Bueno, eso (4)_____.

M: Ah, perfecto. Pues con...un día está bien.

J: ¿Un día solo?

M: Un día es perfecto, sí. Una horita, para no sobrecargarlos demasiado.

J: Bueno, lo que pasa es que estar aquí beneficia a los chicos, ¿sabes? Para ellos, el deporte es secundario. Una manera de (5)_____. Y cuando más tiempo están aquí entrenando, más socializan, más felices son.

M: Bueno, usted no se preocupe, que en esa horita van a socializar a tope.

Fragmento 3 (00:28:13-00:29:05)

(V por Victoria, M por Marco)

M: Perdone, señora jueza, ¿podemos hablar por un momento?

V: No tengo tiempo, señor Montes.

M: Verás que yo no puedo (1)_____a esos, bueno, a esas personas.

V: ¿Prefiere ir a la cárcel entonces?

M: No, no, no.

V: Lo (2)_____.

M: No, no, claro que no. Pero ¿no podría pagar una multa? Ponga usted una cantidad la que quiera.

V: Ya le puse una cantidad, 90 días.

M: Señoría, señoría, perdone, y ¿no hay otra cosa que yo pueda hacer (3)_____ entrenar a esos chicos?

V: Claro que hay otras cosas que puede hacer, pero esta es la que debe hacer. Si me permite, tengo mucho trabajo.

M: Vaya casualidad que me haya destinado usted a la asociación donde está su sobrino, ¿no? Creo yo que (4)_____ y no estará usted intentando aprovecharse personalmente de esta situación, ¿no?

V: Pues sí, es una coincidencia porque yo no soy quien elige los destinos.

M: Ya...

V: Yo le habría enviado a usted al hospital de tetrapléjicos del Toledo. No sabe la de gente que hay allí en silla de ruedas (5)_____ que cogen el coche con dos copitas.

Fragmento 4 (00:38:21-00:39:43)

(M₁ por Marco y M₂ por la mamá de Marco)

M₁: ¿Qué haces?

M₂: Ver si has estado bebiendo.

M₁: Mamá, demasiados problemas tengo ya para que una encima vengas...

M₂: ¿Has ganado ya algún partido con tu equipo nuevo?

M₁: No, todavía no hemos jugado ninguno.

M₂: Pues ya ganaréis.

M₁: ¿Tú crees que (1)_____ algo que estos ganen o pierdan?

M₂: Pues debería, es tu equipo. ¿Te acuerdas de aquel entrenador que decía que no podías ser un jugador de baloncesto profesional porque no dabas la estatura? No tenía ni idea.

M₁: Pues sí, sí tenía idea. Tenía toda la idea, mamá.

M₂: ¡Ni idea, tenía! ¡Ni idea! Me acuerdo perfectamente de él. Fui a verle y (2)_____.

M₁: ¿Que tú hiciste qué? Con razón me echaron del equipo, mamá.

M₂: Que no, que (3)_____. Fue por lo otro, porque eras bajito y porque no supo ver todas las virtudes que tú tienes.

M₁: ¿Y tú cómo lo sabes si nunca viniste a verme jugar? Nunca fuiste a un partido.

M₂: El mundo (4)_____ gente bajita que ha conseguido grandes metas sin que su madre vaya a verles.

M₁: Ah, ¿sí? ¿Como quién?

M₂: Pues Julio César, por ejemplo.

M₁: ¿Julio César era bajito?

M₂: No lo sabemos.

M₁: ¿Y de los que sabemos?

M₂: Mira, Marco, duerme la mona. Y no me vomites en las sábanas, ¿eh? Que ya quité la funda de cuando te meabas.

138

Unidad 5 Campeones
第五单元 篮球冠军

M₁: Mamá, si sigues animándome así, me voy a ir a dormir a un hotel.

M₂: Hijo, (5)_____esas cosas, que sabes que me ilusiono.

Fragmento 5 (01:51:54-01:53:42)
(R por Román y M por Marco)

M: ¿Qué tal, Román?

R: Estoy bien.

M: Me alegro. Has jugado como un campeón.

R: Usted tampoco lo ha hecho tan mal, entrenador.

M: Muchas gracias, hombre.

R: Ha confiado en nosotros.

M: Sois unos campeones, como para no confiar.

R: Bueno, subcampeones.

M: No, tú ya no. Tú ya eres un campeón. Y eso no te lo va a quitar nunca nadie. ¿Me oyes? Nunca.

R: Bueno, el próximo campeonato tendremos que ganarlo.

M: Lo ganaremos.

R: Me gusta.

M: ¿El qué?

R: Que digas "lo ganaremos" (1)_____decir "lo ganaréis".

M: Ya...

R: ¿O sea que nunca nos vas a abandonar?

M: Tú no me necesitas, Román. Tú sabes de baloncesto más que yo.

R: (2)_____, jugué muchos años en el Getafe.

M: ¿En el Getafe? No sabía que el Getafe tenía un equipo de personas de discapacidad.

R: No, en el primer equipo, Paco Carrascosa era mi entrenador. Íbamos a subir a la división de honor cuando tuve el accidente.

M: ¿Tuviste un accidente?

R: De moto. Me llevó (3)_____un tío que conducía borracho. A él no le pasó nada, pero yo me golpeé en la cabeza y estuve en coma. Cuando desperté y vieron que (4)_____la cabeza, me dejó mi novia. Tuve que abandonar la universidad también. Quería ser arquitecto.

M: Lo siento mucho, Román.

R: No, sí estoy contento. Estoy contento porque estamos juntos y estando juntos vamos a ganar.

M: Mi padre (5)_____cuando yo tenía nueve años.

R: Ya me lo dijo Sonia. Nosotros nunca te vamos a abandonar, entrenador, nunca.

Fragmento 6 (01:54:56-01:55:50)

(J por Julio y M por Marco)

J: Los dos sabíamos que este momento iba a llegar.

M: Bueno, la verdad es que si (1)_____ esto...

J: Hace más de un mes que firmaste el último parte. Nos has dado mucho más de lo que te correspondía y (2)_____ que te está el club. ¿Entonces? Al Estudiantes, ¿no? Vuelves a casa.

M: No, no, no, no. A la Selección Española.

J: ¡Coño! Entrenador de la Selección Española.

M: No, no, han fichado a Carrascosa, mi antiguo jefe...y (3)_____ que sea su segundo. Pero sí, es un sueño para mí. Eh...Quieren que me incorpore enseguida, Julio.

J: No sabes cuánto me alegro por ti. Y sabes que aquí dejas una pandilla de buenos amigos para siempre. Te los has ganado. Sé que no va a ser fácil (4)_____ ellos, pero verás como lo entienden.

M: Bueno, eh, verás, es que preferiría que lo hicieras tú.

J: Bueno, pero tendrás que decirles adiós...y ellos querrán decírtelo a ti.

M: Pues diles que me es imposible...que (5)_____ en cuanto tenga tiempo.

II. Doblaje o dramatización de los siguientes fragmentos de la película
电影片段配音或短剧表演练习

Fragmento 1 (00:23:52-00:25:05)

(J por Julio y M por Marco)

M: Lo veo imposible.

J: Antes de que te des cuenta, habrás rellenado todos.

M: No, si digo convertir a esta gente en un equipo. No nos engañemos.

J: Eso no es imposible. Es difícil, pero no imposible.

M: Pero si no saben ni pasarse la pelota el uno al otro.

J: Tú eres el entrenador, que aprendan. Ese es tu trabajo.

M: No, perdona, mi trabajo es entrenar a jugadores normales. Estos ni son jugadores ni son normales.

J: Y ¿quién es normal, Marco? ¿Tú y yo somos normales?

M: Ay, no sé.

J: Tampoco es necesario que los conviertas en los Lakers. Ni siquiera que jueguen bien. Solo que ellos se consideren un equipo. Los entrenadores siempre estáis de paso, pero para ellos esto es su vida.

Unidad 5　Campeones
第五单元　篮球冠军

M: Tampoco será para tanto.

J: El último nos dejó el mes pasado. Justo cuando nos habíamos inscrito en la Liga de la comunidad.

M: Vaya por Dios, a lo mejor la teníais hasta ganada.

J: O no. Pero ellos estaban muy ilusionados. ¿Te imaginas cómo se quedaron cuando les tuve que decir que no podíamos competir porque no teníamos entrenador?

M: Eh, no te prometo nada.

J: No te pido ninguna garantía. Solo que no tires la toalla. Ellos no la van a tirar.

M: Pero, ¿cómo voy a enseñarles a encestar una canasta si no saben ni correr?

J: Bueno, pues empieza por ahí.

Fragmento 2 (00:52:23-00:54:32)

(S por Sonia, M por Marco y C por el camarero)

S: Hola, Marco.

M: Hola, Sonia, ¿qué haces aquí?

S: He venido a verte.

M: ¿Y cómo sabías dónde estaba?

S: Porque me lo ha dicho tu amigo, el que se acaba de ir.

M: ¿Iván?

S: ¿Por qué no contestas a mis llamadas?

M: ¿Qué llamadas? No he visto ninguna llamada.

S: Estaba preocupada, pensé que habías tenido un accidente grave.

M: Nada, no fue nada. Tranquila.

S: ¿Cómo que nada? Si me ha contado Iván que te han echado del club y que te han condenado a entrenar a unos discapacitados.

C: ¿Qué os pongo?

M: A mí, un gin-tonic.

S: ¿Por qué te escondes, Marco?

M: Yo no me escondo. No me apetecía hablar antes ni tampoco ahora, Sonia. Ya está.

S: ¿Cómo quieres solucionar los problemas sin hablar?

M: ¿Problemas? ¿Qué problemas, Sonia?

S: No lo sé. Dímelo tú, que eres el que te has ido de casa.

M: He preferido irme antes de que me echases.

S: ¿Qué?

M: Que he preferido irme antes de que me echases tú. Ya está.

S: Pero ¿por qué dices eso? Si a mí me encantas. Cómo me gustaría tener un hijo con tus ojos.

M: Has venido a eso, ¿no, Sonia? A sacar el tema. Oye, ¿me pones un gin-tonic?

S: Siempre huyes, tío. Huyes de todo.

M: ¿Qué?

S: Como un niño. Que eres un Peter Pan.

M: ¿Eres psicóloga ahora o qué?

S: No, no hace falta ser psicóloga para darse cuenta de que con esa actitud no vas a lograr nada en la vida.

M: Habló Penélope Cruz, la actriz que se iba a comer el mundo y resulta que ha terminado trabajando como dependienta en la tienda de su suegra.

S: No ha sido buena idea venir a verte.

M: Pues no, no ha sido una buena idea.

Fragmento 3 (01:12:00-01:13:43)

(S por Sonia y M por Marco)

M: Oh...

S: ¡Perdón, cariño, lo siento! Lo siento mucho, no te he visto. Perdona.

M: ¿Cómo que perdona? ¡Me has reventado la nariz, Sonia!

S: Es que me has asustado, no te he visto. Ya te he dicho que lo siento muchísimo.

M: Vengo a hacer las paces porque no me contestas a los mensajes y me llevo una hostia.

S: ¿Y esa nariz?

M: ¿Cómo?

S: ¿Has estado bebiendo?

M: Sonia, acabas de darme un golpe.

S: No, eso ya lo traías.

M: ¿No decías que no me habías visto?

S: Bueno, porque te he visto un poquillo así de refilón justo antes de darte.

M: O sea que reconoces que me has dado un puñetazo, aposta.

S: Y otro no te vendría mal, que ahora voy a ser yo la que no contesta tus mensajes. ¡No te digo!

M: Reconozco que a veces no hago bien las cosas, pero tampoco es para ponerse así.

S: No, bien no las has hecho, pero vamos como siempre.

M: Muchas gracias.

S: ¿Qué tal te va con el equipo?

M: Muy bien. Muy bien, ya hemos ganado un partido. Muy bien.

S: ¡Qué guay! ¿Y cuándo jugáis el siguiente?

M: No vamos a jugar más.

S: ¿Y eso?

M: Bueno, pues, porque yo no puedo hacerme cargo de un grupo de tíos de 30 años que se comportan como niños de seis.

Unidad 5　Campeones
第五单元　篮球冠军

S: Te da miedo ocuparte de ellos.

M: ¿Qué miedo? ¿Qué miedo? No digas tonterías. Mi condena es entrenarlos, no sacarlos a pasear por allí en un autobús que un día, un día tenemos un disgusto.

S: Eres su entrenador, tu obligación es protegerlos y defenderlos.

M: Efectivamente, soy su entrenador, no su padre.

S: Ah, es verdad, tú no quieres ser el papá de nadie. Como tú no tuviste, pues los demás tampoco tienen derecho.

M: ¿Cómo? Me voy, no sé muy bien qué he venido a hacer aquí. Me voy.

S: Sí que vais a jugar, Marco.

M: Pues ya me dirás cómo porque no pienso subirme con ellos ni a un autobús ni a un tren, ni de coña.

S: ¡Pues alquiláis una furgoneta!

M: El club no tiene dinero.

S: Yo sé quién tiene una y si la pido me la presta.

M: No tengo carné y ellos no conducen.

S: ¿Alguna excusa más?

M: ¡No es ninguna excusa! Si quieres, conduces tú, que eres tan guay y te importa tanto mi equipo.

S: ¡Mierda!

Fragmento 4 (01:22:58-01:24:38)

(S por Sonia, M₁ por Marco y M₂ por Marín)

M₁: Están como cabras.

S: Lo que están es felices. Se sienten un equipo de verdad.

M₁: Y lo son. Y gran parte del mérito es tuyo, Sonia.

S: Ya te digo.

M₁: ¿Y tú y yo?

S: Tú y yo, ¿qué?

M₁: Que podíamos volver a ser un equipo, tú y yo.

S: ¿Tú y yo?

M₁: ¿Sí? ¿Quieres?

S: Claro que sí, Marco. Pero lo que a mí me gustaría es que además de tú y yo fuéramos uno más.

M₁: Ya...

S: Quiero ser madre y no quiero esperar más.

M₁: Pues es que...

S: ¿Me vas a poner excusas siempre?

M₁: Es que no es fácil. Hay que pensarlo bien, Sonia. Y tú sabes que después de los 40 y siendo tú además madre primeriza pues se multiplican las posibilidades.

S: ¿De qué?

M₁: Pues...

S: De tener un hijo con síndrome de Down.

M₁: Con síndrome de Down o autismo o como cualquiera de estos chicos. Sonia, Sonia.

M₂: Entrenador.

M₁: ¿Qué pasa, Marín?

M₂: Bueno, a mí tampoco me gustaría tener un hijo como nosotros.

M₁: No, no, no, perdona, no quería decir...

M₂: Si puedo elegir, prefiero que estén bien, no soy tonto. Lo que sí me gustaría es tener un padre como tú y muchísimas gracias por todo.

III. Elige las preguntas que te gusten y discútelas con tus compañeros de clase.　请选择你感兴趣的话题与同学进行讨论。

1. Una de las grandes enseñanzas de la película es "Aprender a ganar perdiendo". ¿Qué crees que significa esto? ¿Piensas que en esta sociedad de las prisas y de la exigencia, la mayoría de la gente está preparada para "perder" y crecer con ello? ¿Sabes lo que es la frustración?

2. ¿Por qué la película ha tenido mucho éxito en España? Analiza las causas principales que han llevado a la película de Javier Fesser a ser la elegida para representar a España en la edición de los Óscar y, lo que es más importante, a ganarse el corazón de todos.

3. Comenta tu escena preferida de la película teniendo en cuenta los siguientes aspectos:

    (1) ¿Qué personajes intervienen?

    (2) ¿Dónde están estos personajes?

    (3) ¿Qué ocurre en la escena?

    (4) ¿Por qué es tu escena preferida?

4. Collantes es la única chica en el equipo. En el guion original el equipo de baloncesto era masculino, ¿por qué decidieron incorporar a una mujer? ¿Cómo Javier Fesser nos presenta al personaje de Collantes? ¿Qué valores quiere transmitir?

Unidad 5 Campeones
第五单元 篮球冠军

5. ¿Conocéis a alguna persona de vuestro entorno con discapacidad intelectual? ¿Cómo os relacionáis con esta persona y qué pensáis sobre ella? ¿Qué acciones creéis que puede o no realizar? ¿Cómo se pueden desmontar los mitos, estereotipos y prejuicios existentes sobre personas con esta discapacidad?

6. En los Juegos Paralímpicos de Sídney 2000, la selección española de baloncesto se coronó como vencedora en la categoría de discapacidad intelectual, al vencer a Rusia en la final. Tal y como se representa en la película, el escándalo saltó poco después. La victoria quedó manchada por el fraude orquestado por la propia Federación Española de Deportes para Discapacitados Intelectuales, al enviar atletas no discapacitados con el objetivo de sanear sus cuentas y poder "rentabilizar" la actividad paralímpica en España. El personaje de Román en la película, podría perfectamente haberse basado en uno de los dos verdaderos atletas con discapacidad que integraron ese equipo: Ramón Torres y Juan Pareja.

Pregunta: Después de ver el vídeo sobre esa historia, ¿Qué opinas sobre el fraude en las competiciones deportivas o los exámenes universitarios?

IV. Recomendación de películas similares   同类电影推荐

1. *Bienvenido a casa*《欢迎回家》（西班牙，2006）
2. *La vida en rojo*《红色生活》（西班牙，2008）
3. *La mujer sin piano*《女人没有钢琴》（西班牙，2010）
4. *Un cuento chino*《一丝偶然》（西班牙，2011）
5. *Una pistola en cada mano*《双枪男人》（西班牙，2012）
6. *Relatos Salvajes*《荒蛮故事》（阿根廷、西班牙，2014）
7. *El ciudadano ilustre*《杰出公民》（阿根廷、西班牙，2016）
8. *Sobre ruedas*《永不停歇：汽车梦》（西班牙，2018）

Unidad 6
Contratiempo
看不见的客人

Sección 1	Información general de la película 影片基本信息

Director 导演: Oriol Paulo
País 制片国家: España
Año 上映时间: 2016
Guion 编剧: Oriol Paulo, Lara Sendim
Reparto 主演: Mario Casas (Adrián Doria), Ana Wagener (Elvira Garrido), Bárbara Lennie (Laura Vidal), José Coronado (Tomás Garrido), Francesc Orella (Félix Leiva), PacoTous (Conductor), San Yélamos (Sonia), Iñigo Gastesi(Daniel Garrido), Manel Dueso (Inspector Milán)
Duración 片长: 104 minutos
Género 类型: Thriller. Intriga / Crimen

Premios 所获奖项:
  2016: *Premios Gaudí: Nominada a Mejor montaje*
  2017: *Premio a la mejor representación cultural entre China y España*

Sección 2	Comprensión audiovisual de la película 影片视听理解

I. Antes de ver la película   观影前练习

1 Vas a ver el tráiler de la película española *Contratiempo*. ¿Qué te sugieren el título, los carteles y el tráiler? ¿De qué temas puede tratar la película? ¿A qué género pertenece? 你将观看西班牙电影《看不见的客人》的预告片。从这部电影的片名、海报以及预告片中你能联想到什么？这部影片会讲述什么内容？它属于哪种类型的影片？

2 Lee el siguiente texto para que puedas saber un poco más sobre el director de la película, Oriol Paulo, y luego completa los espacios en blanco con el vocabulario que aparece debajo. 请阅读短文，进一步了解本片导演奥里奥尔·保罗的相关信息，并用下面所给的词汇将文章中的空白部分补充完整。

| premios | basada | pantalla | original | protagonistas |
| temporada | estrenada | guionista | historia | Festival |

Oriol Paulo es un director, productor y guionista español, nacido en 1975 en Barcelona, España. Estudió comunicación audiovisual en la Universidad Pompeu Fabra, y cine en Los Angeles Film School.

Como (1) _____, ha firmado guiones de películas para la pequeña (2) _____ como *Ecos* (2006) o *Codi 60* (2011), una (3) _____ inspirada en el conocido caso de una asesina de ancianas de Barcelona, pero es más popular por su trabajo en series como *Majoria absoluta* (2004) o *El cor de la ciutat* (2004). Actualmente trabaja en la segunda (4) _____ de la serie de TV3 *Nit i dia*.

En cine, se dio a conocer como coguionista junto a Guillem Morales con el thriller *Los ojos de Julia*, producida por Guillermo del Toro, pero ya había hecho diferentes incursiones en el séptimo arte, incluso dirigiendo algunos de sus guiones. *McGuffin* (1998, guionista y director), *Tapes* (2002,

Unidad 6　Contratiempo
第六单元　看不见的客人

guionista y director) y *Eve* (2002, guionista y director).

En 2012 dirige y guioniza *El cuerpo*, con el que es nominado a la mejor dirección novel en los (5) _____ Goya y consigue el premio a mejor película en el (6) _____ de Cine Fantástico de París. En 2016 firma el guion de *Secuestro*, de Mar Tarragona y en 2017 escribe y dirige *Contratiempo*; con Mario Casas, Bárbara Lennie, Ana Wagener y José Coronado como (7) _____.

En 2021 dirigió *El inocente*, una serie española (8) _____ de Netflix, (9) _____ en la novela del mismo nombre de Harlan Coben y protagonizada por Mario Casas, Aura Garrido, Alexandra Jiménez y José Coronado, (10) _____ el 30 de abril de 2021.

II. Durante la película　观影中练习

1 Análisis de Los personajes.　电影角色分析。

(1) Intenta describir con tus propias palabras a los siguientes **personajes masculinos** de la película.

	Personaje: Adrián Doria ¿Cómo es?:
	Personaje: Tomás Garrido ¿Cómo es?:
	Personaje: Félix Leiva ¿Cómo es?:

149

(2) Intenta describir con tus propias palabras a los siguientes **personajes femeninos** de la película.

	Personaje: Elvira Garrido ¿Cómo es?:
	Personaje: Laura Vidal ¿Cómo es?:
	Personaje: Sonia ¿Cómo es?:

2 Pon en orden las siguientes oraciones según la trama de la película.　请根据电影情节将下列句子重新排序。

A. (　) Laura racionaliza que no es del todo culpa de ellos, ya que Daniel estaba enviando mensajes de texto y no usaba el cinturón de seguridad. Cuando se acerca otro automóvil, Laura empuja el cuerpo de Daniel hacia el asiento del pasajero, y ella y Adrián fingen intercambiar información sobre el seguro.

B. (　) Adrián le cuenta a Virginia cómo él y Laura terminaron su romance hace meses, pero recibieron una llamada para chantajearlos para que fueran a un hotel rural con 100.000 €. En el hotel, Adrián quedó inconsciente y se despertó encontrando a Laura muerta en el baño.

C. (　) Un ingeniero automotriz, Tomás, pasa en automóvil y se ofrece a ayudar a Laura, quien afirma que había golpeado un ciervo. Remolca el coche de Adrián hasta su casa (de

Unidad 6　Contratiempo
第六单元　看不见的客人

　　　　Tomás) para arreglarlo.

D. (　) Virginia sugiere que, para salvarse, Adrián podría afirmar que vio el rostro del hombre que lo golpeó en la habitación del hotel rural y que ese atacante era Tomás. Ella le dice a Adrián que no hubo ningún testigo sorpresa (refiriéndose al testigo que Virginia mencionó cuando ella y Adrián se acababan de conocer), y solo le dice eso para obligarlo a contar, rápidamente, la verdad de toda la historia.

E. (　) Cuando Laura sale en el coche de Adrián, Tomás Garrido la nota ajustando su asiento, demostrando que estaba mintiendo cuando afirmó que conducía. Toma nota de las matrículas del coche cuando Laura se va. Después de que Adrián vende su coche y lo denuncia como robado, se separa de Laura, con suerte, para siempre.

F. (　) Adrián Doria es un empresario español que es acusado de un asesinato, aunque él se declara inocente. Para defenderse, contrata los servicios de la mejor preparadora de testigos del país, Virginia Goodman, con quien trabaja una noche para encontrar un argumento que logre liberarle de la cárcel.

G. (　) Adrián luego narra más atrás, cómo afirmó estar en París, pero realmente estaba en una cabaña con Laura. Mientras conducen de regreso a Barcelona por la Sierra de Guara, Adrián intenta convencerla para poner fin a su relación adúltera. Distraído, Adrián se desvía hacia el carril contrario para evitar un ciervo, chocando con otro automóvil que choca contra un árbol. Aunque están ilesos, el conductor del otro automóvil, un empleado de banco llamado Daniel Garrido, de 23 años, muere.

H. (　) Mientras habla con la esposa de Tomás (Elvira), Laura ve algunas fotografías y se da cuenta que Daniel Garrido es su hijo. Laura, que todavía tiene el teléfono de Daniel en su bolsillo, lo esconde en su sofá mientras Elvira llama buscando a su hijo.

I. (　) Félix llama y deja un mensaje en el buzón de voz de la casa de Adrián, instándolo a que vuelva a llamar porque no pudo localizarlo en su teléfono. Virginia sugiere que devuelva la llamada de Félix mientras se toman un breve descanso de 10 minutos.

J. (　) Adrián recuerda que Virginia apagó su teléfono anteriormente, probablemente para que la señal del teléfono no interrumpiera la grabación. Mira hacia el otro apartamento y ve a Tomás de pie junto a Virginia, quien se revela como Elvira Garrido disfrazada. Utilizando la confesión que Elvira obtuvo de Adrián, Tomás llama a la policía cuando la verdadera Virginia Goodman llega al apartamento de Adrián.

K. (　) Laura espera una grúa en el coche de Adrián, que no arranca, mientras Adrián arroja el coche de Daniel a un lago con su cuerpo en el maletero. Adrián permanece en el lugar del accidente, mientras Laura se marcha con la grúa remolcando el coche de Adrián.

L. (　) Adrián es nombrado *Empresario Europeo del Año*, y Tomás se hace pasar por reportero durante la ceremonia para confrontarlo. Tomás nota que Adrián saca el mismo mechero que vio al arreglar el coche. Le ruega a Adrián que le diga dónde está el cuerpo de su hijo para enterrarlo mientras la gente de seguridad se lleva a Tomás.

M. (   ) Mientras Félix cuestiona cómo va la reunión con Virginia, la llamada comienza a entrar y a salir con tonos agudos, Adrián luego se da cuenta de que el bolígrafo explota y mancha su camisa con tinta debido a una interrupción de la señal provocada por la llamada del móvil, revelando que el bolígrafo que Virginia le había dado tenía micrófonos y se había grabado toda su conversación con ella.

N. (   ) Cuando la noticia informa que Daniel está huyendo después de malversar dinero del banco, Adrián se enfrenta a Laura, quien admite que le había quitado la cartera a Daniel cuando metieron su cuerpo en el baúl. Más tarde, utilizando la información de Daniel, Laura, cuyo esposo trabaja para el mismo banco, pirateó la cuenta de Daniel y robó dinero para crear un rastro falso. Adrián le dice que lo que hizo está mal, pero Laura amenaza con incriminarlo también.

Sección 3 Conocimiento del idioma y de la cultura
语言及文化相关知识

I. Vocabulario relacionado　相关词汇与表达

1. **desmovilizar** tr. Licenciar a las personas o a las tropas movilizadas. 【军】使复员，遣散

2. **funeral** m. Pompa y solemnidad con que se hace un entierro o unas exequias. 葬礼；殡仪

3. **en memoria de...** 纪念……

4. **fotógrafo, fa** m.,f. Persona que hace fotografías, especialmente como actividad profesional. 摄影师

5. **visual** adj. Perteneciente o relativo a la visión. 视力的，视觉的

6. **presuntamente** adv. Por presunción. 猜想地，估计地，推测地

7. **asaltar** tr. Acometer repentinamente y por sorpresa. 进攻，攻击，突袭

8. **declarar** intr. Manifestar ante el órgano competente hechos con relevancia jurídica. 【法】供认；证明；宣布，声明，说明

9. **víctima** m.,f. Persona que muere por culpa ajena o por accidente fortuito. 受害人，被害人

10. **complot** m. Trama, intriga. 密谋，阴谋

11. **contratiempo** m. Accidente o suceso inoportuno que obstaculiza o impide el curso normal de algo. 不幸，灾祸；不顺利

12. **ignorar** tr. No saber algo o no tener noticia de ello. 不知道

13. **fiscalía** f. Oficina o despacho del fiscal. 检察院，检察机关

14. **testigo** m.,f. Persona que da testimonio de algo, o lo atestigua. 目击者，见证人

15. **dependencia** f. Sección o colectividad subordinada a un poder. 下属部门，下属单位

16. **judicial** adj. Perteneciente o relativo al juicio, a la administración de justicia o a la judicatura. 司法的，法官的，法院的

Unidad 6　Contratiempo
第六单元　看不见的客人

17. **declaración**　f. Manifestación formal que realiza una persona con efectos jurídicos, especialmente la que hacen las partes, testigos o peritos en un proceso.【法】供词；证词

18. **laguna**　f. Defecto, vacío o solución de continuidad en un conjunto o una serie. 漏洞，缺失

19. **verosimilitud**　f. Apariencia de verdadero o con posibilidad de ser creído. 可信性，可信度，无可置疑性

20. **celda**　f. Cada uno de los aposentos donde se encierra a los presos en las cárceles celulares. （监狱的）单人牢房

21. **en prisión**　在押的，关在狱中的

22. **difunto, ta**　m., f. Que ha muerto. 死者

23. **chantaje**　m. Amenaza de pública difamación o cualquier otro daño para obtener algún provecho de alguien u obligarlo a actuar de una determinada manera. 讹诈

24. **apartado, da**　adj. Retirado, distante, remoto. 偏僻的，偏远的

25. **inculpar**　tr. Culpar, acusar a alguien de una falta o delito. 指控，控告

26. **trampa**　f. Plan concebido para engañar a alguien. 圈套，陷阱

27. **pesadilla**　f. Sueño que produce angustia y temor. 噩梦；梦魇

28. **en alto**　腾空，悬空；在高处，在空中

29. **bloquear**　tr. Impedir el funcionamiento normal de algo. 封锁

30. **manecilla**　f. Broche con que se cierran algunas cosas. 把手，摇杆

31. **especular**　tr. Registrar, mirar con atención algo para reconocerlo y examinarlo. 仔细检查

32. **huella**　f. Rastro, seña, vestigio que deja alguien o algo. 痕迹，遗迹

33. **evaporarse**　prnl. Desaparecer algo o alguien. （使）消失

34. **enamorarse de alguien**　爱上某人

35. **entorno**　m. Ambiente, lo que rodea a alguien o algo. 环境

36. **invención**　f. Engaño, ficción. 编造，杜撰，虚构

37. **corresponder**　intr. Tocar o pertenecer. 该，轮到

38. **atrapar**　tr. Agarrar, coger. 抓住，捉住

39. **implicar**　tr. Contener, llevar en sí, significar. 包含，意味

40. **pretender**　tr. Querer ser o conseguir algo. 企图，希望，力求

41. **condena**　f. Sentencia judicial que pronuncia una pena. 判决

42. **ensuciarse**　prnl. Manchar el alma, la nobleza o la fama con vicios o con acciones indignas. 玷污；弄脏，变脏

43. **al respecto**　有关的，相关的

44. **embarcar(se)**　tr./prnl. Introducir en una embarcación, en un avión o en un tren. 登上（船、火车、飞机……）

45. **sacrificar**　tr. Renunciar a algo para conseguir otra cosa. 舍弃，放弃

46. **invadir**　tr. Entrar por la fuerza en un lugar. 侵袭

47. **arrancar**　intr. Dicho de un vehículo: Iniciar su movimiento de traslación. 使开走，使离开

48. **rollo** m. Persona, cosa o actividad pesada y fastidiosa. 〈口〉令人厌烦的事物
49. **desviar(se)** tr./prnl. Apartar, alejar, separar a alguien o algo de su trayectoria. 使偏离
50. **sin querer** 无意地
51. **ambulancia** f. Vehículo destinado al transporte de heridos y enfermos, y de elementos de cura y auxilio. 救护车，急救车
52. **en lugar de...** 不是……而是……
53. **sepultar** tr. Poner en la sepultura a un difunto. 埋没；淹没
54. **resonar** intr. Hacer sonido por repercusión. （声音在人的记忆中）回荡
55. **avería** f. Daño, deterioro que impide el funcionamiento de algo. （机件等的）故障
56. **grúa** f. Vehículo automóvil provisto de dicha máquina para remolcar otro. 拖车
57. **asistencia** f. Acción de prestar socorro, favor o ayuda. 帮助，救助
58. **al dedillo** 详详细细地；完完全全地
59. **sede** f. Lugar donde tiene su domicilio una entidad económica, literaria, deportiva. （机构等的）所在地；本部
60. **linterna** f. Farol portátil con una sola cara de vidrio y un asa en la opuesta. 手电筒
61. **sensor** m. Dispositivo formado por células sensibles que detecta variaciones en una magnitud física y las convierte en señales útiles para un sistema de medida o control. 传感器
62. **remolcar** tr. Arrastrar una embarcación, un vehículo, etc. 拖拽，牵引
63. **como mucho** 最多，顶多，至多
64. **reserva** f. Espacio natural regulado legalmente para la conservación de especies botánicas y zoológicas. 保护区
65. **sesión** f. Junta o reunión de un concilio, congreso u otra corporación. 会议
66. **retrasarse** prnl. Llegar tarde. 延迟
67. **interrupción** f. Acción y efecto de interrumpir. 打断，中断
68. **infectar** tr. Dicho de algunos microorganismos patógenos, como los virus o las bacterias: Invadir un ser vivo y multiplicarse en él. 使感染
69. **agobiar(se)** tr./prnl. Causar gran molestia o fatiga. 使感到局促，使感到不舒服
70. **salir pitando de un lugar** 匆忙离开某地
71. **constar** intr. Ser cierta y manifiesta alguna cosa. 写明，注明；记入，载入
72. **desguace** m. Lugar al que se llevan vehículos viejos o estropeados para hacer chatarra con ellos. 废车处理场
73. **denunciar** tr. Declarar públicamente el estado ilegal o injusto de algo. 揭露，揭发，检举；控告，告发
74. **pasar la noche en vela** 彻夜未眠
75. **fraude** m. Engaño que se realiza eludiendo obligaciones legales o usurpando derechos con el fin de obtener un beneficio. 欺骗
76. **impostor, ra** m.,f. Quien finge o engaña con apariencia de verdad. 说谎者，骗子

Unidad 6　Contratiempo
第六单元　看不见的客人

77. **fracción**　f. Cada una de las partes separadas de un todo o consideradas como separadas.（从某处分出的）部分，碎片

78. **minúsculo, la**　adj. De muy pequeñas dimensiones, o de muy poca entidad. 细小的，微小的，无关紧要的

79. **ausentarse**　prnl. Separarse de una persona o lugar, y especialmente de la población en que se reside. 消失，失踪

80. **sucursal**　f. [Establecimiento] dependiente de un [establecimiento] central que desempeña sus mismas funciones. 分行，分店，分社，分公司

81. **barranco**　m. Despeñadero, precipicio. 峡谷，山涧

82. **retina**　f. Membrana interior del ojo de los vertebrados y de otros animales, donde las sensaciones luminosas se transforman en impulsos nerviosos. 视网膜

83. **trascender**　intr. Empezar a ser conocido o sabido algo que estaba oculto. 泄露出来，流传开来

84. **adelantar**　tr. Anticipar. 提前，提早

85. **gordo, da**　adj. Más grande o más importante de lo normal. 头等的，最大的

86. **expediente**　m. Conjunto de todos los documentos y gestiones correspondientes a un asunto o negocio. 文件，公文，文书

87. **colisión**　f. Choque violento entre dos cuerpos. 碰撞，撞击

88. **siniestro**　m. Suceso que produce un daño o una pérdida material considerables. 不幸，灾难，祸患

89. **hipótesis**　f. Suposición de algo posible o imposible para sacar de ello una consecuencia. 假设，假说

90. **matrícula**　f. Placa identificativa que llevan los vehículos, compuesta por una serie de números y letras, y que los habilita para circular.（汽车的）牌照，牌照号码

91. **a nombre de**　写有某人名字的，给某人的，以某人的名义

92. **aparcamiento**　m. Lugar o recinto destinado a aparcar vehículos. 停车场

93. **insinuar**　tr. Dar a entender algo sin más que indicarlo o apuntarlo ligeramente. 暗示，暗指，影射

94. **extraviarse**　prnl. Dicho de una persona: Perder el camino o la orientación. 迷路，迷失方向

95. **comisaría**　f. Oficina del comisario. 警察局

96. **indicio**　m. Fenómeno que permite conocer o inferir la existencia de otro no percibido. 迹象，征兆

97. **corroborar**　tr. Apoyar una opinión, teoría, etc., con nuevos datos o argumentos. 确证，证实

98. **desaparición**　f. Acción y efecto de desaparecer. 失踪，消失

99. **coartada**　f. Argumento de inculpabilidad de un reo por hallarse en el momento del crimen en otro lugar.【法】不在犯罪现场

100. **alternativa**　f. Opción entre dos cosas o más.（在两者之间）选择

155

101. **puñetero, ra** adj. Que molesta o fastidia. 讨厌的

102. **coincidencia** f. Acción y efecto de coincidir. 巧合

103. **cabina** f. Recinto pequeño, generalmente aislado, adaptado a sus diversos usos. 电话间

104. **hábil** adj. Dotado del talento para actuar adecuadamente o lograr su objetivo. 聪明的，能干的；适合的，行之有效的

105. **traicionar** tr. Cometer traición. 背叛；使暴露

106. **relacionar(se)** tr. /prnl. Hacer que alguien se confunda o yerre. 使发生关系，使建立联系，使关联在一起

107. **dejar atrás** 超过，胜过

108. **descartar** tr. Excluir o eliminar a alguien o algo. 排除，排斥

109. **investigación** f. Indagación, búsqueda. 调查，了解

110. **fugarse** prnl. Escaparse, huir. 逃走，潜逃

111. **apoderarse** prnl. Hacerse dueño de alguna cosa por la fuerza. 据为己有，占有

112. **zarpar** intr. Desprender el ancla del fondeadero. 起锚，启航

113. **agigantado, da** adj. Dicho de una cosa o de una cualidad: Muy sobresaliente o que excede mucho del orden regular. 巨大的，突出的，异常的

114. **reciclarse** prnl. Actualizar alguien sus conocimientos, ponerlos al día. 获得职业再培训

115. **al margen** 在外

116. **seducción** f. Fascinación o atracción de una cosa o una persona que provoca su deseo o su afecto. 诱惑力，吸引力，魅力

117. **prototipo** m. Persona o cosa en la que destacan ciertas cualidades, por las que se toma como modelo. 典型，典范

118. **Femme Fatale** 蛇蝎美人

119. **rastro** m. Vestigio, huella. 踪迹，痕迹

120. **amenazar** tr. Dar a entender con actos o palabras que se quiere hacer algún mal a alguien. 威胁，恐吓

121. **potente** adj. Que tiene fuerza o capacidad para realizar algo. 强大的，强有力的；有财有势的

122. **huracán** m. Viento de enorme fuerza, originado generalmente en zonas tropicales, que gira en grandes círculos. 狂风，风暴

123. **mediático, ca** adj. De los medios de comunicación o relativo a ellos. 新闻媒体的

124. **fachada** f. Apariencia, aspecto externo. 外表，外貌

125. **por dentro** 在内部，在里边

126. **podrido, da** adj. Dicho de una persona o de una institución: Corrompida o dominada por la inmoralidad. 腐烂的；腐败的，腐化的

127. **prensa** f. Conjunto o generalidad de las publicaciones periódicas y especialmente las diarias. 报纸

Unidad 6   Contratiempo
第六单元   看不见的客人

128. **ajustar(se)** tr./prnl. Hacer(se) y poner(se) algo de modo que case y venga justo con otra cosa. （使）调整，校准

129. **confiar en** 相信，信任，信赖

130. **acusar** tr. Imputar a alguien un delito, una culpa o una falta. 告发，检举

131. **montaje** m. Farsa, aquello que se prepara para que parezca real. 阴谋

132. **hundirse** prnl. Abrumarse, oprimirse, abatirse. 崩溃，没落，衰落

133. **pista** f. Rastro que dejan los animales o personas en la tierra por donde han pasado. 踪迹，行迹

134. **terrorífico, ca** adj. Que infunde terror. 骇人的，可怖的

135. **enterrar** tr. Dar sepultura a un cadáver. 埋葬，安葬

136. **descansar en paz** （死者）安息

137. **ficha** f. Cada una de las piezas, generalmente plana y delgada, que se usan en algunos juegos. 骨牌

138. **tablero** m. Tabla o conjunto de tablas unidas por el canto, con una superficie plana y alisada, y barrotes atravesados por la cara opuesta o en los bordes, para evitar el alabeo. （木板拼成的）平板

139. **puzle** m. Juego consistente en formar una determinada figura con piezas sueltas; rompecabezas. 拼图游戏

140. **chantajear** tr. Ejercer chantaje. 敲诈；向……勒索

141. **retorcido, da** adj. [Persona] de intenciones y sentimientos poco claros y maliciosos, y también [actitud y obra] de esta persona. 心怀叵测的；居心不良的

142. **remitente** m.,f. Persona que envía una carta, paquete, etc., con su nombre y señas en el remite. 寄件人

143. **agujero** m. Abertura más o menos redonda en una superficie. 孔，洞，洞眼

144. **pantano** m. Hondonada donde se detienen las aguas, con el fondo cubierto de barro. 水库

145. **chantajista** m.,f. Persona que ejerce el chantaje. 敲诈者，讹诈者

146. **descabellado, da** adj. Absurdo, fuera de toda razón. 不理智的，不明智的

147. **fantasma** m. Espectro de un muerto. 幽灵，鬼怪

148. **inconexo, xa** adj. Que no tiene conexión con una cosa. 无联系的，不连贯的

149. **derrumbar** tr. Decaer el ánimo de alguien. 弄倒，弄塌

150. **coherente** adj. Que posee coherencia entre sus partes. 关联的，连贯的

151. **interrogante** m. Pregunta, interrogación. 疑问，疑团

152. **papelera** f. Recipiente para echar los papeles inútiles y otros desperdicios. 垃圾桶，废纸篓

153. **dar la cara** 正视

154. **a costa de...** 以……为代价

155. **fianza** f. Cantidad de dinero o bien material que se entrega como garantía del cumplimiento de una obligación. 保证金，担保金，保释金

156. **perspectiva** f. Punto de vista desde el cual se considera o se analiza un asunto. 观点，看法，角度

157. **acontecimiento** m. Hecho o suceso, especialmente cuando reviste cierta importancia. 重大的事件

158. **granero** m. Sitio en donde se almacena el grano. 粮仓，谷仓

159. **viga maestra** 主梁

160. **ahorcar(se)** tr./prnl. Colgar a una persona o un animal por el cuello para darle muerte. 绞死，吊死

161. **centímetro** m. Unidad de longitud equivalente a la centésima parte de 1 metro. 厘米

162. **trepar** tr. Subir a un lugar alto o poco accesible valiéndose y ayudándose de los pies y las manos. 攀登，攀缘

163. **enigma** m. Enunciado de sentido artificiosamente encubierto para que sea difícil de entender o interpretar. 谜，令人费解之处

164. **rompecabezas** m. Juego que consiste en componer determinada figura combinando cierto número de pedazos de madera o cartón, en cada uno de los cuales hay una parte de la figura. 七巧图；智力游戏

165. **lugareño, ña** m.,f. Quien habita en un lugar. 本地人，当地人

166. **picar** tr. Morder el pez el cebo. （鱼）咬（钩、饵）

167. **delatar** tr. Revelar voluntariamente a la autoridad un delito, y su autor. 告发，检举

168. **constancia** f. Firmeza y perseverancia en las resoluciones, en los propósitos o en las acciones. 证据，证明

169. **ejecutar** tr. Hacer, realizar una cosa. 实施，执行，付诸行动

170. **escenario** m. Lugar en que ocurre o se desarrolla un suceso. （事件的）发生地点

171. **suite** m. Habitación de lujo de un hotel, con varias dependencias. （旅馆的）套房

172. **forense** m.,f. [Médico] adscrito a un juzgado de instrucción y que se dedica a cuestiones legales, como determinar las causas de una muerte. 法医

173. **cabaña** f. Casa rústica de campo hecha con ramas o madera. 茅屋，茅舍

174. **desfalco** m. Delito que comete quien desfalca. 侵吞，贪污

175. **encubrimiento** m. Cubierta con que se tapaba algo para que no se viera. 掩盖，窝藏

176. **crimen pasional** 激情杀人，情杀，冲动杀人

177. **volver atrás** 回头；后退

178. **autopsia** f. Examen anatómico de un cadáver. 尸检

179. **instante** m. Porción brevísima de tiempo. 刹那，瞬间

180. **poner a prueba** 试验；考验

181. **desesperación** f. Alteración del ánimo causada por cólera, impotencia o enojo. 气恼，恼怒

182. **arrogante** adj. Altanero, soberbio. 嚣张跋扈的，趾高气扬的，傲慢无礼的

183. **cabo** m. Piezas sueltas que se usan con el vestido y que son aditamentos o adornos, pero no

Unidad 6　Contratiempo
第六单元　看不见的客人

partes principales de él. 物品，东西

184. **suelto, ta**　adj. Separado, que no forma conjunto. 零星的，零散的
185. **adulterar**　tr. Alterar la calidad o pureza de algo por la adición de una sustancia extraña. 掺假，作假
186. **cuadrar**　intr. Conformarse o ajustarse una cosa con otra. 合适，适合
187. **maletero**　m. En los vehículos, lugar destinado para maletas o equipajes. （汽车的）后备箱
188. **curso**　m. Cada una de las etapas de un ciclo de enseñanzas. 过程，进程
189. **al revés**　反着的，相反的，反方向的
190. **encajar**　tr. Meter una cosa dentro de otra ajustadamente. 使合拢，使接合
191. **iniciativa**　f. Acción de adelantarse a los demás en hablar u obrar. 主动，主导
192. **padecer**　tr./intr. Sentir un daño, dolor, enfermedad o pena. 患有（某种疾病）
193. **ansiedad**　f. Estado de agitación o inquietud del ánimo. 焦虑，忧虑
194. **desalmado, da**　adj. Cruel, inhumano, falto de conciencia. 残忍的，不人道的
195. **venirse abajo**　崩溃；倒塌
196. **instigador, ra**　m.,f. Quien instiga. 始作俑者
197. **reforzar**　tr. Hacer más fuerte o resistente. 使坚定
198. **galardonar**　tr. Premiar o remunerar los servicios o méritos de alguien. 奖赏
199. **recuperar**　tr. Volver a tomar o adquirir lo que antes se tenía. 重新得到，找回，收复
200. **dignidad**　f. Cualidad de digno, que se comporta con decoro y se hace respetar. 尊严
201. **llevar a cabo**　实现，完成
202. **desplazar(se)**　tr./prnl. Mover(se) a una persona o cosa del lugar en que está, trasladar(se). 走动
203. **compensar**　tr. Dar algo o hacer un beneficio a alguien en resarcimiento del daño, perjuicio o disgusto que se ha causado. 补偿；赔偿
204. **perder los nervios**　失去耐心，抓狂；发脾气，感到愤怒
205. **entregarse**　prnl. Ponerse en manos de aquel de quien se huye o a quien se combate. 自首
206. **desenterrar**　tr. Traer a la memoria lo olvidado y como sepultado en el silencio. 想起，提起，记起
207. **liberarse**　prnl. No prestar atención a las normas sociales o morales establecidas. 解脱，摆脱（义务、罪责等）
208. **penúltimo, ma**　adj. Inmediatamente anterior al último. 倒数第二的
209. **ajusticiar**　tr. Aplicar la pena de muerte. 处决，处死
210. **ingeniarse**　prnl. Discurrir con ingenio trazas y modos para conseguir algo o ejecutarlo. 设法
211. **anónimo, ma**　adj. Dicho de una persona, especialmente un autor: De nombre desconocido o que se oculta. 匿名的
212. **despejar**　tr. Aclarar, poner en claro, deshacer la confusión. 澄清，使明朗

II. Frases usuales 实用句子

1. La verosimilitud se basa en los detalles. 细节可以增加可信度。
2. Le aconsejo que deje de lamentarse y nos pongamos a trabajar. 我建议您别再抱怨了，我们开始工作吧！
3. Empecemos por el principio. 我们从头开始吧！
4. Le estoy contando lo que ocurrió. No sé qué más espera de mí. 我已经跟您说了实话。您还想要我怎样呢？
5. Avísame cuando embarques. 你登机时跟我说一声。
6. A mí me encanta lo que siento cuando estamos juntos. 我特别喜欢我们在一起时的感觉。
7. No se puede tener todo. Siempre hay que sacrificar algo. 不能什么都想要。总得有所牺牲。
8. ¿Se puede saber qué está haciendo? 能知道您在干什么吗？
9. Me alegro de que no haya sido nada. 我很高兴没发生什么事。
10. Todo tiene solución. 凡事总有解决之道。
11. Un hijo te cambia la vida. 孩子会改变你的生活。
12. Yo me tengo que ir. Se me ha hecho muy tarde. 我必须得走了。真的太晚了！
13. Me juré que aquel sería el último error que cometería en mi vida. 我当时就发誓这辈子不会再犯错。
14. ¿Tú te das cuenta de lo que has hecho? 你知道你做了什么吗？
15. A partir de ahora, haremos las cosas a mi manera. 从现在起，我们用我的方式来做事。
16. No hay marcha atrás. 没有回头路了。
17. Tienes el móvil apagado. 你的手机关机了。
18. Llámame cuando puedas. 请你尽快回我电话。
19. Voy a salir a despejar la cabeza. 我出去透透气。
20. Dame un segundo, ahora te llamo. 等一下我再打给你。

III. Notas de cultura 文化点拨

1 Bierge: 别尔赫

Unidad 6　Contratiempo
第六单元　看不见的客人

Bierge es una localidad y un municipio de la comarca del Somontano de Barbastro en la Provincia de Huesca, situado al este de la sierra de Guara, que la atraviesa por la sierra Balces. Es el municipio más occidental de la comarca, limitando por el oeste con la Hoya de Huesca, por el norte con el Alto Gállego y por el este con Sobrarbe. En 1965 se le anexionó el municipio de Rodellar y en 1972 el de Morrano.

2 Barbastro: 巴尔瓦斯特罗

Barbastro es una ciudad española de la provincia de Huesca, siendo su tercera ciudad más poblada y la séptima de Aragón. Es además la capital de la comarca del Somontano de Barbastro. La ciudad (originalmente es posible que se llamara Bergidum o Bergiduna) se encuentra en la unión de los ríos Cinca y Vero.

3 Bilboa: 毕尔巴鄂

Bilbao es un municipio situado en el norte de España y una villa de dicho municipio, capital de la provincia y territorio histórico de Vizcaya, en la comunidad autónoma del País Vasco. La villa de Bilbao es la capital y única localidad del municipio, y con 346. 843 habitantes según el padrón de 2019, es la urbe más poblada de la comunidad autónoma, siendo la cabecera del área metropolitana de Bilbao, una conurbación de más de 1. 000. 000 de habitantes que se extiende a lo largo de la ría de Bilbao o del Nervión.

Sección 4 Actividades postvisionadas
观影后练习

I. Dictado de unos fragmentos de la Película 电影片段听写练习

Mira y escucha los siguientes fragmentos de la película tres veces y completa los huecos que faltan. 请视听下面的电影片段三遍并完成填空。

Fragmento 1 (00:02:50-00:05:29)

(A por Adrián Doria, V por Virginia Goodman)

V: ¿Señor Doria? Virginia Goodman. Vengo de parte de su abogado, el Señor Félix Leiva.

A: Un placer. Adelante, pase.

V: Gracias.

A: Si me da dos minutos, voy a (1) _____.

V: Claro.

[...]

A: Le esperaba más tarde, Sra. Goodman.

V: Sí, me temo que ha surgido un contratiempo. He intentado hablar con Félix, pero (2) _____.

A: Está de viaje. Pero vamos, me aseguró que lo tenía (3) _____, que estaba sobre una pista...

V: ...que iba a cambiarlo todo.

A: Eso es.

V: Eso fue lo que me dijo la última vez que hablé con él. Pero entonces ya no sabía lo que ahora sé y él todavía ignora.

A: ¿El qué?

V: Que es muy posible que lo citen a declarar esta misma noche.

A: ¿Cómo dice?

V: Una de mis fuentes en el juzgado asegura que la fiscalía tiene (4) _____, que podría darle un giro definitivo a su caso. Aún no sabemos quién es, pero lo están trasladando a dependencias judiciales para que preste declaración en tres horas.

A: He dicho la verdad.

V: En su declaración hay lagunas, Sr. Doria, y necesito detalles. La verosimilitud se base en los detalles. Con ellos puedo convencer al mundo de que es inocente. Y le aseguro que puedo hacerlo. Hasta ahora no he perdido ni un solo caso (5) _____. Pero necesito que colabore.

A: La policía he convertido esto en una celda, me tienen vigilado las 24 horas del día. ¿Usted no cree que, si tuviera algo más que añadir, no lo habría hecho ya, Sra. ?

Unidad 6　Contratiempo
第六单元　看不见的客人

V: Van a solicitar su ingreso inmediato en prisión, Sr. Doria. Tenemos 180 minutos para volver a empezar. Así que le aconsejo que (6) _____ y nos pongamos a trabajar. Bien, empecemos por el principio. ¿Qué hacían usted y la difunta en ese hotel?

Fragmento 2 (00:09:38-00:13:19)

(A por Adrián Doria, V por Virginia Goodman)

V: Según el informe de la policía, los testigos oyeron gritos pero no vieron salir a nadie por la puerta de la habitación que, además, estaba bloqueada por dentro con (1) _____. En el informe también consta que ninguna ventana pudo abrirse desde dentro porque durante los meses de frío, el hotel (2) _____ y que tampoco habían sido forzadas. Especularon sobre cualquier manera de salir de allí sin ser visto, pero todas eran imposibles sin dejar huella. Y no encontraron ninguna. Así que según su versión, el asesino de su amante se evaporó.

A: Eso es.

V: Antes de salir, tuvo que entrar.

A: Estaba dentro cuando llegamos.

V: Pero tuvo que entrar (3) _____. Y según el personal del hotel, nadie pudo hacerse con ninguna llave que no fuera la que tenía usted.

A: Toda la escena del crimen estaba preparada para inculparme, y para que la policía armara la falsa teoría de que Laura se enamoró de mí. Y yo, para (4) _____, intenté comprarla sin éxito, así que la maté. Eso es absurdo, es una trampa.

V: ¿De quién?

A: No lo sé.

V: ¿Por qué?

A: Le estoy diciendo que no lo sé. Lo único que sé es que mi mujer me ha dejado y se ha llevado a mi hija, y que alguien se está saliendo con la suya.

V: Si no presta más atención, si no busca respuesta entre los detalles de su vida, ¿sabe lo que pasa?

A: ¿Qué?

V: Le está dando la razón a la policía. Ellos afirman que no existe nadie en su entorno con motivos para querer hacerle caer de ese modo. Así que su versión, suena a invención, Sr. Doria.

A: Ya, pero no es mi trabajo encontrar al culpable.

V: No.

A: Es el de Félix y el de usted, y por supuesto el de la policía. A ellos les corresponde atrapar a los culpables, no a mí.

V: Usted es su culpable. Sr. Doria, si estuviera en mi lugar y yo le contara su teoría (5) _____, ¿qué pensaría?

A: Estoy contando (6) _____, no sé qué más espera de mí.

V: ¿Sabe? En mis 30 años de carrera he tratado con dos tipos de clientes. Los que asumen su posición y colaboran, aunque eso implique ir hasta donde no desean ir, y los que se creen más listos que yo y pretenden que les salve de (7) _____, sin ensuciarse. Usted pertenece a los segundos. Pero déjeme que le aclare algo al respecto: ni habrá salvación sin sufrimiento, ni usted es más listo que yo. ¿Se ha preguntado qué pasaría si el testigo de la fiscalía tiene que ver con esto? Ya hemos perdido 10 minutos, Sr. Doria. Se lo voy a preguntar una sola vez: ¿Sabe quién era el hombre que estaba en la habitación del hotel? Pues si quiere saberlo, si quiere que (8) _____ en el que se ha metido y le evite la cárcel, no me mienta más.

Fragmento 3 (00:27:26-00:31:26)

(L por Laura Vidal, T por Tomás Garrido)

L: Hola, he tenido una avería... No, estoy bien, pero voy a (1) _____, por favor. Sí. ¿Que dónde estoy?

L: Hola.

T: Buenas tardes. ¿Todo bien?

L: Sí, señor, se me ha cruzado un ciervo, pero estoy bien, gracias.

T: Ha tenido suerte, podría haberse matado.

L: No arranca, el motor no sé, no arranca. He llamado a los de la asistencia, pero (2) _____. No sé cuánto tiempo va a tardar, y luego...

T: Todo tiene su solución, mujer. Me conozco (3) _____ estos coches, son buenas máquinas. Menuda casualidad. Trabajé como ingeniero en su sede española hace años. Tomás Garrido. Ahora tengo un taller.

L: Encantada. Necesito llegar a Barcelona.

T: ¿Tiene una linterna?

L: Es que el coche es de mi hermana y me lo ha prestado, yo no sé muy bien dónde...

T: No se preocupe, ya cojo yo la mía. Sí, es el (4) _____. Probablemente el sensor del motor se ha quedado bloqueado en "stop". Si no hay nada más afectado, solo hay que conectarse a la centralita del coche y resetearla. Lo demás parece que todo está bien. Si quiere, puedo remolcarla y llevarla hasta mi casa y se lo arreglo allí. Si prefiere, llamo a una grúa y les digo exactamente dónde pueden encontrarla.

L: ¿Cuánto tardaría?

T: ¿La grúa?

L: No, no, no, usted en arreglar el motor.

T: Un par de horas, como mucho.

L: Vale.

T: ¿Así que viven en Barcelona?... y ¿qué la trae por aquí?

Unidad 6 Contratiempo
第六单元 看不见的客人

L: Mi hermana vive en Barbastro.

T: Mi mujer trabajó cerca de allí, en la reserva del parque natural. Ahora trabaja cerca de Bierge, en el valle, a unos 20 minutos de casa. Antes era (5) _____, pero tuvo que dejarlo. Un cáncer. Por eso nos vinimos a vivir aquí, para llevar una vida más tranquila. ¿Usted a qué se dedica?

L: Yo tengo una librería.

T: A mí me encanta leer. Sobre todo, teatro. Mi debilidad son los clásicos. Me los descubrió mi mujer. Fue así como nos conocimos, ¿sabe? En (6) _____. A ella se le daba muy bien, pero yo la verdad, me apunté solo para ligar. Todavía no me ha dicho su nombre.

L: Raquel.

T: Raquel, le está sonando el móvil.

L: Uy, es verdad.

Fragmento 4 (00:38:24-00:43:14)

(A por Adrián Doria, L por Laura Vidal, V por Virginia Goodman, F por Félix Leiva, y T por el telediario)

A: ¿Y qué hacemos? Dime qué hacemos.

L: Se me ha ocurrido algo. Pero estoy en tus manos. Dependo de ti.

A: Su mirada me asustó. Hice desaparecer mi coche sin que constara (1) _____.

L: Pues no lo sé. Está delante de un desguace.

A: Y después me despedí de ella, acordando que esa sería la última vez que nos veríamos. Cuando llegué al centro, denuncié el robo de mi coche fingiendo que acababa de volver de París. A Sonia le conté lo mismo. Le dije que tenía que pasar la noche en el piso de la ciudad y me quedé a dormir aquí. Me pasé (2) _____. Pero me sentía un fraude, un impostor. Alguien que había tardado diez años para subir a lo más alto, pero que en (3) _____ podría perderlo todo. Al día siguiente fui a trabajar. Estábamos preparando la entrada de Global Tech Media en Asia y habría sido raro que me ausentara. Llevaba más de un año intentando cerrar el acuerdo y ahora que estaba a punto de suceder, no podía estropearlo. Antes de volver a casa, intenté ordenar mis pensamientos para presentarme ante mi mujer y mi hija. Necesitaba (4) _____ para que no vieran al hombre que no era, pero volvería a ser. Y cuando parecía que lo había conseguido pasó lo inevitable.

T: Daniel Garrido, de 23 años, salió de trabajar de (5) _____ aproximadamente a las seis de la tarde. Posteriormente se dirigió a su domicilio y minutos más tarde volvió a salir a la calle. Sus padres le esperaban para cenar, pero no han vuelto a tener noticias de él. Familiares y amigos se han unido para buscarlo. Creen que ha podido tener un accidente de coche y quizás su vehículo se encuentre oculto en (6) _____.

A: La cara de ese padre se me quedó grabada en la retina. Me proyecté en su dolor. Pero me juré que aquel sería (7) _____ que cometería en mi vida.

V: Disculpe.

A: Adelante.

V: Dime, ¿está seguro? Avise (8) _____. El testigo de la fiscalía ha llegado al juzgado. No ha trascendido su identidad, pero el juez ya está de camino.

A: Tengo que hablar con Félix.

F: Dime.

A: Félix, ¿dónde estás?

F: En el aeropuerto de Bilbao, desembarcando.

A: Virginia Goodman está aquí porque puede que la fiscalía se nos hay adelantado.

F: ¿Cómo que la fiscalía?

A: Escúchame, ¿cuándo vuelves?

F: Esta noche, en el último vuelo. Pásamela.

A: Quiere hablar con usted.

V: Félix.

F: ¿Qué está pasando?

V: Un testigo de última hora. Acaba de (9) _____.

F: ¿Virginia?

V: Es muy posible que citen al Sr. Doria esta misma noche.

F: Mándeme (10) _____, pero lo dejo en sus manos. Estoy detrás de algo gordo, puede que definitivo para el caso. En un par de horas la volveré a llamar.

V: De acuerdo. Gracias, Félix.

A: ¿Qué le ha dicho?

V: Todo controlado, no se preocupe. Bien, sigamos. ¿Por dónde íbamos?

Fragmento 5 (01:03:22-01:05:10)

(A por Adrián Doria, V por Virginia Goodman, L por Laura Vidal y C por el conductor)

V: Sr. Doria, ¿se ha fijado en la luna? Esta noche hay (1) _____. Tan enorme como el agujero que tiene su relato.

A: ¿Cómo lo sabe si no me deja terminar?

V: ¿Cómo explica que el conductor supiera lo de pantano?

A: El ruido que oí antes de hundir el coche. ¿Y dígame si no fue solo un ciervo? ¿Y si Laura no logró hacerle creer que habíamos chocado entre nosotros?

C: Me alegro que no haya sido nada.

L: Gracias.

A: Puede que viera algo, sospechara (2) _____ y puede que fingiera irse para esconderse.

V: Claro. Entiendo su problema. Está intentando alejar su historia de lo que supone la muerte de

Unidad 6 Contratiempo
第六单元 看不见的客人

    Daniel Garrido.

A: ¿Perdón?

V: El conductor es alguien que se mueve por dinero. Y a usted le parece que si se refugia en ese conductor chantajista y nadie piensa en el pobre chico, usted parecerá menos culpable.

A: Y dígame, ¿tiene una idea mejor?

V: Voy a hacerle tres preguntas: Si me contesta solamente a una, seguiremos con su descabellada teoría. Uno: ¿qué sentido tiene (3) _____ que recibió en su móvil? Dos: ¿por qué el asesino no se llevó el dinero si era su principal objetivo? Y tres: ¿cómo logró entrar y salir de la habitación como si (4) _____? ¿Lo ve? Le está dando al fiscal justamente lo que quiere: gilipolleces inconexas que derrumbarán la ilusión de que usted tiene (5) _____ y sin fin...

A: No me salgo con eso otra vez. Sorpréndame con algo, resuelva usted (6) _____.

V: Muy bien. Le diré lo que podría haber pasado a partir de lo que usted me ha contado.

A: Por favor.

V: Volvamos a la estación donde el chantajista tenía que contactarles a las 17 horas.

Fragmento 6 (01:18:11-01:21:57)

(A por Adrián Doria, V por Virginia Goodman, L por Laura Vidal)

V: Disculpe. Dime. ¿Confirmado? ¿Cien por cien? Bien, de acuerdo, gracias.

A: ¿Es el testigo de la fiscalía?

V: Todavía no tenemos su nombre, pero ya sabemos quién es: el conductor. Esto nos obliga a pensar con rapidez.

A: Sí, también certifica que estoy jodido.

V: No del todo si me obedece. Supongamos que no estuvo (1) _____ con su amante el día del accidente. Estuvo en París, como dice su coartada. Fue Laura quien la alquiló. Solo consta su nombre. Por lo tanto, usted no estuvo presente en el accidente que mató a Daniel Garrido.

L: Hola.

V: La matrícula del coche y demás pruebas son circunstanciales, y por lógica, fue Laura la que ejecutó el plan para fingir la huida del chico (2) _____. Tenemos que convencer al juez de que usted fue una víctima más de Laura, y que acabó en la habitación de ese hotel porque ella le pidió ayuda. Puede que no supiera nada de Daniel Garrido hasta ese momento y que el padre, le acuse injustamente de su desaparición.

A: ¿Quiere (3) _____ de Laura?

V: La única pieza que nos falta, es relacionarla directamente con el cadáver de Daniel.

A: Dígame una cosa. ¿Cómo piensa hacerlo?

V: Hay que esconder algún objeto de Laura en (4) _____. Tenemos que incriminarla solamente a ella en la desaparición de Daniel. Su único delito será el encubrimiento bajo (5) _____. ¿Dónde lo sepultó? Ubicaremos el cadáver de forma anónima. Usted no tendrá que admitir nada. Pero sin cuerpo, no hay delito y, sin delito, no hay forma de convencer al jurado de que el crimen de Laura Vidal no fue (6) _____. Nos acercaremos hasta la verdad lo justo para que usted no se queme.

A: ¿Cómo no voy a quemarme si la carta más importante le tiene la fiscalía? [...] El conductor me situará en el lugar del accidente. Félix lo ha estado buscado para desactivarle.

V: La fiscalía no tiene ningún testigo.

A: ¿Cómo dice?

V: Nadie se ha reunido con el juez. Ha sido una invención mía a la que le he ido dando forma con los detalles que me usted ha dado.

A: ¿Me ha estado (7) _____?

V: ¿Por qué no me ha dicho la verdad desde el principio?

A: Para averiguar si era capaz de evaporar a Tomás Garrido de la habitación. Siempre he sabido que él era el culpable. Tampoco me costó descubrir que su mujer trabajaba en el hotel.

V: ¿Y por qué ha esperado a que yo se lo contara?

A: Para asegurarme de que puedo poner mi vida en sus manos, Sra. Goodman.

V: ¿Dónde lo sepultó?

A: Fue aquí (8) _____.

II. Doblaje o dramatización de los siguientes fragmentos de la película
电影片段配音或短剧表演练习

Fragmento 1 (00:53:51-00:59:12)

(A por Adrián Doria, T por Tomás Garrido, E por Elvira Garrido, I por el inspector Milán, L por Laura Vidal y G por el guardia del hotel)

T: Sr. Doria, siento molestarle en un día tan especial. ¿Sabe quién soy?

A: Lo único que sé es que no es Iván Souto. Por favor.

T: Soy el padre de Daniel Garrido. No sé si ha visto usted las noticias, pero dicen que ha huido y, bueno, querría hacerle unas preguntas, si tiene usted a bien.

A: Todo lo que sé de su hijo es lo que dice la prensa. Lo siento.

T: Mi hijo no es ningún ladrón, ni se ha fugado a ningún sitio. Mi hijo está muerto. Alguien se está riendo de mi mujer y de mí. El día que la policía habló con usted, Elvira y yo estábamos allí. Yo sé lo que vi.

E: Nuestro hijo usó su móvil hasta poco antes de que Tomás recogiera a esa mujer en la carretera. Así que es imposible que el teléfono estuviera en casa, a no ser que ella lo trajera. Y eso solo pudo pasar si se cruzó con nuestro hijo en algún momento.

Unidad 6　Contratiempo
第六单元　看不见的客人

T: Además, no iba sola. Alguien más iba con ella.

I: ¿Cómo puede estar tan seguro?

T: Ya se lo he dicho. Se ajustó el asiento antes de arrancar. No conducía ella. Me mintió.

L: Es que el coche es de mi hermana y me lo ha prestado, yo no sé muy bien...

T: Mintió y nadie miente porque sí. Mintió para protegerse o para protegerle a usted. ¿Tiene fuego? Esa mujer ocultaba algo. Y usted también.

A: No sé nada, de verdad. Yo estaba en París por esas fechas.

T: Eso dice la policía. Pero unos billetes de avión y una reserva de hotel no demuestran nada. Aun así, confiamos en la policía y volvimos a casa. Hasta que a los pocos días apareció la noticia que acusaba a mi hijo de ladrón... y supimos que todo era un montaje. Ese no era Daniel. En su vida le hizo mal a nadie. Mi mujer se hundió cuando entendió lo que aquello significaba. Pero yo no iba a dejar de luchar. Y seguí la única pista que me quedaba: usted. Y descubrí todo lo que podría perder por un contratiempo. Lo que supondría para usted tener que admitir que no estuvo en París, sino que estaba con otra mujer. Volví para contárselo a la policía, pero siguieron sin creerme. Ahí me di cuenta del poder que tiene. El poder hace al lobo más grande de lo que es. Pero yo a los lobos como usted no les tengo miedo. Cuando vives lo más terrorífico que puedes vivir como padre, que te quiten a tu hijo, que desaparezca sin que a nadie le importe, deja de existir el miedo. Ya no existe nada. Pronto descubrirán que soy un intruso, así que dígame la verdad: ¿Dónde está mi hijo?

A: Le aseguro que se confunde.

T: Usted iba en ese coche con esa mujer que no se llama Raquel. Y tuvieron un accidente en el lugar donde yo la encontré y allí estuvo el coche de mi hijo. ¿Fue usted quien se deshizo de él? ¿Fue así de fácil? Sr. Doria, ¿Fue eso lo que ocurrió? De padre a padre. Mi mujer y yo sabemos que nuestro hijo está muerto. Solo queremos encontrarle para enterrarle y que descanse en paz.

G: Señor, tiene que acompañarme.

T: No me toque.

G: Por favor.

T: Que no me toque. Por favor, Sr. Doria, se lo suplico. No me toque, por favor, no me toque. Si hubiera sido su hija la que hubiera desaparecido querría que el culpable supiera que no iba a salirse con la suya. ¡Hijo de puta!

Fragmento 2 (01:22:03-01:25:25)

(A por Adrián Doria, V por Virginia Goodman, L por Laura Vidal y F por Félix Leiva)

A: Tengo que contarle algo más. Creímos que había muerto, se lo juro. Laura lo había llevado tan lejos que no había vuelta atrás. Si la policía encontrara al chico, la autopsia delataría. Tenía que asegurarme de que me ayudaría a evitarlo.

V: Es mi deber ahorrarle la cárcel, pero no le salvaré de ser quien es. Basura, Sr. Doria. Y va a tragarse

169

que se lo diga, porque me necesita.

A: El chico ya estaba muerto sin estarlo. Tuve que decidir en una fracción de segundo.

V: No se mienta más a sí mismo. Usted es un asesino.

A: Me está poniendo a prueba otra vez, ¿verdad? Para que aprenda a aguantar los ataques del fiscal, es eso.

V: Lo que me ha contado lo cambia todo. Ahora está en mis manos. Me ha dicho lo suficiente como para que, si hago llegar esta información al juez, esté hundido.

A: No puede hacer eso. ¿Me oye? No me puede hacer eso.

V: Eso es lo que buscará el fiscal. Su desesperación. Y mire qué fácil me ha sido provocársela. ¿Quiere insultarme? Adelante. Eso también es lo que querrá el fiscal, que le salga el imbécil arrogante que lleva dentro.

A: ¡Basta! ¿Usted no está aquí para defenderme? Pues defiéndame.

V: No voy a permitir que su caso manche mi expediente el último día. A partir de ahora, haremos las cosas a mi manera. Y para eso tengo que estar segura de que no hay más cabos sueltos en su historia.

A: No los hay.

V: ¿No los hay?

A: No, no los hay.

V: Pues yo creo que sigue utilizándome. Testando conmigo su versión adulterada de los hechos como si yo fuera su muñeco.

A: Y ¿qué es lo que no le cuadra?

V: Es cierto que todo podía haber pasado tal y como ha dicho. Pero ¿qué pasaría si no hubiera sido usted quien rompió la promesa de no volver a verse, sino Laura?

L: ¿Se puede saber qué has hecho para que la policía crea que Daniel Garrido se ha fugado?

A: Te espero dentro de cuatro horas en el bar delante del desguace.

L: Vale.

A: No llegues tarde.

L: Vale, vale, sí, sí, allí estoy.

[...]

V: Usted también pudo hacerse con los objetos del chico.

L: Adrián, ¿qué es todo esto?

A: La cartera del chaval. Se la cogí antes de cargarlo en el maletero Ponle un precio.

V: Y siempre ha tenido los medios y los contactos para cambiar el curso de los acontecimientos sin dejar huellas que le señalen.

F: Yo me encargo.

A: Eso es falso.

V: No puede probarlo.

Unidad 6　Contratiempo
第六单元　看不见的客人

A: Ni usted lo contrario.

V: Veámoslo todo al revés. ¿Encajarían las piezas si hubiera sido usted quien llevara la iniciativa de todo?

Fragmento 3 (01:30:35-01:34:20)

(A por Adrián Doria, V por Virginia, L por Laura Vidal y F por Félix Leiva)

A: ¿Por qué Tomás Garrido y su mujer no han hablado? Si Laura les contó la verdad, ¿por qué no se lo dijeron a la policía? Dígame.

V: Esos padres saben que usted jamás desenterrará a su hijo para inculparse, que sin cadáver es muy difícil demostrar el crimen. Y también saben que usted es capaz de cualquier cosa para liberarse, incluso de cargarles a ellos con la muerte de su amante. Venga conmigo. Segunda ventana de la derecha del penúltimo piso. Fíjese bien, Sr. Doria. Tomás Garrido dejó de confiar en la policía hace tiempo y desde entonces, le ha estado vigilando para poder ajusticiarle por su cuenta.

A: Usted supone cosas que no puede saber.

V: Sobre Tomás Garrido sé más lo que cree.

A: ¿Por qué?

V: Es usted muy listo. Esfuércese.

A: Quiero una respuesta.

V: Cuando Tomás y su mujer llegaron al hotel y se enteraron de la muerte de Laura, entendieron lo que había pasado. Seguramente estudiaron sus posibilidades y dudaron qué hacer, pero sin confianza en la justicia, ¿qué les quedaba?, observa a su enemigo y esperar. Les quedaba observarle a usted. Tomás Garrido se convirtió en su sombra en la sombra. Localizó un piso vacío frente a su edificio y se las ingenió para ocuparlo de forma anónima. Y desde entonces, le ha tenido a usted y a cualquiera que se le acercara en su punto de mira. Cada encuentro, cada conversación, cada movimiento para liberarlo, Tomás Garrido lo ha presenciado para aprovecharlo. Y por supuesto, también llegó a mí. ¿Quién era ese hombre? Y ¿qué hacía frente a mi oficina? Entendí que había llegado hasta allí siguiendo la pista de Félix, así que le puse un seguimiento para vigilarlo yo a él.

A: Fue el padre del chico quien le llevó hasta mí, no al revés. Él le dio el hilo del que tirar hasta llegar a Daniel Garrido. Esta foto demuestra que todo pudo pasar tal y como me conviene.

V: Sigue sin escuchar ni prestar atención a los detalles.

A: La madre del chico estuvo en la habitación.

V: Ese día no trabajaba, se lo acabo de contar. Fue al hotel con su marido porque se han habían citado con Laura.

A: Le estoy diciendo que esta foto demuestra que la madre del chico...

V: Esta foto, Sr. Doria, es falsa. Está trucada. Es un montaje. Mire el reflejo en el espejo. Y ahora

dígame: ¿Quiere mi ayuda? ¿Quiere que el juez crea que no es un asesino? Pues entonces admita de una vez que mató a Laura.
A: La maté.

III. Lee y memoriza las siguientes frases más célebres de la película. 请朗读并背诵电影中的经典台词。

1 "En mis 30 años de carrera he tratado con dos tipos de clientes. Los que asumen su posición y colaboran, aunque eso implique ir hasta donde no desean ir, y los que se creen más listos que yo y pretenden que les salve de una condena segura, sin ensuciarse. Usted pertenece a los segundos. Pero déjeme que le aclare algo al respecto: ni habrá salvación sin sufrimiento, ni usted es más listo que yo."

▶ 参考译文

"我从业30年来，总共遇到过两种客户。一种是明白自己的处境并积极配合的人，即使这对他们来说很难；另一种是自认为比我聪明的人，幻想着毫发无损地洗脱罪行，您就属于第二种人。不过我得先跟您声明两点：舍不得孩子套不住狼，还有您并不比我聪明。"

2 "La gente rica no quiere dejar de serlo y se protege, protege lo que tiene. Vaya a donde está la gente rica y encontrará cámaras de seguridad por todas partes."

▶ 参考译文

"没有一个富人会想失去自己的财富，他们会保护自己，保护自己的财产。他们生活的地方到处都装有监控。"

3 "Pero yo no iba a dejar de luchar. Y según la única pista que me quedaba: usted. Y descubrí todo lo que podría perder por un contratiempo. Lo que supondría para usted tener que admitir que no estuvo en París, sino que estaba con otra mujer. Volví para contárselo a la policía, pero siguieron sin creerme. Ahí me di cuenta del poder que tiene. El poder hace al lobo más grande de lo que es. Pero yo a los lobos como usted no les tengo miedo. Cuando vives lo más terrorífico que puedes vivir como padre, que te quiten a tu hijo, que desaparezca sin que a nadie le importe, deja de existir el miedo. Ya no existe nada. Pronto descubrirán que soy un intruso, así que dígame la verdad: ¿Dónde está mi hijo?"

▶ 参考译文

"但我没有放弃。我紧盯着唯一的线索，那就是您。我发现要是让您承认当时不在巴黎，而是和另一个女人在一起，您可能会身败名裂。后来我又去找了警察，但他们还是不相信我。我终于明白，您的势力太强大了。狼如果有了权势就会更加强大，但是我面对您这匹狼的时候心里没有丝毫的畏惧。因为当您做了父亲之后，最害怕的事就是失去自己的孩子，就是孩子失踪了却无人关心。我已无所畏惧。我已了无牵挂。很快他们就会发现我是个冒牌的记者，所以请您告诉我实话，我的儿子在哪里？"

Unidad 6　Contratiempo
第六单元　看不见的客人

4 "¿Está familiarizando con el concepto de pensamiento lateral, Sr. Doria? Consiste en la posibilidad de cambiar la perspectiva desde la cual se analizan los acontecimientos. Por ejemplo: en un granero de madera completamente vacío. Se encuentra colgada un hombre del centro de la viga maestra. La soga con la que se ahorcó mide tres metros y los pies penden a 30 centímetros del suelo. La pared más cercana se encuentra a 6 metros. No es posible trepar ni a las paredes ni a la viga. Sin embargo, el hombre se ahorcó a sí mismo. ¿Cómo lo hizo? Se subió a un bloque de hielo que se deshizo con el calor. Este es nuestro granero. El archivo fotográfico policial de su caso. Y la respuesta tiene que estar en la naturaleza de su propio relato."

▶ 参考译文

"您熟悉横向思维这个概念吧，多里亚先生。这个概念的意思就是指从不同的角度去分析事件。举例来说，在一个空荡荡的粮仓里，一个男子被发现吊死在横梁上。吊死他的绳子长3米，死者的脚离地30厘米。离他最近的墙有6米距离，不可能依靠墙壁或地板来施力上吊。但是，他还是上吊自尽了。他是怎么做到的呢？他搬了块冰块踩上去，之后冰块遇热融化了。这就是您的'粮仓'。这些是您这个案子的档案照片。我们想要得到的答案得从这些材料中去寻找。"

IV. Elige las preguntas que te interesen más y discútelas con tus compañeros de grupo.　请选择你感兴趣的话题与同学进行讨论。

1. ¿Te gusta la película que acabas de ver? ¿Qué te atrae más de esta película?
2. Comenta tu escena preferida de la película teniendo en cuenta los siguientes aspectos:
   (1) ¿Qué personajes intervienen?
   (2) ¿Dónde están estos personajes?
   (3) ¿Qué ocurre en la escena?
   (4) ¿Por qué es tu escena favorita?
3. Selecciona tu personaje favorito. Argumenta tu elección. Puedes guiarte por los siguientes elementos:
   (1) aspecto físico, gestos;
   (2) el vocabulario, tono de voz, seguridad al hablar;
   (3) los pensamientos;
   (4) la posición en la sociedad, en la familia;
   (5) la ocupación laboral.
4. Según las noticias españolas en 2019, *Contratiempo* es la película no estadounidense o asiática más taquillera en la historia de China. A tu juicio, ¿por qué hizo un gran éxito este largometraje en nuestro país?

5. En el último año, ¿cuántas películas españolas has visto? Y ¿qué tipo de película española esperas introducir?

V. ¿Sabes cómo hacer una reseña de una película? Ve dos vídeos que te van a enseñar cómo hacerla paso a paso, y luego intenta hacer una reseña en español sobre el largometraje *Contratiempo*. 你知道如何评述一部电影吗？请观看两个教你如何评述影片的视频后尝试用西班牙语评述影片《看不见的客人》。

VI. Recomendación de películas similares 同类电影推荐

1. *La habitación de Fermat*《极限空间》（西班牙，2007）
2. *Mientras duermes*《当你熟睡》（西班牙，2011）
3. *La cara oculta*《黑暗面》（哥伦比亚、西班牙，2011）
4. *El cuerpo*《女尸谜案》（西班牙，2012）
5. *La isla mínima*《沼泽地》（西班牙，2014）
6. *Durante la tormenta*《海市蜃楼》（西班牙，2018）
7. *Hogar*《家怨》（西班牙，2020）
8. *Bajocero*《零度以下》（西班牙，2021）

Unidad 7 第七单元

Volver 回归

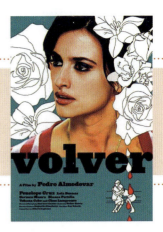

Sección 1 — Información general de la película 影片基本信息

Director 导演: Pedro Almodóvar
País 制片国家: España
Año 上映时间: 2006
Guion 编剧: Pedro Almodóvar
Reparto 主演: Penélope Cruz (Raimunda), Carmen Maura (Irene), Chus Lampreave (Tía Paula), Lola Dueñas (Soledad), Blanca Portillo (Agustina), Yohana Cobo (Paula), Antonio de la Torre (Paco), María Isabel Díaz (Regina), Neus Sanz (Inés)
Duración 片长: 122 minutos
Género 类型: Drama. Melodrama. Familia.

Premios 所获奖项:

- **2006:** *Nominada al Óscar: Mejor actriz (Penélope Cruz)*
- **2006:** *2 nominaciones al Globo de Oro: Mejor actriz de drama, película de habla no inglesa*
- **2006:** *5 Premios Goya, incluyendo mejor película, director, actriz (Cruz). 14 nominaciones*
- **2006:** *Festival de Cannes: Mejor guion, Mejor actriz (para su reparto femenino)*
- **2006:** *Premios del Cine Europeo: Mejor director, mejor actriz (Cruz)*
- **2006:** *2 Nominaciones a los BAFTA: Mejor actriz (Cruz) y película de habla no inglesa*
- **2006:** *Premios César: Nominada a la mejor película extranjera*
- **2006:** *Premios David de Donatello: Nominada a la mejor película europea*
- **2006:** *National Board of Review (NBR): Mejor película de habla no inglesa*

| Sección 2 | Comprensión audiovisual de la película
影片视听理解 |

I. Antes de ver la película 观影前练习

1 Pedro Almodóvar：佩德罗·阿尔莫多瓦

El director español más conocido internacionalmente es el manchego Pedro Almodóvar, que ha ganado numerosos premios, entre ellos dos Óscar. Lee el siguiente texto y completa los espacios con el vocabulario que aparece a continuación. 来自拉曼恰的佩德罗·阿尔莫多瓦是最具国际知名度的西班牙导演。他曾获奖无数，其中包括两项奥斯卡奖。请阅读下文并用所给词汇填空。

| fenómeno | filmes | galardones | largometraje | público |
| cineastas | estrenó | censura | película | crítica |

Pedro Almodóvar está considerado como uno de los (1) _____ españoles más importantes. Nació en Calatrava (Ciudad Real) en 1951 en el seno de una familia humilde y en 1967 se trasladó a Madrid.

Los primeros años de su vida los vivió rodeado de mujeres y, desde siempre, tuvo una relación especial con todas ellas. Está muy claro que este hecho no solo ha influido en su vida, sino también en su filmografía. Quizá sea esa la explicación por la que Almodóvar haya dado un enorme protagonismo a las actrices en sus filmes.

Trabajó como administrativo en la Compañía Telefónica Nacional de España y compaginó esta ocupación con sus aficiones cinematográficas y colaboraciones en teatro, música y revistas. En 1980 estrenó su primer (2)_____: *Pepi, Luci, Bom y otras chicas del montón*. Sus primeros filmes se inscriben en el movimiento denominado la "Movida madrileña", en el que participaron todo tipo de artistas. Buscaban superar los convencionalismos y mostrar con humor aquellos aspectos irreverentes e incluso blasfemos que la (3)_____ franquista había prohibido. A partir de este momento se dedicó por entero al cine. Junto con su hermano Agustín, Pedro Almodóvar fundó la productora *El deseo* en 1985. Con *¿Qué he hecho yo para merecer esto?* (1984) consiguió el reconocimiento de la (4)_____. La (5)_____ narra la sufrida e insatisfecha vida de una ama de casa, que también trabaja como limpiadora.

Con sus siguientes (6)_____ empieza a ser reconocido a nivel internacional: *Matador* (1985) y *La ley del deseo* (1986). No obstante, será *Mujeres al borde de un ataque de nervios* (1984), nominada para los Óscar como Mejor Película Extranjera, la que se convertirá en emblemática del "(7)_____ Almodóvar". La cosecha de premios continuó con sus siguientes producciones: *¡Átame!* (1989); *Tacones lejanos* (1991), *Kika* (1993); *La flor de mi secreto* (1995) y *Carne trémula* (1997). En 1999 (8)_____ *Todo sobre mi madre*, que logró el aplauso de críticos y del (9)_____. Con esta cinta obtuvo el Óscar a la Mejor Película de Habla no inglesa, el Globo de Oro, 7 Goyas, etc. Con *Habla con ella* (2001) Pedro Almodóvar logró el Óscar al Mejor Guion y 2 Baltas, entre otros muchos (10)_____. Tras un controvertido filme *La mala educación* (2004), *Volver* (2006) significa un retorno a sus raíces manchegas.

2 Castilla-La Mancha: 卡斯蒂利亚-拉曼恰

A lo largo de toda la trayectoria artística de Pedro Almodóvar, la región de Castilla-La Mancha ha sido una protagonista de sus películas. Observa el vídeo *Ruta del Quijote, en Castilla-La Mancha* y lee los textos siguientes para familiarizarte con la historia, la cultura y el clima de esta región. 在佩德罗·阿尔莫多瓦的艺术生涯中，卡斯蒂利亚-拉曼恰地区一直是他电影的主角之一。请观看视频《卡斯蒂利亚-拉曼恰的堂吉诃德之路》后阅读下文，熟悉该地区的历史、文化和气候并回答问题。

- Castilla-La Mancha se encuentra situada en la parte central de la península ibérica, ocupando la mayor parte de la submeseta sur. Está formada por 919 municipios que integran las provincias de Albacete, Ciudad Real, Cuenca, Guadalajara y Toledo.
- Castilla-La Mancha cuenta con un rico patrimonio artístico y natural, entre los

que destacan las tres ciudades declaradas por la UNESCO como Patrimonio de la Humanidad (Toledo, Cuenca y Almadén).

- Las diversas civilizaciones que han vivido en Castilla-La Mancha han dejado huella en la comunidad, dejando un abundante legado patrimonial y cultural. Es una tierra rica en tradiciones de influencias varias, en donde sobresale la figura de Don Quijote de La Mancha como embajador de la misma ante el mundo. Su posición, en pleno centro de la península ibérica le ha hecho protagonista indiscutible de la historia de la misma.

- Castilla-La Mancha posee un clima continental subtropical caracterizado por inviernos relativamente frescos y veranos muy cálidos. Las precipitaciones son entre moderadas y escasas en la mayor parte del territorio, pero con una elevada variabilidad temporal. En su mayor parte, el clima es de tipo mediterráneo con veranos secos y calurosos.

(Fuente: *Lugaresquever*)

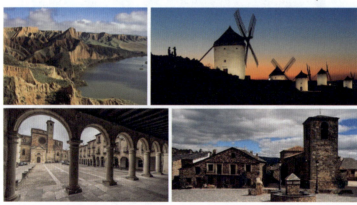

Realiza una búsqueda sobre los destinos turísticos de Castilla-La Mancha y disfruta de sus maravillosos paisajes por Internet. Diseña un viaje de tres días para ti. ¿Viajarías en qué época? ¿Adónde irías? ¿Qué harías? ¿Por qué? Anota tus respuestas.

_____
_____
_____
_____
_____

Unidad 7　Volver
第七单元　回归

3 **Chicas Almodóvar,** así se llama el grupo de actrices que desde el año 1977 han sido tocadas por la varita mágica del dos veces oscarizado director, guionista y productor, Pedro Almodóvar. Lee las biografías a continuación para familiarizarte con las tres actrices principales de la película. 阿尔莫多瓦女郎指的是1977年以来被两届奥斯卡奖得主、导演、编剧兼制片人佩德罗·阿尔莫多瓦选中的优秀女演员。请阅读下文进一步了解本片的三位女主演。

(1) Penélope Cruz: 佩内洛普·克鲁兹

De tanto le sirvió a Penélope Cruz el ser Chica Almodóvar que desde que apareció en *Los Abrazos Rotos, Volver, Todo sobre mi madre* y *Carne Trémula,* fue subiendo tantos escalones que llegó a Hollywood y hasta se ha coronado como una de las reinas de la meca del cine con un Óscar, un BAFTA, tres Goya y otros importantes galardones.

(2) Carmen Maura: 卡门·毛拉

Carmen Maura, es una de las actrices españolas con más premios y reconocimientos, entre ellos cuatro Goya. Es, sin lugar a dudas, una de las grandes musas de Pedro Almodóvar ya que ha actuado en un sinfín de películas suyas. Ya estuvo en su primer largometraje: *¡Folle... Folle... Fólleme Tim!* (1978) así como en *Pepi, Luci, Bom y Otras chicas del Montón* (1980). Además, formó parte de los equipos de: *Entre Tinieblas* (1983), *Matador* (1986), *La Ley del Deseo* (1987) y *Volver* (2006).

(3) Lola Dueñas: 劳拉·杜纳丝

Lola Dueñas, hija de Nicolás Dueñas y de María Navarro, creció en un ambiente teatral. En el año 2002 coincidió por primera vez con Pedro Almodóvar en *Hable Con Ella* (2002). Más tarde volvió a ser dirigida por el manchego en *Volver* (2006). Una de sus películas más trascendentes es *Mar Adentro* (2004), por su papel de Rosa, Lola ganó el premio Goya a la mejor actriz protagonista.

De hecho, Pedro Almodóvar es uno de los directores más controvertidos de España. Muchos cuestionan la calidad de sus películas. Sin embargo, hay algo que no se le puede negar: fue un pionero en profundizar en los personajes femeninos, darles protagonismo y hablar sobre la relación entre las mujeres cuando se daban ciertas circunstancias.

Unidad 7　Volver
第七单元　回归

4 **Aprendiendo español con Pedro Almodóvar.** En el guion de esta película se aprecia la atención que el famoso director español ha prestado a los giros dialectales. Fíjate en las siguientes expresiones aparecidas en el filme. 跟佩德罗·阿尔莫多瓦学西语。从电影剧本你可以看出这位西班牙著名导演对地方语言特点的关注。请注意学习电影中出现的以下表达。

DIMINUTIVOS En el habla de la Mancha las formas de diminutivos –ico/a o –illo/a son frecuentes para indicar intensidad.	OTRAS EXPRESIONES ESPECIALES
¡Pero si está hecha una musiquilla! (musiquilla = mujercita)	¡Cosas de tu abuela, que era muy laberintera! (persona que provoca enredos, líos)
¡Igualicos que los de mamá!	No quiero quedarme todo el día apoltronado en casa, tengo que salir. (quedarse apoltronado/a: engordar por la falta de ejercicio o movimiento)
Sí, ¡tened cuidaíto!	Está hecha una pena, hija mía. ¡No sabe en qué año vive! (está fatal, está en muy mal estado)
Mañana estaría perdidica de dolor.	¿Yo? Atacá, ya lo ves. (nerviosa, histérica)

II. Durante la película　观影中练习

1 Considera y comenta con tus compañeros/as de clase a qué género(s) pertenece la película Volver. Al director Pedro Almodóvar le gusta "mezclarlos" en una sola. 请思考并与同学讨论电影《回归》所属类型。导演佩德罗·阿尔莫多瓦喜欢在一部影片中融合多种类型。

Comedia	Acción	Crítica Social	Musical	Histórica
Fantasía	Documental	Aventuras	Terror	Ciencia Ficción
Drama	Infantil	Policíaca	Guerra	Thriller
Melodrama	Romance	Animación	Surrealista	Artes marciales

2 Ordena las siguientes frases según el argumento de la película. 请根据剧情将下列句子重新排序。

A. Un día Sole y Raimunda reciben la noticia de que la tía Paula ha muerto en el pueblo, en el mismo pueblo que las vio nacer y donde sus padres murieron en un incendio.

B. Cuando Sole regresa del funeral oye unos golpes en el maletero de su coche. Al abrirlo se encuentra con el fantasma de su madre que le dice que ha vuelto para ocuparse de algunas cosas que dejó sin arreglar. Entre ellas, hablar con Raimunda sobre algo que han llevado en secreto durante muchos años.

181

C. Pero para Raimunda las desgracias no vienen solas y los males no han hecho más que empezar, porque al llegar a casa encuentra a su marido muerto con un cuchillo en el corazón. Su hija le dice que su padre volvió borracho e intentó abusar de ella.

D. Raimunda es una mujer joven que vive con su marido y con su hija adolescente en un barrio marginal de la gran ciudad. Tiene una hermana, Sole, que regenta una peluquería en casa, y un montón de familia en el pueblo de La Mancha donde vivieron su infancia.

E. Raimunda no puede permitir que se descubra el cadáver de su marido, y tiene que comenzar a mentir para no ir al entierro de su tía, mientras se ocupa de salvar a su hija y enterrar el cuerpo.

El orden correcto

(1)_____→(2)_____→(3)_____→(4)_____→(5)_____

3 **Análisis de personajes de la película.** Lee la lista de calificativos que sigue y elige aquellos que describan mejor a los personajes femeninos de la película *Volver*. 电影人物分析。请选用最贴切的形容词对本片下列女性角色进行描述。

> cariñosa; voluntariosa; tímida; racial; realista; inocente; guapa; generosa; bondadosa; cateta; comprensiva; delgada; fantasmal; frágil; fuerte; débil; solitaria; independiente; amable; vieja; miedosa; observadora; enferma; asustadiza; incrédula; limpia; luchadora; visceral

Raimunda	
Soledad	
Agustina	
Abuela Irene	
Paula	
Tía Paula	

4 Análisis de la escena de la muerte de Paco (00:16:53 - 00:20:25). 巴科之死场景分析。

Unidad 7　Volver
第七单元　回归

(1) Mira y escucha la escena y elige la letra que encabeza la opción correcta.

① Cuando Raimunda baja del autobús_____.
　A. Paula la está esperando
　B. está lloviendo
　C. Paula está llorando

② Paula parece _____.
　A. feliz
　B. preocupada
　C. tranquila

③ Paula dice a Raimunda que su padre _____.
　A. ha intentado pegarle
　B. ha querido abusar de ella
　C. le ha quitado la ropa

④ Cuando Raimunda se entera de la muerte de Paco _____.
　A. no está sorprendida ni triste
　B. culpa a Paula
　C. llora, pero decide ocultarlo enseguida

(2) Paula usa muchas formas verbales en indefinido e imperfecto para contar lo que le sucedió. Observa este texto, rellénalo con la forma correcta de los tiempos antes mencionados y analiza por qué. A continuación, tienes los siguientes verbos:

levantar	quitar	echar	desabrochar	gritar	amenazar
coger	hacer	ser	estar	meter	decir	volver
	decir	estar	abrir		

"_____en la cocina, de espaldas y de pronto papá se me_____encima. _____borracho. Yo le_____que '¿Qué_____?' y él me_____que no_____mi padre. Le_____ y me lo_____de encima, pero_____y_____a abrazarme. Yo le_____a empujar. _____el pantalón diciendo siempre que aquello no_____malo y que él no_____mi padre. _____un cajón y_____un cuchillo. Le_____, pero sólo para asustarle. No me_____caso. _____que no_____capaz y_____encima."

5 Análisis de escena de la reconciliación de Irene y Raimunda (1:36:50 a 1:44:05).　母女和解场景分析。

(1) Di si son verdaderas (V) o falsas (F) las siguientes oraciones según la trama de la película. En caso de ser falsas, corrígelas en los espacios de abajo. 请根据剧情判断下列表述的正（V）误（F）。如有错误，请在画线空白处纠正。

① La madre no sabía lo que le había pasado a Raimunda. (　　)
_____

② Raimunda se quedó embarazada de un hombre desconocido. (　　)
_____

③ Raimunda fue a Madrid porque no quiso vivir con sus padres. (　　)
_____

④ La tía Paula contó a su hermana lo que sufrió su sobrina Raimunda. (　　)
_____

⑤ La madre mató a su marido porque estaba con otra mujer. (　　)
_____

(2) ¿Qué es lo que se enteró la madre el mismo día del incendio?
_____

(3) ¿Por qué la madre de Raimunda se escondía y vivía en el pueblo como un "fantasma"?
_____

(4) En tu opinión, ¿qué significa el abrazo entre la madre y la hija al final de este clip?
_____

Sección 3　Conocimiento del idioma y de la cultura
语言及文化相关知识

I. Vocabulario relacionado　相关词汇与表达

1. **espigar**　tr. Coger las espigas que los segadores han dejado en el rastrojo.（在田里）拾穗
2. **agachar**　tr. Inclinar o bajar alguna parte del cuerpo. 弯（身）；低（头）
3. **horas muertas**　消磨的或空闲的时间
4. **flipar**　intr. col. Gustar mucho algo.〈俗〉使非常喜欢，使酷爱
5. **eternizar**　tr. Hacer durar o prolongar una cosa demasiado. 使没完没了

Unidad 7　Volver
第七单元　回归

6. dar a luz（妇女）分娩，生孩子

7. sota　f. Mujer insolente y desvergonzada. 〈口〉不正经的女人，无耻的女人

8. arrastrar　tr. Llevar a una persona o cosa por el suelo, tirando de ella. 拖，拉

9. brasa　f. Leña o carbón encendidos. 火炭，炭火

10. matorral　m. Grupo de arbustos bajos y ramosos. 茂密的灌木丛

11. aparador　m. Mueble donde se guarda lo necesario para el servicio de la mesa. 碗橱

12. remo　m. Brazo o pierna en personas y animales. Más en pl. 动物或人的四肢

13. cementerio　m. Lugar, generalmente cercado, destinado a enterrar cadáveres. 墓地，公墓

14. fregotear　tr. col. Fregar deprisa y sin cuidado. 刷洗

15. lápida　f. Piedra llana en que ordinariamente se pone una inscripción en memoria de algo o alguien. 石碑，墓碑

16. torpón, na　adj. Un poco torpe. 有些笨拙的，有些迟钝的

17. apañárselas　col. Arreglárselas, buscar la manera de salir de un apuro o lograr algún fin. 设法应对

18. echar un ojo　看一看，看一眼；留意，照看

19. pendiente　adj. Sumamente atento, preocupado por algo que se espera o sucede. 关注

20. estar pendiente de algo/alguien　注意，留心（某人或某事）

21. telebasura　f. Programación televisiva de muy baja calidad y mucha audiencia. 垃圾电视节目

22. arruinar　tr. Causar ruina. 使破产

23. dar la entrada a un piso　买房子交首付

24. tirar　intr. Agradar, sentirse atraído por algo. 使喜欢，使感兴趣

25. casting (voz inglesa)　m. Conjunto de pruebas, entrevistas, etc., que se realizan para la selección de actores o modelos. 试镜

26. estropear　tr. Echar a perder una situación, asunto o proyecto. 弄坏，损坏

27. denunciar　tr. Declarar públicamente el estado ilegal o injusto de algo. 告发，检举；揭发

28. desaparición　f. Ausencia u ocultación de la vista. 消失，失踪，不见

29. radical　adj. Fundamental, que se produce de forma total. 彻底的

30. estático, ca　adj. Que permanece en un mismo estado, sin cambios. 静态的，静止的

31. quicio　m. loc. Exasperar, hacer perder el tino. 失常；出轨

32. bárbaro, ra　adj. col. Estupendo, extraordinario. 极好的

33. homenaje　m. Acto o serie de actos en honor de una persona. （敬意、纪念等）表示，举动

34. cachondeo　m. col. Burla, guaseo. 〈俗〉取笑，嘲笑

35. molido, da　adj. Cansado, agotado. 疲惫不堪的，筋疲力尽的

36. desabrochar (se)　tr./prnl. Soltar los broches, corchetes o botones para abrir una prenda u otro objeto. 给……解开衣扣

37. amenazar　tr. Advertir una persona de su intención de causar daño. 威胁，恐吓

185

38. **hacer caso** 理睬，理会；考虑
39. **pulmonía** f. Inflamación del pulmón o de una parte de él. 肺炎
40. **echar una mano a alguien** 帮助某人
41. **amortajar** tr. Poner la mortaja a un difunto. 给死者穿寿衣
42. **ataúd** m. Caja donde se deposita un cadáver para enterrarlo. 棺材
43. **entierro** m. Acción y resultado de enterrar. 葬礼，出殡
44. **ansiolítico** m. [Fármaco] que disminuye o calma la ansiedad. 抗焦虑药，安神药
45. **rodar** tr. Filmar o proyectar películas cinematográficas. 拍摄，摄制
46. **por cabeza** 每人
47. **pelado, da** adj. [Persona] pobre o de poco dinero. 贫穷的，身无分文的
48. **aguja** f. Costillas del cuarto delantero de una res. （牛、猪、羊等的）肋条，肋排
49. **enrollarse** prnl. col. Extenderse demasiado en alguna actividad, especialmente en una conversación o escrito. 参与，掺和
50. **ponerse/estar a dieta** 节食
51. **morcilla** f. Embutido hecho de sangre cocida, condimentada con cebolla y especias y a la que suelen añadírsele otros ingredientes como arroz, miga de pan o piñones. 血肠
52. **mantecado** m. Helado de leche, huevos y azúcar. 冰激凌
53. **glucosa** f. Azúcar de seis átomos de carbono presente en todos los seres vivos, ya que se trata de la reserva energética del metabolismo celular. 血糖，葡萄糖
54. **colesterol** m. Molécula grasa que se produce generalmente en el hígado y los intestinos o se ingiere con los alimentos y cuya excesiva acumulación causa enfermedades circulatorias como la arteriosclerosis. 胆固醇
55. **vicio** m. Excesiva afición a algo, especialmente si es prejudicial. 嗜好，癖好
56. **figurarse** prnl. Imaginarse o suponer uno algo que no conoce. 料想；以为；想象
57. **habladuría** f. Rumor que se extiende sin fundamento. Más en pl. 无稽之谈，胡说八道
58. **maletero** m. Lugar de vehículos que se usa sobre todo para guardar maletas. 后备箱
59. **hurgar** tr. Menear o remover una cosa. También intr. 翻弄
60. **portarse** prnl. Conducirse, comportarse. 表现，举止
61. **apoltronarse** prnl. Hacerse perezoso, holgazán. 变懒散，混日子
62. **querindongo, ga** m.,f. Querido. 〈贬〉姘头，姘夫，姘妇
63. **poner los cuernos** 对（丈夫或妻子）不忠
64. **ensañarse** prnl. Deleitarse en causar daño o dolor a quien no puede defenderse. 泄愤，解恨
65. **freezer** m. Nevera, congelador. 冷藏箱，冰箱
66. **repostería** f. Producto del arte y oficio de elaborar pasteles, dulces, etc. 〈集〉糕点，甜食
67. **resbalar(se)** intr. /prnl. Escurrirse, deslizarse. 滑动，滑倒
68. **dosificar** tr. Regular la cantidad o porción de otras cosas. 按一定比例分配
69. **chorrear** intr. Caer un líquido formando chorro. También tr. 流出，涌出

Unidad 7 Volver
第七单元 回归

70. **mafia** f. Organización secreta de criminales originaria de Sicilia, que se caracteriza por emplear la violencia, la intimidación y el chantaje. 黑手党

71. **top model** 超模

72. **corral** m. Sitio cerrado y descubierto donde generalmente se guarda el ganado o los animales domésticos. 畜栏

73. **pesadilla** f. Sueño que produce angustia y temor. 噩梦，梦魇

74. **padre biológico** 亲生父亲，生身之父

75. **mojito** m. Cóctel hecho de ron, azúcar, zumo de limón, gaseosa y hierbabuena. 调制鸡尾酒

76. **escote** m. Abertura en una prenda de vestir por la que asoma el cuello y parte del pecho o de la espalda. 袒胸露背的部分

77. **miserable** adj. Avariento, mezquino. 贫穷的，赤贫的

78. **agarrarse a un clavo ardiendo** 什么都肯干

79. **vocear** intr. Dar voces, gritar. 大声讲话，大声叫喊

80. **rehuir** tr. Evitar una situación, obligación o el trato con otra persona. 逃避，躲避

81. **hipnotizar** tr. Fascinar, seducir, atraer mucho a alguien. 使着迷，使迷上

82. **embalar** tr. Colocar convenientemente dentro de cajas, cubiertas o cualquier otro envoltorio los objetos que han de transportarse. 打包，包装，捆包

83. **cómplice** m.,f. Persona que sin ser autora de un delito coopera a su perpetración con actos anteriores o simultáneos, aunque no indispensables. 同伙，帮凶

84. **tocar el fandango** 〈口〉喧闹，吵闹

85. **claustrofobia** f. Sensación de angustia o temor provocada por la permanencia en lugares cerrados. 幽闭恐惧症

86. **trastorno mental** 精神失常

87. **redactor, ra** m. f. [Persona] que se dedica a la redacción. 编辑；编导

88. **suposición** f. Lo que se supone o da por cierto. 猜测，推测

89. **diagnosticar** tr. Determinar el carácter de una enfermedad y su calificación mediante el examen de sus signos y síntomas característicos. 诊断（疾病）

90. **albergar** tr. Tener una determinada idea o sentimiento sobre algo. 怀有，怀着

91. **estar empeñado/a en** 坚持/硬要做某事

92. **mogollón** m. Abundancia, gran cantidad de algo. 〈口〉大量

93. **arramblar** tr./intr. Llevarse codiciosamente todo lo que hay en algún lugar. 全拿走，席卷

94. **peste** f. Palabras de enojo o amenaza.（一般多用复数形式）脏话，骂人的话

95. **semejante** adj. De tal clase, de tal forma. 如此的，这样的

96. **monstruosidad** f. Cosa monstruosa. 残酷的事

97. **distanciamiento** m. Enfriamiento de una relación afectiva o intelectual y disminución de la frecuencia en el trato.（关系）疏远，冷淡

98. **devorar** tr. Consumir, destruir. 吞没；毁灭

99. **ceniza** f. Restos de un cadáver tras su incineración. 骨灰

100. **supersticioso, sa** adj. Perteneciente o relativo a la superstición. 迷信的

101. **purgatorio** m. Para los católicos, lugar donde los justos deben purificar sus imperfecciones antes de poder gozar de la gloria eterna. 炼狱；涤罪所

102. **troncharse de la risa** 笑得直不起腰

II. Frases usuales 实用句子

1. De todos modos, ¡qué cosas se te ocurren! 不管怎样，你怎么能这么想（说）呢？

2. ¡Qué alegría más grande! 真是太高兴啦！

3. Yo estoy muy bien como estoy. 我现在这样挺好的。

4. ¿Cómo se las arregla para las comidas? 您怎么做饭呢？

5. ¡(La tía Paula) Está hecha una pena! 她现在的（身体）状况真是糟糕透了！

6. (La tía Paula) No se hace a la idea. 她根本没有这个意识。

7. Pero algo tenemos que hacer. 但是我们总得做点什么。

8. Se me ha acabado el saldo. 我的手机欠费了。

9. Cuídate, que tienes muy mala cara. 注意身体呀，你的脸色可不太好。

10. ¿Qué te pasa? = ¿Te pasa algo? 你怎么啦？

11. Perdona que te moleste a estas horas. 抱歉这么晚打扰你。

12. Tengo un cerro de ropa por planchar. 我这儿有堆积如山的衣服需要熨烫。

13. ¡Ni hablar! 没门！/门都没有！

14. Yo iré cuanto antes, pero hoy me es remotamente imposible. 我一定会尽快去的，但是今天我实在脱不开身。

15. ¿A cómo tiene (usted) las patatas?（询问物品价格）您家的土豆怎么卖？

16. Una historia muy larga, ya te contaré.（这事）说来话长，晚些时候我一定告诉你。

17. ¡Anda, vamos a la cabecera del duelo! 来吧，我们得带头哀悼！

18. ¡Qué oportuno! 真不巧！/可真不凑巧！

19. Te acompaño en tu sentimiento. 节哀顺变！

20. Estamos en plena pelea. 我们正吵得不可开交。

21. Pues me hago pasar por extranjera. 那我就装一回外国女人吧。

22. Oigas lo que oigas, ten la boca cerrada. 你只管听着就好，千万不要说话。

23. A mí me pasa lo mismo. 就像我现在一样。

24. La gente abusa de ti. 人们总是欺负你。

25. Necesitamos un respiro. 我们需要休息一下。

26. No me mires así, que me pones nervioso/a. 别这么看着我好吗？这让我很紧张。

27. ¡Qué poca vergüenza! 真不要脸！/真不知廉耻！

28. Te tomo la palabra. 你的话我记着啦（你可得说话算数）。

29. No me lo puedo creer. 我真不敢相信（这事）。
30. Estamos muy mal de dinero. 那时我们很穷。
31. Me quitas un peso. 你让我松了一口气。
32. Ten compasión de ti. 你就同情一下我吧。/ 你就可怜可怜我吧。
33. Los trapos sucios se lavan en casa. 家丑不可外扬。
34. ¡No me tires de la lengua! 你不要这样跟我说话！

III. Notas de cultura 文化点拨

1 La Mancha: 拉曼恰

Es una región natural e histórica situada en la comunidad autónoma de Castilla-La Mancha, en el centro de España, que ocupa buena parte de las provincias de Albacete, Ciudad Real, Cuenca y Toledo. Tiene una extensión de más de 30.000 km², aproximadamente 300 km de este a

oeste y 180 de norte a sur, constituyendo una de las altiplanicies y regiones naturales más extensas de la Península Ibérica. Representa el extremo sudoriental de la Meseta Central, concretamente de la Submeseta Sur.

2 La Ruta del Quijote: 堂吉诃德之路

Se refiere al recorrido que siguió el protagonista de la novela El ingenioso hidalgo Don Quijote de la Mancha de Miguel de Cervantes en sus aventuras por tierras de La Mancha, fundamentalmente, así como de Aragón y Cataluña.

Su trazado ecoturístico oficial tiene 2500 km de longitud y está constituido por una red de caminos históricos y vías pecuarias perfectamente señalizados que unen los lugares de mayor interés cercanos a los puntos mencionados en la novela, si bien este no sigue criterios estrictamente ligados a la obra literaria.

En La Mancha, Don Quijote constituye todo un símbolo. Su leyenda ha generado un turismo cultural que permite contemplar la realidad social y geográfica que magistralmente descubrió Cervantes, considerado la máxima figura de la literatura española. (Mira el vídeo Ruta del Quijote, en Castilla-La Mancha para conocerla más.)

Sección 4　Actividades postvisionadas
观影后练习

I. Dictado de unos fragmentos de la Película　电影片段听写练习

Mira y escucha los siguientes fragmentos de la película tres veces y completa los espacios en blanco que faltan. 请视听下面的电影片段三遍并完成填空。

Fragmento 1 (00:06:20-00:07:30)

(R por Raimunda, S por Soledad y T por la tía Paula)

R: ¡Ay, qué (1)_____tiene, tía! Mira, con tu nombrito.

S: ¿Nos vamos?

R: Sí, ¡que nos vamos a ir, tía!

T: ¡Ay, qué mal estoy de los (2)_____!

R: No se levante.

T: ¡Y cómo no me voy a levantar!

R: Yo no me voy tranquila, ¿eh? La próxima vez que (3)_____me la llevo.

T: Eso, la próxima vez. Lo importante es que vuelvas, Raimunda.

R: Es que la veo muy (4)_____, tía. [...]Cuídese, tía.

T: Sí, ¡Qué tengáis cuidaíco!

R: Que sí, tía, que (5)_____quiero mucho.

Fragmento 2: (00:35:43-00:38:00)

(S por Soledad, A por la Agustina y M por las mujeres que asistieron al entierro de la tía Agustina)

S: Buenas tardes.

M: Buenas tardes.

A: He hablado con tu hermana. ¡La pobre, recién (1)_____!

S: Sí, ¡qué oportuno! ¿Eh?

A: Me ha dicho que no te deje ver a la muerta. Tranquila, tranquila; que no vas a tener que verla.

M: Lo siento, mi alma. Te acompaño en tu (2)_____.

A: La Vizoa. ¿Te acuerdas? [...] La hija de la Vicenta. Bueno, vamos a dejar que descanse un poquito, que viene muy cansada. Ven, Sole, ven. Tranquila, ven aquí. Era ya de noche. Yo había cenado

Unidad 7 Volver
第七单元 回归

y estaba viendo la televisión, cuando oigo que alguien me toca la puerta, no estaba segura de haber oído bien, pero (3)_____ vuelvo a oír el mismo ruido. Y entonces pregunté: "¿Quién es?" Y una voz me contesta: "Agustina." Yo no tenía miedo. Salgo a la calle, pero no veo a nadie. Miro donde tu tía me (4)_____ ver la puerta abierta. Lo encontré raro, así que entré. Llamé a tu tía, pero no me contestaba. ¿Y cómo me iba a contestar, la pobre? Entré en la habitación y allí la encontré, acostada, quietecica como un pajarillo.

M: — Fue su espíritu quien te avisó.

— ¿Pero el espíritu de la Paula, o el de la otra?

— Cualquiera de las dos.

A: Yo no puedo decir quién era porque no lo vi. Pero, como os estoy escuchando ahora, alguien o algo me avisó de que la Paula se había muerto y me abrió la puerta para que (5)_____. Ven, ven a la cocina, ven.

Fragmento 3 (01:08:41-01:11:00)

(R por Raimunda, C por Carlos y E por Emilio)

R: ¿Sí?

C: ¿Podría hablar con la señora Raimunda?

R: Soy yo.

C: El Señor Emilio me dio su teléfono para que me (1)_____ el restaurante. Hace días que quería verlo. Yo soy Carlos.

R: Pues...tenía que haber llamado usted antes, porque, es que se lo ha (2)_____ una vecina.

C: Pero el Sr. Emilio no me dijo nada.

R: Claro, es que él tiene sus (3)_____, por si acaso.

C: ¿Podría hablar con la persona que se lo ha quedado?

R: Pues hoy justamente libra, lo siento, pero llame usted al Sr. Emilio que seguro que él se lo explica todo.

C: Ya, ya, gracias.

R: Hasta luego.

[...]

E: ¿Sí? Dígame.

R: Emilio, soy Raimunda.

E: ¡Qué alegría oírte, Raimunda! ¿Ha ido un hombre a ver el restaurante?

R: Sí. Pero no me ha dado buena espina. Creo que lo quiere como tapadera.

E: ¿Tapadera? ¿De qué?

R: Pues de (4)_____, o pa' poner un puticlub...no sé. Cuando le he comentado que el negocio no (5)_____, él me ha respondido que mucho mejor. No sé que...

E: Pero ¿cómo se te ocurre decirle eso, mujer?

R: Ay, Emilio, hace días que quiero llamarte y espero que me (6)_____. Yo sé que las cosas no se hacen así, pero...me he quedado yo con el restaurante.

E: ¿Tú? ¿Qué quieres decir?

R: Si me da cinco minutos, se lo explico.

E: Pues te has pasado mucho, Raimunda, mucho.

R: Sí.

E: Has abusado de mi (7)_____.

R: Mira, no es una excusa, pero cuando apareció el equipo de cine mi situación era (8)_____; y ahora que Paco nos ha dejado, pues...fíjate...

E: ¿Cómo? ¿Que te ha dejado Paco?

R: Sí. Hemos tenido una pelotera. Se ha ido y no creo que vuelva. Se fue el mismo día que te fuiste tú a Barcelona.

E: ¿Y tú? ¿Cómo lo llevas?

R: ¿Yo? Atacá, ya me ves. Intentando agarrarme a un clavo ardiendo.

E: Bueno, mujer. Pues, a ver cómo lo (9)_____.

R: Venga, dime lo que te debo del (10)_____del mes y yo te lo mando, pero dame unos días.

II. Doblaje o dramatización de los siguientes fragmentos de la película
电影片段配音或短剧表演练习

Fragmento 1 (00:01:10-00:03:00)

(R por Raimunda, S por Soledad, P por Paula, A por Agustina y M por las mujeres que vinieron al cementerio a fregotear las tumbas)

R: Échale piedras al jarrón, que se cae, Paula. ¡Viento de los cojones!

S: Darles bien a las letras, que brillen.

P: ¡Qué de viudas hay en este pueblo!

S: Las mujeres de aquí viven más que los hombres. Menos la pobre mamá.

R: Mamá tuvo suerte.

S: ¡Raimunda, por Dios, no digas eso!

R: Mamá murió abrazada a papá, que era lo que más quería en el mundo.

S: Morir en un incendio... Yo no creo que haya muerte peor.

R: Estaban dormidos. Ellos ni se enteraron.

S: De todos modos, ¡qué cosas se te ocurren, Raimunda!

M: —Hola, Agustina.

Unidad 7 Volver
第七单元 回归

　　—Hasta luego, Agustina.

A: Buenos días, Manola.

M: Buenos días.

P: ¿Vas a meter algo más, mamá?

R: Ya lo cojo yo.

A: ¡Huy! ¡Qué alegría más grande!

R: ¡Pero bueno!

A: ¿Esta es la Paula?

R: ¡Claro!

A: ¡Pero si está hecha una mociquilla!

R: Dale un beso.

A: No lo puede ocultar, ha sacado los mismos ojos de tu padre.

R: ¿Cómo estás?

A: Regularcilla, no estoy buena.

S: No digas eso.

A: Que he venido a darle una vuelta a mi tumba. Con este airazo no hay manera de tenerla limpia.

R: Ay, horroroso.

S: La tienes muy hermosa.

A: Que me da como paz cuidarla. Muchos días me vengo sola, me siento y se me pasan las horas muertas.

R: Nosotros nos vamos que hay que ver a la tía Paula.

A: Oye, pasaros después de verme.

R: Sí, claro.

A: Oye, ¿y Paco?

R: Bien. En Madrid se ha quedado, trabajando.

P: Mamá, ¿es verdad que la Agustina viene a arreglar su propia tumba?

R: Sí, aquí es costumbre. Se compran primero su terrenico y lo cuidan en vida, como si fuera un chalé.

P: ¡Lo flipo, tía!

S: Son costumbres.

R: Conduzco yo.

S: Sí, sí.

Fragmento 2 (00:03:21-00:05:36)

(R por Raimunda, S por Soledad, P por Paula, T por la tía Paula y V por la voz de la televisión)

R: ¡Tía Paula!

T: ¿Quién es?

R: ¡La Raimunda!

S: No te eternices, Raimunda.

R: Y tú no empieces con las prisas.

S: No quiero que se nos eche la noche encima.

R: Tú sé cariñosa con la tía, ¿eh?, y no te rías en su cara.

P: Vale.

S: Esta casa sigue oliéndome a mamá.

R: ¿Cómo está, tía?

T: Oye, ¡qué delgada estás! ¿Es que ya has dado a luz?

R: ¡Uf! Hace catorce años, tía.

T: ¡Um, cómo pasa el tiempo! ¿Y estas quiénes son?

R: ¿Poh quiénes van a ser? ¡La Sole y mi Paula!

T: Anda, igual que yo.

R: Y la Sole.

T: ¿Vamos al comedor? ¡Qué cara de sota tiene la Sole!

R: ¡Tía, por Dios!

V: Hay que esperar a que se hagan las brasas. Al parecer, el viento arrastra las brasas hasta el matorral. A esa hora comienza el incendio más trágico de los últimos 13 años.

R: ¿No le importa que la quite?

T: No, si yo no la veo.

S: ¡Qué pena, los incendios! ¡Así murieron tus abuelos, hija mía!

P: ¿Y yo a qué he venido aquí?

R: No sé, tía. ¿A hablar?

T: No.

R: ¿A por algo de comer?

T: Sí, mira en el aparador. Estoy fatal de los remos.

R: Mira, los barquillos, igualicos que los de mamá. Coged.

T: Bueno, ¿qué tal en el cementerio? Vuestra madre se ha puesto tan contenta. ¿Habéis fregoteado bien la lápida?

R: Claro, tía.

T: A ella le gusta que esté muy limpia. Si pudiera, ella misma la limpiaría, pero claro, la pobre no puede.

S: Claro, ella no puede.

R: Tía, ¿no se siente usted sola en una casa tan grande?

T: No.

R: Estaría mejor en una residencia, atendida como Dios manda.

T: Yo estoy muy bien como estoy.

Unidad 7　Volver
第七单元　回归

S: Voy al lavabo.

T: Pues vete.

R: Usted no está para vivir sola. Y yo no me voy tranquila. A ver, ¿cómo se las arregla para las comidas?

T: Muy bien. La Agustina me trae el pan, vuestra madre me hace la comida. Y si necesito algo, llamo a la tienda y me lo traen...pues... ¡Muy bien!

Fragmento 3 (00:07:41-00:11:27)

(R por Raimunda, S por Soledad, P por Paula y A por Agustina)

A: ¡Entrad, entrad! Bueno. ¿Qué? ¿Cómo habéis encontrado a tía?

R: Mal.

S: Fatal.

R: Está muy torpe. Yo no sé cómo se las apaña.

A: Pues se organiza muy bien sin necesidad de salir de la calle. Se come todos los días su buena barra de pan. Cuando llego, tiene su dinerico preparado. Anda, vamos al patio.

S: ¡Está hecha una pena, una pena, hija mía! ¡No sabe en qué año vive! ¡Habla de nuestra madre como si todavía estuviera viva!

A: Sí, es que para ella no ha muerto y no se hace a la idea. Sentaros un poquito, anda.

R: Yo pensaba darte algo cada mes para que le echara un ojo todos los días.

A: No tienes que darme nada. ¡Lo hago con muchísimo gusto!

R: Yo me la llevaría a casa, pero como no eche a mi marido, a ver dónde la meto. Pero algo tenemos que hacer.

A: Todas las mañanas, antes de hacer la compra, le toco la ventana y hasta que no la oigo darme los buenos días, no me voy. Estoy pendiente de ella.

R: No sabes cómo te lo agradezco, Agustina.

A: Pienso que ojalá hagan lo mismo con mi madre..., esté donde esté. ¿Ves, qué moderna era? La única hippy del pueblo. Mira las joyas de plástico.

P: ¡Son una pasada!

A: Un plástico buenísimo. Cada vez que me fumo un porro, me acuerdo de ella.

R: Anda, ¡qué menudo ejemplo le estás dando a la Paula!

S: ¿Seguís sin noticias?

A: Nada. Ni que se la hubiera tragado la tierra.

R: ¿Y tu hermana Brígida?

A: ¿Esa? Sigue en Madrid, triunfando en la telebasura.

P: Mamá, se me ha acabado el saldo.

R: ¡Mejor, así descansamos un poquito del teléfono!

A: Si quieres puedes usar el mío.

R: Que no, que te arruina.

A: Entonces, no. Por lo que os contaba: a la Brígida le han salido tantos programas que va a dar la entrada para un piso en Madrid; y ahora creo que va a grabar un disco.

S: A tu hermana siempre le tira al mundo de canción.

A: ¡Y a esta! ¿Te acuerdas cuando las dos, tú tendrías trece años, ¿no? Os presentasteis a un casting de niñas cantantes.

P: Anda, mírala. ¡A mí eso no me lo habías contado!

R: Cosas de tu abuela, que era muy laborintera. Oye, y hablando de madres, ¿tú no crees que la tuya no aparece para no estropearle el negocio a tu hermana?

A: No, a ella le encantaría salir en televisión. ¡Huy! ¡Se volvía loca! ¿Queréis un poquito?

R: No, no, no, no, no.

A: Que la maría es mía. ¡Mirad lo hermosas que están las plantas!

S: No, no, no. Niña, nos tenemos que ir.

R: Sí. Oye, ¿y habéis denunciado la desaparición a la policía?

A: No. La Brígida no cree que haga falta, como lo ha dicho tantas veces en la televisión.

R: Bueno, pero en la policía es donde tenéis que denunciarlo, no en la televisión.

A: ¡Chica, y yo qué sé!

R: De todos modos, no es la primera vez que tu madre se va de casa.

A: Ya, pero nunca durante tanto tiempo. Que hace tres años y medio ya.

S: Tú no pierdas las esperanzas. Y cuídate, que tienes muy mala cara. ¡Qué hermosa tienes la adelfa, hija mía!

A: Sí, este año se ha librado del pulgón. Pero yo he perdido el apetito, radical.

S: A lo mejor son los porros.

A: ¡Huy!, ¡qué va! Si no fuera por los porros, ni comía. Los mismos ojos de tu padre. El porro me da un poquito de hambre y me relaja mucho. Hala... ¡Buen viaje!

Fragmento 4 (00:23:56-00:26:18)

(R por Raimunda, S por Soledad y P por Paula)

R: No lo cojas. Será alguna de tus amigas. Cógelo y di que no puedes hablar, que no son horas de llamar.

P: Ahora no puedo hablar.

S: ¿Qué dices, Pauli? Soy tu tía Sole. Pásame a tu madre.

P: Mamá, la tía Sole.

R: Dile que estoy ocupada.

P: Tía, es que ahora está ocupada.

S: Pásamela, es importante.

P: Mamá, que te pongas.

Unidad 7 Volver
第七单元 回归

R: Sole, tengo un cerro de ropa para planchar y llevo toda la tarde trabajando en el aeropuerto.

S: Ha llamado la Agustina. La tía Paula ha muerto.

P: ¿Cuándo?

S: Hace poco.

R: Que se ha muerto la tía Paula. Te juro que hace un momento estaba pensando en traérmela del pueblo. ¡Qué sola habrá muerto, la pobre!

S: No llores, hermosa. Mira, la Agustina me ha dicho que no nos preocupemos, que mientras llegamos ella y la Bizca la están amortajando. ¡La tía lo había dispuesto todo! ¡Hasta había elegido el ataúd y lo ha dejado todo pagado! Parece mentira, ¿eh? Que estuviera tan centrada en el último momento.

R: Pues no voy a poder ir al entierro, Sole. Con todo el dolor de mi corazón, pero estoy muy ocupada.

S: ¡Cómo no vas a ir, Raimunda! ¡Menuda campaná!

R: Pues, no puedo, remotamente. Tendrás que ir tú sola.

S: ¿Yo sola? ¡Ni hablar! Tú sabes el miedo que me dan los muertos.

R: Pero no tienes por qué ver a la tía. Ya le diré yo a la Agustina que se encargue de eso.

S: ¿Y si me preguntan por ti?

R: Pues, dile que acaban de operarme de la vesícula. Cualquier cosa. Mira, yo iré cuanto antes, pero hoy me es remotamente imposible.

S: No te entiendo, Raimunda. ¡Con lo que te quería la tía!

R: Y yo a ella. Mira, algún día te lo explicaré, Sole, y ese día lo vas a flipar.

S: ¡Lo estoy flipando ya!

R: Venga, tómate un ansiolítico, y yo me voy a tomar otro también...y mañana por la mañana te vas. ¿Vale?

S: Bueno.

Fragmento 5 (01:24:30-01:28:18)
(R por Raimunda, A por Agustina)

R: ¿Qué haces aquí, Agustina?

A: ¿Podemos hablar?

R: Pues estoy muy ocupada. Venga, entra, ven. ¿Cómo vas de lo tuyo?

A: Igual. ¿Y tú? ¿Has averiguado algo?

R: ¿De qué?

A: De lo que te pregunté.

R: Pensaba que no me lo decías de verdad.

A: ¿Te importa que me siente? Ay, Raimunda. Ten compasión de mí.

R: Yo te compadezco todo lo que tú quieras, pero no me preguntes disparates.

A: ¡Solo quiero saber si está viva o muerta!

R: Agustina. Yo entiendo que entre el viento y el cáncer hayas perdido la cabeza, pero no tienes derecho a complicarnos la vida a los demás, ¡Que bastante tenemos con lo nuestro!

A: El día que tus padres murieron en el incendio, mi madre desapareció del pueblo. ¿A ti no te llama la atención esa coincidencia?

R: No, solo es una coincidencia. Según tú, tu madre se fue por la mañana y no era la primera vez que desaparecía, ¿qué te voy a contar a ti Agustina?, que te crio tu abuela porque tu madre no estaba nunca en casa. ¡Por Dios, no me tires de la lengua!

A: Mi madre se fue por la mañana, pero fue para reunirse con tu padre en la casilla.

R: Eso es mentira. Nadie la vio.

A: Claro, ya se cuidaría ella de que nadie la viera. Raimunda, mi madre estaba liada con tu padre.

R: Pero ¡qué dices! Mi madre tenía ceguera por mi padre. ¡No lo hubiera permitido nunca!

A: ¡Por eso le dejó y se fue a vivir con tu tía Paula!

R: Mi madre se fue a vivir con mi tía Paula porque mi tía no estaba buena, pero nunca dejó a mi padre. Se dividía entre las dos casas.

A: ¡Tú no puedes saberlo porque no estabas allí y prácticamente no tenías contacto con tu madre desde hacía años! La de veces que la he oído quejarse de que pasabas de ella como de la mierda con esas mismas palabras. Tengo muchas cosas oídas, Raimunda. Una vez oí una discusión entre tu madre y la mía. Y tu madre le decía que le regalaba a tu padre, que a ella no le interesaba. Y que no le arrendaba las ganancias, porque tu padre había nacido para hacer sufrir a las mujeres que le querían.

R: ¿Qué quieres demostrar, Agustina?

A: Que la muerte de tus padres y la desaparición de mi madre están relacionadas.

R: Entonces, ¿por qué no lo has denunciado a la policía?

A: Porque la policía pregunta mucho y los trapos sucios debemos lavarlos entre nosotras, por eso tampoco quiero ir a la televisión y mira que insiste mi hermana. Pero esto lo tenemos que arreglar entre tú y yo.

R: Agustina, tengo que seguir trabajando.

A: Piensa en lo que te he dicho. Oye, ¿y Paco?

R: Bien, bien, muy bien.

III. Apreciación y traducción de canciones en la película 电影插曲欣赏与翻译

En la película, Raimunda canta una canción que da nombre a este largometraje: *Volver*. Es una canción de tango compuesta en 1934 por el cantante y músico Carlos Gardel (1890-1935) y por el poeta Alfredo Le Pera (1900-1935). Ve el vídeo de la canción *Volver* interpretada por Penélope Cruz y traduce la letra al chino junto con tus compañeros.

Unidad 7　Volver
第七单元　回归

Volver

Tengo miedo del encuentro
Con el pasado que vuelve
A enfrentarse con mi vida

Tengo miedo de las noches
que pobladas de recuerdo
Encadenan mi soñar

Pero el viajero que huye
Tarde o temprano
Detiene su azar

Y aunque el olvido
que todo lo destruye
haya matado
mi vieja ilusión

Guardo escondida
una esperanza humilde
que es toda la fortuna
De mi corazón

Volver...Con la frente marchita
Las nieves del tiempo
platearon mi sien

Sentir...que es un soplo la vida
que veinte años no es nada
que febril es la mirada
errante es la sombra
Te busca y te nombra

Vivir...Con el alma aferrada
A un dulce recuerdo
que lloro otra vez.

IV. Elige las preguntas que te interesen y discútelas con tus compañeros de clase. 请选择你感兴趣的话题与同学进行讨论。

1 Piensa en cómo se emplean los colores en la película.

(1) ¿Cuáles son los principales colores de toda la película? ¿Qué sentimientos provocan estos colores?

(2) El "rojo Almodóvar" es tan famoso en sus películas que ya se le conoce así a este tono de rojo intenso y vivo. Este color deambula por la película dando toques de vida, pasión y fuerza. Desde la sangre en el suelo que Raimunda friega con ahínco, hasta las ropas que ella misma lleva; pasando por el coche de las chicas en el que van y vienen de La Mancha. Este color da una fuerza y pasión que Almodóvar conoce muy bien y sabe que llena la escena de luz y energía.

  Ve los vídeos *El uso del rojo en el cine de Pedro Almodóvar* y *El tratamiento del color de Pedro Almodóvar* y contesta las siguientes preguntas.

① ¿Qué simboliza el color rojo para Almodóvar y para los chinos?

② Haz una comparación de las connotaciones de los siguientes colores comunes para las culturas china e hispánica: rojo, verde, amarillo, blanco, etc.

2 Temas de la película: la maternidad y la familia

> "'Volver' es una película sobre la familia, y hecha en familia. […] Aunque con mayor fortuna, mi familia, como la de Sole y Raimunda, es una familia trashumante que vino del pueblo a la gran ciudad en busca de prosperidad. Afortunadamente mis hermanas han seguido cultivando la cultura de nuestra infancia, y conservan intacta la herencia recibida por mi madre. Yo me independicé muy pronto y me convertí en urbanita impenitente. Cuando vuelvo a los usos y costumbres manchegos ellas son mis guías."
>
> (Fuente: "Textos adicionales", *Volver* (Pedro Almodóvar, 2006))

La familia y la maternidad constituyen la base para la historia de la película. En este caso se habla de aspectos positivos y negativos y se centra en el universo femenino. Valora la importancia de esta institución social en la película y para ti personalmente.

3 Temas de la película: la muerte y los ritos sociales en tornos a la muerte

En una entrevista, Pedro Almodóvar habló de este tema. Lee el siguiente fragmento del reportaje de la entrevista y comparte tus opiniones con tus compañeros.

"La muerte en La Mancha está llena de vida y de gracia"
ELSA FERNÁNDEZ-SANTOS

(P por pregunta y R por respuesta)

Pregunta. Volver, con la frente marchita...título de tango.

Respuesta. Sí. El tango Volver tiene su importancia. <u>Volver tiene múltiples sentidos</u>, más allá de mi vuelta al trabajo con Carmen Maura y Penélope Cruz. Hay un momento en el que Penélope, que es un ama de casa con multitud de problemas, canta *Volver* a ritmo de bulerías en una fiesta. *Volver* era una canción que le había enseñado su madre de pequeña. En esa secuencia, que no voy a destripar, vuelve su madre, Carmen Maura, con la frente marchita. Su madre vuelve...del más allá.

P: ¿Del más allá?

R: Sí. Volver, además de hablar de las complicadísimas relaciones entre madres e hijas, además de mostrar ese puente geográfico que se crea entre las ciudades y los pueblos, habla de la cultura de la muerte, de esa cultura que está muy arraigada en pueblos como donde yo nací y donde viví los primeros ocho años de mi vida. Yo, por ejemplo, viví con el fantasma de mi abuelo... Yo no me lo creía, pero mis hermanas sí. Vivir con fantasmas era algo cotidiano en mi infancia.

P: ¿Y no le daba miedo?

R: No. Y era algo admirable. La muerte era algo cotidiano, social, algo que se compartía. El dolor estaba dentro de las personas; pero fuera, en las casas, en los cementerios; lo que había era otra cosa: un rito social tan festivo como una boda o un bautizo. Se convivía con la muerte sin miedo.

P: ¿Y por qué volvió su abuelo?

R: Él murió cuando mi madre era muy pequeña, de un accidente. Por eso dejó muchas cosas sin resolver. Luego se le apareció a un cuñado suyo, que se puso enfermo por las apariciones. Hasta que un día las mujeres le dijeron que no tuviera miedo, que le preguntara al fantasma que qué quería. La cosa es tan increíble que un día el pueblo entero acompañó al cuñado de mi abuelo y al espíritu de mi abuelo hasta el cementerio para despedirlo. A mí esa imagen de una comitiva acompañando a un fantasma al cementerio me parece genial. El cementerio es fundamental en esta película, como el viento, que es otro de los protagonistas de esta película.

P: ¿Y por qué el viento?

R: El viento ensucia las tumbas, las llenas de polvo y yerbajos. En mi pueblo, las mujeres iban a los cementerios a cuidar y limpiar su tumba. Pero con alegría, sin miedo, como una actividad más. La muerte en La Mancha está llena de vida y de gracia.

P: Y esta relación con la muerte, ¿es siempre más de mujeres que de hombres?

R: Desde luego. Las mujeres son las que se sienten realizadas en el dolor y en duelo. Y lo digo como algo muy positivo. Las mujeres de los pueblos hablan del último viaje con mucha naturalidad, con mucho valor. Ellas saben que es un ciclo y allí están ellas para hacerlo más fácil.

P: ¿Y cuál es su relación con la muerte?

R: Nada fácil. No la tengo resuelta. Es algo que todavía tengo pendiente con el psiquiatra.

P: Pero, ¿cree en el más allá?

R: Bueno, yo no soy creyente, soy agnóstico, pero a mí me gusta que la gente crea. Además, desde que murió mi madre quiero creer que ella está aquí conmigo, que vive con nosotros, y no de una manera abstracta y psicológica, sino de una manera física. Creo que es algo muy bueno, muy analgésico, pensar que los muertos nos acompañan. Con la muerte de mi padre no fue así, era muy joven, estaba rodando Pepi, Luci...y casi no lo recuerdo, pero con la muerte de mi madre ha sido diferente. De hecho, hago esta película solo para invocarla a ella. Mi madre es la inspiradora, porque mi relación con el pueblo es siempre a través de ella. Me fui de La Mancha muy niño y mis recuerdos son los suyos. La Mancha es mi madre. Todos los ritos, todo lo que yo cuento, me viene de su voz. Esta película nace de las cosas que mi madre nos contó de los duelos, de los cementerios...

(1) Según Pedro Almodóvar, "La muerte en La Mancha está llena de vida y de gracia". ¿Recuerdas las escenas de limpieza de tumbas al comienzo, y las del funeral de Paula? ¿Cómo son los ritos de la muerte y funeral en el pueblo natal de Raimunda?

(2) Comenta qué supersticiones o creencias tienen la gente del pueblo. Cuando le preguntaron a Almodóvar si creía en el más allá, contestó que era agnóstico. ¿Tienes la misma idea? ¿Por qué?

(3) ¿Cómo son las costumbres funerarias en tu pueblo natal? ¿Cómo piensa la gente acerca la muerte y de la necesidad de los ritos? ¿Siendo joven, piensas igual que tus abuelos o tus padres?

(4) Al comienzo de la entrevista el director habló de "múltiples sentidos" de la palabra "volver". ¿Cuáles son? Basado en el conocimiento de la trama de la película y la experiencia del director, ¿qué más sentidos podría tener esta palabra?

4 Los crímenes cometidos y suspendidos en la película

Pedro Almodóvar establece una puesta en escena que gira alrededor de la vida de una mujer, Raimunda, su familia—compuesta de un esposo, una hija, una hermana, y una madre cuya muerte está aceptada pero dudosa a la vez—y algunos vecinos.

Si bien una parte central de la trama es el homicidio del esposo por su hija después que él intentó violarla, la manera de la cual este crimen supuestamente grosero permanece desapercibido y no sometido a juicio, indica que la película ocupa un mecanismo que permite una suspensión de la ley.

(1) De acuerdo con el Código Civil chino, ¿qué delitos cometieron Irene, Paula, Paco y Raimunda? ¿Qué tipo de castigo pude imponerse a los que cometen estos crímenes? Si fueras Irene o Raimunda, ¿irías a rendirte a la policía? ¿Por qué?

(2) ¿Te parece justo ocultar la verdad de los asesinatos del papá y del esposo de Raimunda? Si fueras Agustina, ¿denunciarías a Irene después de conocer la verdad? ¿Por qué?

IV. Lee y memoriza las siguientes frases más célebres de la película. 请朗读并背诵电影中的经典台词。

1 "Siempre hay cosas que se dejan sin hacer, o que se hacen mal. Y mi vida no ha sido una excepción, pero no sé si tienen arreglo. Y lo tienen, me corresponde a mí arreglarlas."

参考译文

"总有些事完成不了或者做得很糟糕，我的人生也不例外。我也不知道这些事情是否有解决之道。如果有的话，那我真的是时候去打理它们了。"

2 "No hemos tenido suerte con los hombres ninguna de las tres." […] "Tu hermana no es mala, pero ¡qué mala leche tiene! Y estaba ciega con tu padre. ¡Y él me puso los cuernos hasta el último día de su vida! " […] "Sí, hija mía, sí. Yo me lo he tragado todo en vida. Nunca quise que supierais nada. Pero vamos a dejarlo, que no me quiero ensañar con un muerto."

参考译文

"我们娘儿仨都没遇到什么好男人。"［……］"你姐姐并不坏，但是你看看她说的都是什么胡话呀！对于你父亲，我真是看走了眼。直到他死的那一天还在背着我偷腥。"［……］"没错，女儿，是这样。我一辈子都在忍气吞声。我从来都不想让你们知道真相，但是现在让我们把这件事放下吧，我可不想和一个死人计较。"

3 "Después, anduve perdida por el campo unos cuantos días, escondida, como un animal, yo pensaba entregarme, pero antes me pasé por donde la Paula. Y La encontré tan mal… Ella, cuando me vio, no se extrañó lo más mínimo. Y venía del pasado, que ella donde vivía, y me recibió como si acabara de salir por la puerta. La tragedia le hizo perder la poquita razón que tenía. No podía dejarla sola así que me quedé cuidándola. Hasta que se murió."

参考译文

"之后，我在乡下逛荡了好几天，东躲西藏的，跟个老鼠似的。我本来打算自首，但是在那之前，我到宝拉家看她，她的状况非常糟糕。她看见我一点儿也不惊讶，好像我就是从她生活着的过去回来一样，就像我刚出门回来那样招呼我。惨剧的发生使她仅存的一点儿理智也荡然无存了。我不能让她独自一人这样生活，于是我便留下来照顾她，直至她去世。"

4 —Mamá, en el pueblo creen que eres un fantasma.
—Eso es lo bueno de estos pueblos tan supersticiosos. Para mí ha sido más fácil seguirles la corriente que decir la verdad. Yo pensé me llevarían presa, no podía imaginarme que nadie investigaría o me castigaría, aunque todo este tiempo te juro he vivido en un auténtico purgatorio.

参考译文

——妈妈，在村子里大家都以为你是鬼魂。
——这就是这些村子如此迷信的好处。对于我来说，按着他们的想法走要比说出真相更加容易。我原以为自己会被逮捕，没想到根本没人调查或者惩处我。不过，我向你发誓，事实上一直以来，我都如同生活在地狱中那般痛苦。

V. Recomendación de películas similares　同类电影推荐

1. *La ley del deseo*《欲望法则》（西班牙，1987）
2. *Mujeres al borde de un ataque de nervios*《崩溃边缘的女人》（西班牙，1988）
3. *La flor de mi secreto*《我的秘密之花》（西班牙，1995）
4. *Todo sobre mi madre*《关于我母亲的一切》（西班牙，1999）
5. *Hable con ella*《对她说》（西班牙，2002）
6. *Los abrazos rotos*《破碎拥抱》（西班牙，2009）
7. *Dolor y gloria*《痛苦与荣耀》（西班牙，2019）
8. *Madres Paralelas*《平行母亲》（西班牙，2021）

Unidad 8

El secreto de sus ojos
谜一样的双眼

Sección 1 — Información general de la película
影片基本信息

Director 导演: Juan José Campanella
País 制片国家: Argentina
Año 上映时间: 2009
Guion 编剧: Juan José Campanella, Eduardo Sacheri
Reparto 主演: Ricardo Darín (Benjamín Espósito), Soledad Vilamil (Irene Menéndez Hastings), Guilermo Francella (Pablo Sandoval), Pablo Rago (Ricardo Morales), Javier Godino (Isidoro Gómez), José Luis Gioia (Inspector Baéz), Mario Alcarcón (Juez Fortuna Lacelle), Mariano Argento (Romano), Kiko Cerone (Molinari), David Di Nápoli (Escribano Andretta)
Duración 片长: 126 minutos

Premios 所获奖项:

  2009: *Premios Óscar: Mejor película de habla no inglesa*
  2009: *2 Premios Goya: Actriz revelación (Villamil), película hispanoamericana. 9 Nominaciones.*
  2009: *Premios Ariel (México): Mejor película iberoamericana*
  2009: *Festival de San Sebastián: Sección oficial*
  2009: *Premios Forqué: Nominada a mejor película y mejor actor (Ricardo Darín)*
  2009: *Festival de La Habana: 5 premios, incluyendo mejor actor (Darín)*
  2009: *13 Premios Sur (Argentina): Incluyendo película, director, guion, actor y actriz*
  2010: *Nominada a los BAFTA: Mejor película de habla no inglesa*
  2010: *Premios del Cine Europeo: Nominada a la mejor película*
  2010: *Premios César: Nominada Mejor Película Extranjera*
  2010: *Premios David di Donatello: Nominada a mejor film de la Unión Europea*

Unidad 8　El secreto de sus ojos
第八单元　谜一样的双眼

| Sección 2 | Comprensión audiovisual de la película
影片视听理解 |

I. Antes de ver la película　观影前练习

1 Conocer Argentina. La película fue rodada en Buenos Aires, Argentina. Busca más informaciones sobre el país y rellena el siguiente cuadro. 走近阿根廷。这部电影是在阿根廷布宜诺斯艾利斯拍摄的。请查询了解阿根廷的相关信息并将下表填写完整。

No.	Nombre oficial	República Argentina
(1)	Capital	
(2)	Ubicación	
(3)	Superficie	
(4)	Sistema político	
(5)	Presidente	
(6)	Idioma oficial	
(7)	Población	
(8)	Religión	
(9)	Moneda	
(10)	Clima	
(11)	Lugares turísticos	
(12)	Personajes famosos	

207

2 **Vocabulario.** El español en Argentina tiene muchas características únicas. Infórmate sobre el significado de las siguientes palabras o expresiones que aparecen en esta película, y combínalas con las definiciones para comprender mejor el contenido de la película. 词汇练习。阿根廷的西班牙语有许多独特之处。请你查询了解该片中出现的下列词汇或短语的含义，并将其与释义相匹配。

> estacionar   coger   estar en pedo   boludez   mozo   saco   almacén
> manejar   nene   boludo   campana   chapa   che   piola

(1) _____: Aparcar.

(2) _____: Placa que llevan los vehículos.

(3) quedarse_____: Quedarse al margen.

(4) _____: Follar.

(5) _____: Tontería, idiotez.

(6) _____: Conducir.

(7) _____: Borracho. Expresión vulgar.

(8) _____: Colmado. Tienda de comestibles y algunos otros artículos

(9) _____: Ladrón que permanece fuera del lugar del robo para alertar a sus cómplices.

(10) _____: Chaqueta que completa un traje.

(11) _____: Camarero.

(12) _____: Gilipollas. Usado como vocativo, a veces tiene una paradójica connotación cariñosa o de camaradería.

(13) _____: Interjección informal para llamar a otra persona.

(14) _____: Niño.

3 El voseo: Voseo 现象

El voseo es un fenómeno lingüístico del español latinoamericano que se da, sobre todo, en Argentina y en menor medida en Bolivia, Paraguay, Chile y Uruguay. Consiste en la sustitución del pronombre "tú" por el pronombre "vos", presentando conjugaciones particulares en determinados tiempos verbales. Implica acercamiento y familiaridad con el interlocutor. Por ejemplo: Vos podés ir yendo.

El voseo verbal consiste en el uso de las desinencias verbales propias de la segunda persona del plural, más o menos modificadas, para las formas conjugadas de la segunda persona del singular.

En el Río de la Plata el voseo verbal propio de la norma culta afecta a los tiempos del presente: del indicativo, con reducción del diptongo (cantás, comés, vivís) y del imperativo (cantá, comé, viví). También se extiende al pretérito indefinido y al presente de subjuntivo ("quiero que

Unidad 8　El secreto de sus ojos
第八单元　谜一样的双眼

vos cantés", "dijistes que era tarde"), pero no son bien vistas en el registro culto y se prefieren las formas del tuteo: "que vos cantes", "dijiste que era tarde"). Se mantienen formas tuteantes para el resto de los tiempos verbales.

　　Si quieres saber por qué este fenómeno surge en dichos países y cómo se conjugan los verbos en Argentina, ve el video *Cuál es el origen del voseo y sus usos* y luego intenta adaptar las siguientes frases al estilo argentino. 如果你想更深入地了解"Voseo"现象在各个国家的具体使用情况及变位形式，请观看视频《Voseo现象的来源及使用》，然后根据所了解的阿根廷西语的语法特色改写下列句子。（其陈述式现在时与肯定命令式变位与乌拉圭相同。）

(1) Anda a acostarte que ya es muy tarde.

(2) Si sabes cómo funciona la cámara digital, sácame una foto con Carlos.

(3) Vende el piso, Félix, véndelo si quieres. No me molesta.

(4) Perdóname, pensé que Juan también estaba de mi parte.

(5) ¿Qué haces en la habitación? Ven para la biblioteca.

(6) Cuéntame un poco de ti. ¿Tienes hermanos? ¿A qué te dedicas?

4 Ejercicio de dictado: Escucha y completa la sinopsis de la película. 听写练习：听录音并补全电影简介。

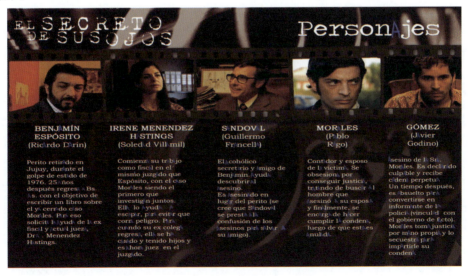

Benjamín Espósito (1) _____ después de trabajar toda una vida como empleado en (2) _____. Para ocupar su tiempo libre decide escribir una novela, basada en una historia real de la que ha sido testigo y protagonista.

La novela que escribe es, en apariencia, la historia de (3) _____ en Buenos Aires en 1974, y de la investigación para (4) _____. Pero una vez abierta la puerta de ese pasado al propio Espósito se le volverá imposible cerrarla. Primero, porque la turbulenta Argentina de entonces se cuela en la vida de los personajes, con su carga (5) _____. Y, sobre todo porque, aunque Espósito suponga que (6) _____ habla únicamente del pasado, su búsqueda ilumina de (7) _____ su propia vida y su presente, y lo pone de frente con un (8) _____ que lo obsesiona desde hace demasiado tiempo.

Reconstruir el pasado lo conducirá a (9) _____, sus propias conductas y decisiones. Y hallar la verdad terminará por convertirse no en un objetivo literario, sino en la llave que le permita abrir la puerta para (10) _____.

(Fuente: Cinesargentinos)

5 Vas a ver la película *El secreto de sus ojos*. A partir de los elementos que tienes, como el cartel, la sinopsis y la ficha técnica, intenta hacer hipótesis sobre el argumento de la película y cuál será su posible final. 你将观看《谜一样的双眼》这部电影。请结合其电影海报、简介以及主要角色信息表等已有信息，尝试预测本片的故事情节与可能的结局。

Creo que	Me parece que + indicativo	A lo mejor
Es posible	Es probable que + subjuntivo	Puede que
Quizás	Tal vez + indicativo/ subjuntivo	Posiblemente

_____
_____
_____
_____

II. Durante la película 观影中练习

1 El argumento de la película está desordenado, intenta ponerla en orden de acuerdo con la historia de la película. 下面关于这部影片主要内容叙述的顺序是错乱的。请根据电影情节重新排序。

A. La búsqueda del culpable será cualquier cosa menos sencilla. No han quedado rastros en el lugar del crimen, y Expósito deberá avanzar a través de corazonadas y conjeturas. Por añadidura, la Argentina de 1974 no es un escenario pacífico. La violencia, el odio, la venganza y la muerte encuentran un terreno propicio para enseñorearse de las vidas y los destinos de las personas.

Unidad 8　El secreto de sus ojos
第八单元　谜一样的双眼

B. Pero no sólo es ese joven Expósito de 1974 el que se ve arrastrado por la tempestad de los hechos. También ese otro Expósito, el del presente, ese viejo con pretensiones de escritor, se verá sumido en una tempestad que lo pondrá a la deriva.

C. Expósito asiste a la escena del crimen, es testigo del ultraje y la violencia sufrida por esa muchacha. Conoce a Ricardo Morales, quien se ha casado con ella poco tiempo antes y la adora con toda su alma. Compadecido en su dolor, Expósito intentará ayudarlo a encontrar al culpable, aunque para ello deba remar contra la torpe inercia de los Tribunales y la Policía.

D. Porque Expósito ha puesto en marcha la máquina atroz de la memoria, ha aceptado ventilar y revivir todos sus recuerdos, Y esos recuerdos no son inocentes, no son neutrales, no son asépticos. Expósito escribe, y al escribir revive, y en el pasado que se levanta ante sus ojos se yerguen también todos sus fantasmas: sus decisiones, sus confusiones, sus irreparables equivocaciones.

E. A medida que avance, Expósito entenderá que ya es tarde para detenerse. Narrar el pasado dejará de ser un simple pasatiempo para llenar las horas muertas de sus días. Será el camino estrecho y sinuoso que deberá recorrer para entender y justificar su propia vida, para darle sentido a los años que le queden por vivir, para enfrentarse de una vez por todas a esa mujer de la que, treinta años después, sigue enamorado.

F. Cuenta con la inestimable colaboración de Sandoval, uno de sus empleados y a la vez su amigo personal, que escapa a los rutinarios límites de su existencia emborrachándose de cuando en cuando, hasta perder la conciencia. Cuenta también con Irene, su jefa inmediata, la secretaria del Juzgado, de la que se siente profunda, secreta e inútilmente enamorado.

G. En ese marco cada vez más hostil, cada vez más oscuro, la tarea de Expósito terminará por mezclarse hasta el fondo con esa violencia monstruosa y creciente. Ya no será un testigo privilegiado, sino un protagonista involuntario cada vez más cerca del peligro.

H. Benjamín Expósito ha trabajado toda la vida como empleado en un Juzgado Penal. Ahora acaba de jubilarse, y para ocupar sus horas libres decide escribir una novela. No se propone imaginar una historia inventada. No la necesita. Dispone, en su propio pasado como funcionario judicial, de una historia real conmovedora y trágica, de la que ha sido testigo privilegiado. Corre el año 1974, y a su Juzgado se le encomienda la investigación sobre la violación y el asesinato de una mujer.

El orden correcto

(1)_____→(2)_____→(3)_____→(4)_____→
(5)_____→(6)_____→(7)_____→ (8)_____

2 Análisis de personajes 电影人物分析

De acuerdo con los que has apreciado en la película, escribe las principales características físicas y psicológicas de los personajes. 请写出这部影片中几位主要人物外貌、性格方面的主要特征。

> **Adjetivos que puedan ayudarte**
> frívolo/a, introvertido/a, apático/a, egoísta, natural, superficial, ingenuo/a, irresponsable, fuerte, frío/a, minucioso/a, débil, perezoso/a, objetivo/a, diplomático/a, sensato/a, sincero/a, sencillo/a, creativo/a, presuntuoso/a, ambicioso/a, inseguro/a, austero/a, sociable, espontáneo/a, idealista, brusco/a, impulsivo/a, inteligente, impaciente, pragmático/a, recto/a

(1)		Nombre: Benjamín Expósito Características:
(2)		Nombre: Irene Menéndez Características:
(3)		Nombre: Pablo Sandoval Características:

Unidad 8 El secreto de sus ojos
第八单元 谜一样的双眼

(*continuación*)

(4)		Nombre: Ricardo Morales Características:
(5)		Nombre: Isidoro Gómez Características:

3 Análisis de la historia 故事情节分析

(1) Parte de la historia se sucede en los días actuales y parte en el año 1974. ¿Qué diferencias percibes entre los dos personajes protagonistas de hoy y de ayer?

___

(2) ¿Cómo reacciona el marido al saber de la muerte de su mujer? ¿Te parece una reacción natural?

___

(3) Los dos primeros sospechosos son dos albañiles y uno de ellos es boliviano. ¿Percibes algo de prejuicio ahí? ¿Por qué? ¿Eso ocurre también en nuestro país?

___

213

(4) El marido se posiciona en contra de la pena de muerte al asesino de su mujer. ¿Estás de acuerdo? ¿Por qué? ¿Crees que la pena que le toca es adecuada? ¿Por qué?

_____
_____
_____

(5) Al final de la película parece que los protagonistas, Benjamín y Irene, logran resolver su situación personal, pero ambos están de acuerdo en que "será complicado". ¿Por qué? ¿Crees que el amor justifica todo? ¿Te parece que dos personas pueden estar juntas duela a quien duela?

_____
_____
_____
_____
_____

4 Análisis de las miradas 眼神解读

¿Qué miradas te han impresionado más? ¿Qué miradas han sido las más significativas para ti de la película? ¿Por qué? Comparte y discute con tus compañeros de clase. 影片中的哪些眼神给你留下了深刻的印象？你认为哪些眼神最为传神？为什么？请就此与同学进行意见分享与讨论。

Unidad 8　El secreto de sus ojos
第八单元　谜一样的双眼

5 Ahora ve el vídeo hablando del resumen de la película, intenta imitarlo y resumir el largometraje con tus propia palabras en clase. 请观看讲述这部电影梗概的视频，然后模仿并尝试在课堂上口头概括影片的主要内容。

| Sección 3 | Conocimiento del idioma y de la cultura 语言及文化相关知识 |

I. Vocabulario relacionado   相关词汇与表达

1. **persistente** adj. Duradero, permanente. 持续的，持久的

2. **endulzar** tr. Poner dulce una cosa. 加糖，使变甜

3. **terrón** m. Masa pequeña y compacta de algunas sustancias en polvo o granos. 方糖

4. **grosella** f. Fruto del grosellero, en forma de baya globosa de color rojo, jugoso y de sabor agridulce.【植】红醋栗果

5. **estampado, da** adj. [Tejido] en que se estampan o graban diferentes labores o dibujos. 印花的

6. **camisón** m. Prenda que usan las mujeres para dormir. 长睡衣

7. **retiro** m. Abandono de un trabajo, una actividad, etc. 退休，退职，退役

8. **expediente** m. Conjunto de todos los documentos y gestiones correspondientes a un asunto o negocio. 案卷，一宗档案材料；诉讼

9. **pinche** m.,f. Persona que presta servicios auxiliares en el trabajo. 低级职员，勤杂工，实习生

10. **vejez** f. Achaques, manías, actitudes propias de la edad de los viejos. 老年人的怪癖

11. **causa** f. Litigio, pleito judicial.【法】诉讼，案件

12. **correr peligro** 遭到危险，冒着危险，冒着风险

13. **cuaderno de espiral** 线圈本，螺旋装订本

14. **depósito** m. Colocación de algo de valor bajo la custodia de una persona o entidad. 存放

15. **dinosaurio** m. Grupo de reptiles fósiles que vivieron durante la era mesozoica, de cabeza pequeña, cuello largo, cola robusta y larga y las patas anteriores más cortas que las posteriores. 恐龙

16. **suboficial** m.,f. Persona con categoría militar inferior a la de oficial y superior a la clase de tropa. 副手

17. **en realidad** 事实上，实际上

18. **hinchar** tr. Exagerar una noticia o un suceso. 夸大，夸张

19. **homicidio** m. Muerte causada a una persona por otra. 杀人，凶杀

20. **piropo** m. Cumplido, sobre todo el que dirige un hombre a una mujer. 〈口〉赞美的话，恭维的话，（向女人）奉承的话

21. **bloquear** tr. Impedir el funcionamiento normal de algo. （情绪等因素）引起（思想活动等）中断

22. **intercalar** tr. Interponer, poner una cosa entre otras. 插入，添加

23. **verdulería** f. col. Obscenidad. 下流，淫秽

24. **riguroso, sa** adj. Exacto, muy preciso. 严格的，精准的

25. **escena del crimen** 犯罪现场

26. **velatorio** m. Acto de velar a un difunto durante la noche. 守灵

Unidad 8　El secreto de sus ojos
第八单元　谜一样的双眼

27. **idiota**　m.,f. Tonto, poco inteligente. 傻子，笨蛋；白痴

28. **Policía Federal** 联邦警察

29. **rutina**　f. Costumbre inveterada, hábito adquirido de hacer las cosas sin pensarlas. 常规，惯例

30. **morgue**　f. En medicina legal, depósito de cadáveres. 陈尸房，停尸房

31. **trámite**　m. Cada uno de los estados o diligencias necesarios para resolver un asunto. （合法的，正式的）程序；手续

32. **insania**　f. Demencia, locura. 精神错乱，疯狂，疯癫

33. **Código Civil** 民事法

34. **demente**　adj. [Persona] que sufre una degeneración de sus facultades mentales. 痴呆的，疯癫的，有精神病的

35. **trastorno**　m. Enfermedad o alteración de la salud. （身心、机能的）失调，紊乱

36. **crónico, ca**　adj. [Enfermedad] de larga duración o habitual. 慢性的，长期的

37. **delirante**　adj. Que delira. 神志不清的，说胡话的

38. **por lo tanto** 因此，所以

39. **citación**　f. Notificación por la que se cita a alguien para que acuda a realizar un trámite administrativo o judicial. 【法】传讯（令）

40. **testigo**　m. Persona que da testimonio de una cosa, especialmente en un acto judicial. 证人；目击者

41. **pasmar**　tr. Dejar a una persona totalmente sorprendida. También prnl. 使惊讶，使惊愕

42. **juzgado**　m. Órgano judicial formado por un solo juez. （一个法官的）法庭，法院

43. **declaración espontánea** （犯人、罪犯等的）供认书

44. **estar a punto de hacer algo** 马上就要/差点儿做某事

45. **sumario**　m. Conjunto de actuaciones encaminadas a preparar un juicio. 【法】预审

46. **parir**　intr./tr. Expulsar la hembra el feto que tenía en su vientre. 分娩；下崽

47. **agarrar**　tr. Asir o coger fuertemente con la mano o de cualquier modo. 抓住，逮住

48. **asesino, na**　m.,f. y s. Criminal, homicida. 杀人犯，暗杀者，杀手

49. **paliza**　f. Tunda o zurra de golpes que se dan a una persona o animal. （一阵）棍击，棒打

50. **denuncia**　f. Notificación a la autoridad mediante documento de una violación a la ley. 揭发，检举

51. **al revés** 相反地，颠倒地，反方向地

52. **demagogo, ga**　m.,f. Persona partidaria de la demagogia o que la lleva a cabo. 煽动者；蛊惑人心的政客

53. **ronda**　f. Conjunto de las consumiciones que hacen cada vez un grupo de personas. （饮酒的）一巡

54. **papelón, na**　m. col. Papel ridículo o desafortunado que desempeña una persona. 爱出风头的，爱表现自己的，爱炫耀的

55. **cubrir**　tr. Ser suficiente, bastar. 补偿，抵偿；满足

56. **médico/a forense** 法医
57. **negación** f. Carencia total de una cosa. 缺乏（美德）
58. **impuesto** m. Tributo, carga que ha de pagarse al Estado para hacer frente a las necesidades públicas. 税，捐税
59. **semejante** adj. De tal clase, de tal forma. 如此的，这样的
60. **belleza** f. Persona muy Hermosa. 美人，美丽的人
61. **condena** f. Castigo que se impone al que ha cometido una falta o un delito. 判决，判刑，定罪，判罪
62. **calificado, da** adj. Que posee los requisitos necesarios para algo. 条件具备的；确实的
63. **violación** f. Acción y resultado de violar. 强奸，施暴
64. **perpetuo, tua** adj. Que dura y permanece para siempre. 终身的
65. **pena de muerte** 死刑
66. **retribución** f. Recompensa o pago por un servicio o trabajo. 报酬，酬金
67. **a golpes** 打；用棍打
68. **picnic** m. Comida campestre, al aire libre. 郊游野餐
69. **delirio** m. Perturbación y excitación mental causada por una enfermedad o una fuerte pasión. 神志不清
70. **adorar** tr. Gustar o querer algo o a alguien extremadamente. 极喜爱，酷爱
71. **begonia** f. Planta perenne herbácea de la familia de las begoniáceas, originaria de América, con tallos carnosos, hojas grandes, acorazonadas, de color verde bronceado por encima, rojizas y con nervios muy salientes por el envés, y flores sin corola, con el cáliz de color rosa. 秋海棠
72. **distraer(se)** tr./prnl. Apartar la atención de alguien de una cosa, pensamiento o preocupación. 步入歧途
73. **porqué** m. Causa, razón o motivo. 原因，缘由，理由
74. **concejal, la** m.,f. Persona que ha sido elegida para formar parte del ayuntamiento o gobierno municipal. 市政府成员；市政府议员
75. **obra en construcción** 建筑工地
76. **indagar** tr. Investigar, averiguar algo. 调查，研究
77. **papeleo** m. Conjunto de trámites y documentos que se requieren para resolver un asunto. （办一件事需在公共部门履行的）各种手续（或文件）
78. **exhorto** m. Escrito que envía un juez o un tribunal a otro para que mande el cumplimiento de lo que le pide. 【法】（一个法官给另一个同级法官的）委托书
79. **allanar** tr. Am. Registrar un domicilio con mandamiento judicial. 允许（司法人员）进入
80. **transferir** tr. Pasar o llevar una cosa de un lugar a otro. 转移，移送
81. **dilema** m. Argumento formado por dos proposiciones contrarias, de manera que negada o afirmada cualquiera de ellas, queda demostrado lo que se intenta probar. （进退两难的）窘境，困境

Unidad 8　El secreto de sus ojos
第八单元　谜一样的双眼

82. **mear(se)**　intr., tr./prnl. Orinar. 小便
83. **remitente**　m.,f. Persona que envía una carta, paquete, etc., con su nombre y señas en el remite. 发寄人，寄信人，寄件人
84. **rabia**　f. Enfermedad vírica de algunos animales, especialmente en el perro, que se transmite por mordedura a otros animales o al hombre y que ataca al sistema nervioso. 狂犬病
85. **campana**　m. Arg. Ladrón que permanece fuera del lugar del robo para alertar a sus cómplices. （为小偷等）望风的人
86. **tarde o temprano**　迟早，早晚
87. **Comando táctico revolucionario**　战略革命指挥部
88. **esperma**　m. Semen, secreción de las glándulas genitales masculinas que contiene las células reproductoras. 精子，精液
89. **reverendo, da**　adj. col. Demasiado circunspecto. 〈口〉非常大的
90. **interacción**　f. Acción que se ejerce recíprocamente entre dos o más objetos, agentes, fuerzas, funciones, etc. 交叉处，相交
91. **estacionar**　tr. Aparcar, dejar un coche en un hueco apropiado. 安放，停放
92. **chapa**　f. Placa que llevan los vehículos. （金属或木料的）板，片；车牌
93. **porteño, ña**　adj. De Buenos Aires o relativo a esta ciudad de Argentina, país del que es capital. （阿根廷）布宜诺斯艾利斯（人）的
94. **aparentemente**　adv. Con apariencia. 看上去，好像；表面上
95. **cordón**　m. Cuerda fina hecha con materiales más finos que el esparto, que se usa especialmente para atarse los zapatos. 带子
96. **mocasín**　m. Calzado artesanal hecho de una sola pieza de piel sin curtir, propio de los indios norteamericano. 软板鞋，懒人鞋
97. **tomar/beber a morro**　〈口〉对着瓶口喝
98. **sublevar**　tr. Producir indignación, promover sentimientos de protesta. 使愤慨，使愤怒
99. **subordinado, da**　m.,f. Dicho de una persona: Sujeta a otra o dependiente de ella. 下属人员
100. **folio**　m. Hoja de un libro, cuaderno, etc. （书、本子的）张
101. **irresistible**　adj. Que no se puede resistir o tolerar, insoportable. 不可抵挡的，不可抗拒的
102. **en adelante**　今后，以后
103. **abstenerse hacer algo**　阻止自己（参与或做）某事
104. **de iniciativas**　主动地，自觉地
105. **sobreseer**　tr. Cesar en una instrucción sumarial y dejar sin curso ulterior un procedimiento. 【法】停止审理
106. **compromiso**　m. Acto en el que los novios se prometen en matrimonio. 婚约，订婚
107. **disimular**　tr. Encubrir un pensamiento, sentimiento, intención, etc. 掩饰，隐瞒
108. **curda**　f. Borrachera. 〈口〉喝醉，酒醉
109. **recto, ta**　adj. Moralmente justo, íntegro. 正直的，公正的

110. **conservador, ra** adj. [Persona, partido, gobierno, etc.] favorable a la continuidad de las estructuras vigentes y defensor de los valores tradicionales. 保守的

111. **solemne** adj. Grave, majestuoso, imponente. 威严的

112. **estructurado, da** adj. Dotado de estructura. （做事等）有条不紊的，有条理的，组织性好的

113. **cana** f. Cabello que se ha vuelto blanco. Más en pl. 白发，华发

114. **jurisdicción** f. Poder o autoridad para gobernar y poner en ejecución las leyes o para aplicarlas en juicio. 司法权；职权，职权范围

115. **toser** intr. Tener y padecer tos. 咳嗽

116. **ángulo** m. Perspectiva, punto de vista. 观点；方面；角度

117. **terminal** f. Cada uno de los extremos de una línea de transporte público. 终点站，起点站

118. **desgastar** tr. Gastar poco a poco algo por el roce o el uso. 消耗，磨损，耗损

119. **falsificar** tr. Imitar o copiar algo haciéndolo pasar por auténtico. 假造，伪造

120. **decreto** m. Decisión tomada por la autoridad competente en materia de su incumbencia, y que se hace pública en las formas prescritas. 裁判，裁决

121. **manojo** m. Haz que se puede coger con la mano. 捆，叠

122. **emborracharse** prnl. Beber vino u otra bebida alcohólica hasta trastornarse los sentidos y las potencias. 醉，喝醉

123. **tugurio** m. col. Local sucio y descuidado o de mala reputación. 破旧（或名气不好）的公共场所

124. **escribano** m. amer. Notario. 公证人

125. **foso** m. Lugar con arena donde caen los saltadores de longitud después de efectuar su salto. 【体】沙坑，土坑，洼地

126. **empapado, da** adj. Mojado. 浸湿的，沾湿的，湿透的

127. **defensa** f. Jugador encargado de defender la portería de su equipo. 【体】后卫

128. **portero, ra** m.,f. Jugador que defiende la portería de su equipo. 【体】足球守门员

129. **mendocino, na** adj. De Mendoza o relativo a esta ciudad y provincia argentinas. 门多萨人的

130. **puntero, ra** m.,f. Delantero. 【体】前锋

131. **suplente** m.,f. Que suple a otra persona en sus funciones. 候补人员，替补人员

132. **con buen pie** 顺利地地；幸运地

133. **campeonato** m. Triunfo obtenido en el certamen. 冠军赛

134. **desquitarse** prnl. Vengarse de un disgusto o perjuicio que se ha recibido de otro. 报复；雪恨

135. **maniobra** f. Manejo, intriga. 花招，计谋

136. **eludir** tr. Soslayar o esquivar una dificultad. 避开，回避，逃避

137. **gol** m. Acción de entrar el balón en la portería en fútbol y otros deportes. （足球等）攻门、射门得分

Unidad 8　El secreto de sus ojos
第八单元　谜一样的双眼

138. **ablandar(se)**　tr./prnl. Poner blando o disminuir la dureza de algo. 打动，使心软

139. **desmoronarse**　prnl. Sufrir una persona, física o moralmente, un estado de profundo abatimiento.（逐渐地）倒塌，破坏，瓦解

140. **imputar**　tr. Atribuir a una persona un delito o acción. 归罪于……

141. **declaración indagatoria**　（被告或嫌疑犯的）首次供词

142. **defensor/a oficial**　辩护律师

143. **autopsia**　f. Examen anatómico de un cadáver.（为了查明死因而作的）尸体剖检，验尸

144. **agresor, ra**　m.,f. Que comete agresión o provoca un ataque o acto violento. 袭击者，侵犯者

145. **prostituta**　f. Persona que ejerce la prostitución. 妓女

146. **decente**　adj. Honesta, justa, digno.（尤指妇女）端庄的，不伤风化的，不猥亵的

147. **alfeñique**　m. col. Persona delicada.〈口〉瘦弱的人，体弱的人，文弱的人

148. **hueso parietal**　颅骨

149. **hercúleo, lea**　adj. De Hércules, con sus características o relativo a él. 大力神似的，力大无比的

150. **extremidad**　f. Piernas, brazos, pies y manos del hombre.（人的）手足

151. **atacante**　m.,f. Que ataca o irrita. 攻击者，袭击者

152. **lesión**　f. Daño corporal causado por un golpe, una herida, una enfermedad, etc.【医】（因伤、病而致的）机能障碍，器官损伤

153. **vaginal**　adj. Perteneciente o relativo a la vagina.【解】阴道的

154. **deducir(se)**　tr./prnl. Inferir, obtener conclusiones de un conocimiento previo. 推断，推论，推测

155. **dotado, da**　adj. Con unas determinadas cualidades o condiciones naturales para realizar una actividad. 有条件的，有才能的

156. **microbio**　m. col. Lo que es muy pequeño.〈口〉特别小的东西

157. **hembra**　f. col. Mujer.〈口〉女人，女子

158. **modista**　m.,f. Persona que confecciona prendas de vestir. 做女装或童装的裁缝

159. **municipalidad**　f. Ayuntamiento de un municipio. 市政府

160. **credencial**　f. Documento que permite tomar posesión de su plaza a un empleado.（雇员取得工作的）证书

161. **Servicio Penitenciario**　监狱

162. **espiar**　tr. Intentar conseguir información secreta de un Estado extranjero, de una empresa de la competencia, etc. 暗中监视……的行动；为……充当间谍

163. **convicto, ta**　adj. [Acusado] a quien se le ha probado su delito legalmente. 被证明有罪的

164. **coraje**　m. Valor para hacer una cosa. 胆量，勇气，勇猛

165. **subversivo, va**　adj. Que intenta subvertir el orden social o moral establecido. 破坏性的，扰乱性的，颠覆性的

166. **recurso de amparo** 上诉，诉讼
167. **inmunidad** f. Cualidad de inmune. "挡箭牌"；不受伤害；不受影响
168. **para colmo** 更有甚者，更糟的是
169. **tiro** m. Disparo de un arma de fuego. 子弹
170. **objetar** tr. Oponer reparo a una opinión o intención. 提出……来反对；（作为异议、反对意见）提出
171. **constancia** f. Certeza o seguridad de que algo se ha hecho o dicho. 证明，证据
172. **a patadas** 漫不经心地，毫不在乎地
173. **desgarro** m. Fuerte sentimiento de dolor. 强烈的疼痛感
174. **vidrio** m. Sustancia dura, frágil, transparente, formada de sílice, potasa o sosa y pequeñas cantidades de otras bases. 玻璃
175. **mediocridad** f. Cualidad de mediocre. 平庸，普通
176. **desamor** m. Falta de amor o afecto a una persona o cosa. 缺乏感情，冷淡
177. **divino, na** adj. Excelente, maravilloso. 极好的，极美的
178. **notificar** tr. Comunicar oficialmente y con las formalidades preceptivas una resolución. 通知，通告
179. **en cambio** 然而，相反
180. **memorándum** m. Librito o cuaderno en que se apuntan las cosas de que uno tiene que acordarse. 备忘录
181. **volcar** tr. Volver una cosa hacia un lado o totalmente, o de esta forma hacer que se caiga lo contenido en ella. 打翻，弄倒
182. **por casualidad** 偶然，碰巧

II. Frases usuales　实用句子

1. Se le ve muy bien. 你看起来（气色）很好。
2. ¿Qué tiene de malo? （这件事）有什么不好呢？
3. ¿Te colgaste?〈电话用语〉你还在听吗？
4. ¡Qué guachito tierno que sos vos! 你这个滑头的家伙！
5. Para mí, mejor, dos por el precio de uno. 对我来说，更好，买一送一。
6. No sabés con quién te estás metiendo. 你不知道自己究竟招惹了谁。
7. Yo no estoy de acuerdo con la pena de muerte. 我不赞成死刑。
8. La verdad es que no sé qué hacer. 我真的不知道该怎么办了。
9. ¡No hables más! ¡Nunca más en tu vida! 你不要再说话！永远（别再说）！
10. ¡Salga de mi vista, por favor! 请不要让我看见您！
11. No sabés cómo se lo agradezco. 你不知道（为了这件事）我有多么感激您。
12. No le robo más tiempo. 我不再耽误您的时间了。

Unidad 8　El secreto de sus ojos
第八单元　谜一样的双眼

13. ¿Todo en orden? 一切顺利吗？
14. Ya está todo bajo control. 一切尽在掌握中。
15. ¿A quién se refiere? 这是指的谁？
16. Estoy hasta los cojones. 我受够了。
17. Tengo la boca seca. 我口渴。
18. ¿Cómo anda, bien? 一切还好吗？
19. Se rompieron la bola de cristal. 这事我可不知道。（本义：我的水晶球坏了。）
20. Quería empezar de nuevo, cortar con todo. 我想从头开始，从零开始。
21. No le dé más vueltas. 您就别再想（这件事）了。

III. Notas de cultura　文化点拨

1 Ricardo Darín：里卡多·达林

　　Ricardo Alberto Darín (Buenos Aires; 16 de enero de 1957) es un actor, productor de cine y director de cine argentino, cuya trayectoria comenzó en la industria a fines de los años 1960 y, desde entonces, ha actuado en diferentes roles. Es mayormente conocido por su interpretación del estafador Marcos en la película del año 2000 *Nueve reinas*, y del retirado agente judicial Benjamín Espósito en el drama ganador del Premio Óscar *El secreto de sus ojos* (2009). Ha aparecido en más de cuarenta películas, entre las que se incluyen éxitos de crítica tales como *El hijo de la novia, Luna de Avellaneda, El aura, Carancho, Un cuento chino, Elefante blanco, Tesis sobre un homicidio y Relatos salvajes*.

　　Protagonizó tres filmes nominados al Óscar, el máximo galardón de la industria del cine comercial anglosajón. Entre sus reconocimientos se incluyen doce nominaciones al Cóndor de Plata y cuatro al Premio Goya que ganó en 2015 por mejor actor, y la Concha de Plata al mejor actor por su actuación en la comedia dramática *Truman*. El 27 de septiembre de 2017 recibió el premio Donostia por su trayectoria en el Festival de San Sebastián. Fue el primer argentino en recibirlo.

2 Soledad Villamil：索蕾达·维拉米尔

　　Soledad Villamil (Buenos Aires; 19 de junio de 1969) es una actriz y cantante argentina. Es reconocida principalmente por su actuación en la película ganadora del Premio Óscar a mejor película extranjera *El secreto de sus ojos*.

　　Como actriz se ha destacado en cine, teatro y televisión, ganando en 2000 el Premio Cóndor de Plata a la mejor actriz por su trabajo en la película *El mismo amor, la misma lluvia*, de Juan José Campanella, y nuevamente en 2010 por su papel en la ganadora del Óscar a mejor película extranjera *El secreto de sus ojos*, del mismo director.

　　Como cantante ha lanzado cuatro discos hasta el momento, abordando temas de tango y folklore argentino.

3 Juan José Campanella：胡安·何塞·坎帕内亚

　　Juan José Campanella (Buenos Aires; 19 de julio de 1959) es director, guionista y productor de cine y televisión argentino. Es conocido sobre todo por su carrera en cine como director y guionista en las películas *El mismo amor, la misma lluvia* (1999), *El hijo de la novia* (2001), *Luna de Avellaneda* (2004), *El secreto de sus ojos* (2009) y *Metegol* (2013). También fue uno de los productores y supervisores de la película *Belgrano* (2010), dirigida por Sebastián Pivotto. *El hijo de la novia* fue nominada al Óscar a la mejor película de habla no inglesa, al igual que *El secreto de sus ojos*, que recibió el premio en 2010.

　　En televisión ha sido creador, director y guionista de las series *Vientos de agua* (2006), *El*

hombre de tu vida (2011-2012) y *Entre caníbales* (2015). También ha trabajado en varios programas educativos y sociales para el canal Encuentro del Ministerio de Educación. En Estados Unidos ha dirigido algunos capítulos de series como *Law & Order: Special Victims Unit*, *House M. D.* y *Halt and Catch Fire*.

Campanella suele trabajar con los mismos actores, entre ellos Ricardo Darín, Eduardo Blanco, Héctor Alterio, Soledad Villamil, Guillermo Francella y Pablo Rago.

4 Chivilcoy: 维科伊市

Es una ciudad de Argentina ubicada en el norte de la Provincia de Buenos Aires. Dista a 160 km hacia el oeste de la Ciudad Autónoma de Buenos Aires, 268 km de Rosario y a 629 km de Córdoba. Se ubica sobre la Ruta Nacional 5 (Argentina) y las Ruta Provincial 30 (Buenos Aires) y Ruta Provincial 51 (Buenos Aires). Es la cabecera del partido homónimo. El partido de Chivilcoy arrojó la cifra de 72.435 habitantes donde su cabecera (ciudad de Chivilcoy) tuvo 55.840 en el año 2010. Desde el año 2016 comenzó a ser reconocida como "La Capital Provincial del Teatro" dado que en esta ciudad se dio a luz la semilla fundacional del teatro argentino.

5 Jujuy: 胡胡伊省

Es una provincia argentina, situada en la Región del Norte Grande Argentino. Limita al oeste con Chile por la Cordillera de los Andes, al norte con Bolivia, al este y al sur con la provincia de Sata.

| Sección 4 | **Actividades postvisionadas** 观影后练习 |

I. Dictado de unos fragmentos de la Película   电影片段听写练习

Mira y escucha los siguientes fragmentos de la película tres veces y completa los espacios en blanco. 请视听下面的电影片段三遍并完成填空。

Fragmento 1 (00:27:12-00:29:32)

(B por Benjamín, I por Irene)

B: ¿Y?

I: A mí siempre me pareció un delirio esto de las fotos.

B: Bueno, sí, pero yo creo que es por el tema de las (1)_____, calculo que es por eso. Porque vos veías a este pibe mirando esa mujer, (2)_____. Los ojos...hablan... Hablan al pedo los ojos, mejor que se callen, a veces mejor no mirar. ¿Qué mirás?

I: Nunca volvimos a hablar de esta causa. ¿Vos Cuándo volviste de Jujuy?

B: En el 85.

I: ¿Y por qué ahora?

B: Mejor que plantar begonias...

I: ¿Por qué?

B: Porque hace más que 20 años que me vengo distrayendo. Tribunales, las causas, los amigos, las joditas, un (3)_____, varios affairs...me distraje. Y ahora que me jubilé, no tengo nada que me distraiga. El otro día estaba cenando en la esquina de casa y me vi cenando solo...y no me gusté. Yo sé que a vos no te pasá, no pido que me entiendas. Creéme. Y tratando de encontrar los (4)_____, los momentos, todo, todo (5)_____todo me lleva a Morales. Es como si mi vida hubiera... Atendé, atendé.

I: No, está bien, es Alfonso. Lo llamo después.

B: Atendé, dale. Yo espero.

I: No, lo llamo después.

B: Creéme, no hay problemas. Atendé.

I: ¿Hola? Sí, sí, estoy terminando, en un ratito voy para allá. Vayan a tomar algo, yo ya voy.

Fragmento 2 (00:47:28-00:50:12)

(B por Benjamín, I por Irene)

I: ¡Cómo compromiso! Ahora los pibes se matan de risa con el "compromiso" ... ¿Quién se compromete ahora? ¿Y este chico cómo se llamaba? Que estuvo que...menos de un año, no me acuerdo.

B: Godoy.

I: Godoy.

Unidad 8　El secreto de sus ojos
第八单元　谜一样的双眼

B: Este era el que había traído Larreta.

I: Sí, es verdad. Lo que sí como una tonta no le puse la fecha, ¿no? Porque...Pero ¿qué habrá sido dos o tres meses después de lo de Chivilcoy?

B: Una semana después, sí me acuerdo bien. Una semana después de que nos peleamos (1)_____con Alfonso, no sé qué y no sé cuánto a anunciar tu compromiso.

I: Mira acá a Sandoval, tratando de (2)_____la curda. ¡Qué cosa! Yo me miro y no me reconozco, ¿eh?, parezco otra persona.

B: ¿Y quién eras? ¿Cómo eras?

I: No sé. Recta, (3)_____.

B: Solemne...

I: Estructurada.

B: Rigída.

I: Joven, joven; Benjamín, era joven. Vos también eras joven, ¿eh? Mirate acá, ni una (4)_____...mirá. ¿Y acá? Mirando ahí del costado con cara de traste.

B: Era otra persona.

I: Puede ser que esté buena la novela, pero no es para mí. No sé, vos te sentirás en el final de tu vida y querrás mirar para atrás, pero yo no puedo. Yo tengo que ir a trabajar todos los días, y vivir con esto que no sé si será la "justicia", pero es una "justicia". Y al final del día tengo que volver a mi casa y vivir con mi marido, y con mis hijos que adoro. Mi vida entera fue mirar para adelante. "Atrás" no es mi jurisdicción. Me declaro incompetente. ¡Qué causa, por Dios! No (5)_____nunca.

Fragmento 3 (00:50:40-00:52:42)

(B por Benjamín, M por Morales)

B: ¡Morales! ¡Morales!

M: ¿Qué tal?

B: ¿Cómo le va?

M: ¿Cómo está?

B: Espósito.

M: Sí, claro, claro. ¿Cómo le va?

B: Bien, bien, muy bien. ¿Y usted?

M: Bien. Acá estoy. ¿Se quiere sentar?

B: Sí, ¿cómo anda?

M: Y este mes me toca acá los martes y los jueves.

B: ¿Cómo?

M: En la estación, martes y jueves. Lunes y viernes voy a Once y los miércoles a (1)_____. Igual todos los meses lo cambio. Algún día va a tener que pasar. Estoy seguro de

que el tipo vive en la provincia, él sabe que en la Capital lo van a (2)_____.
Me imagino que, que aunque haya pasado un año, no habrán abandonado la (3)_____, ¿no?

B: No, no, no, no.

M: Usted debe pensar que soy un (4)_____, ¿no?

B: No.

M: No me lleva el apunte, de verdad no me lleva el apunte.

B: No, no, por favor, para nada.

M: Lo peor de todo es que me la voy olvidando de a poco. Tengo que hacer esfuerzo para acordarme de ella, todo el día, día y noche. El día que la mató, me hizo un té con limón, Liliana. Me había escuchado toser toda la noche y me dijo que me iba a hacer bien... Y vuelvo así (5)_____ estúpidos. ¿Se da cuenta? Y después, empiezo a dudar y no sé si fue té con limón o té con miel lo que me dio. Y ya no sé si es un recuerdo o el recuerdo de un recuerdo lo que me va quedando, ¿se da cuenta?

Fragmento 4 (01:35:18-01:37:25)

(B por Benjamín, I por Irene)

B: Es una primera pasada. Hago más.

I: Tu casa es tal cual me la imaginaba, ¡eh!

B: ¿Ah, ¿sí? ¿Cómo te la imaginabas?

I: ¿Y cómo va a ser? Así, tal cual. "Tal cual" me la imaginaba.

B: Claro...yo en cambio, tu casa me la imaginaba totalmente distinta.

I: ¿Vos conocés mi casa?

B: No, distinta a esta, digo. Totalmente distinta.

I: ¿Qué temés? Benjamín.

B: ¿Eh?

I: No, acá hay un papelito que dice "Temo". ¿Qué temés?

B: No, no, no, no. Eso es, eh...una cosa que hice, una prueba de escribir así, medio dormido para librar la imaginación, una tontería, no le (1)_____. Bueno, dale, decime.

I: Es una novela. En una novela no hace falta escribir la verdad, ni siquiera algo (2)_____.

B: Sí. ¡No, no! ¿Cómo? ¿Qué no es creíble?

I: ¡Ah!, Benjamín. La parte esa cuando...cuando el tipo se va a Jujuy.

B: Sí, ¿qué problema hay?

I: El tipo llorando como si fuera un (3)_____.

B: Sí, ¿qué?

I: Y ella corriendo por el andén como sintiendo que se iba el amor de su vida. Y tocándose las

Unidad 8　El secreto de sus ojos
第八单元　谜一样的双眼

manos a través del (4)_____, como si fueran una sola persona. Y ella, llorando, como si supiera que la esperaba un destino de (5)_____ y desamor, casi cayéndose en las vías, como queriendo gritar un amor que nunca se había animado a confesar.

B: Sí, sí, fue así. ¿O no fue así?

I: Y si fue así, ¿por qué no me llevaste con vos...? Pánfilo...

II. Doblaje o dramatización de los siguientes fragmentos de la película　电影片段配音或短剧表演练习

Fragmento 1 (00:06:00-00:09:13)

(B por Benjamín, I por Irene y M por Mariano)

B: Su alteza.

I: ¡Qué sorpresa!

B: Permiso.

I: Pero, ¿qué hacés por acá?

B: Nada, acá pasaba, a charlar un poco. ¿Estás ocupada?

I: No, estaba repasando para una audiencia, pero ya me lo sé de memoria. ¿Café? ...No te preguntaba porque por ahí en el retiro si te dio por la salud...Mariano.

B: Sí, doctora.

I: Ándate hasta el Café Uruguay y traenos dos cafés de los ricos.

M: Pero tengo que terminar el expediente.

I: ¡Qué expediente! Te presento al Sr. Benjamín Espósito, recientemente jubilado, honoris causa del Palacio, y un viejo amigo. Mariano, el pinche de la temporada primavera-verano, que no están nada mal, ¿no? Toma, traéte unos petit fours y si querés, cómprate una Tita.

B: Más leche que café para mí, por favor.

I: Ah, cierto, que estás con ese temita... ¿Cómo era lo que tenías? ¿Vejez? Más leche que café para el señor, que está con un temita de vejez.

M: Sí. Doctora.

I: Espera, ¿me querés hablar de algo importante?

B: No, no... Bah... No.

I: Dejá abierto, nene. Pasá, sentate. ¿Y qué sabés de escribir novelas, vos?

B: ¿Cómo? Me pasé la vida escribiendo. Si querés, te llevo al archivo y te muestro.

I: Ah, los expedientes. ¿Y cuántas fojas va a tener la novela? ¿Ya la cartulaste?

B: Un poquito más de ayuda, de empuje, mal no me vendría. ¿Qué querés que haga, que me comporte como un jubilado, que pase por acá y pregunte si hace falta una manito, que sirva café?... Quiero escribir. ¿Qué tiene de malo? Quiero escribir sobre la causa de Morales... No sé por qué, me estoy acordando, en realidad nunca más hablamos de eso. ¿Por qué nunca más hablamos de eso?

I: Ahora, con tu letra, más que la gran novela va a ser el gran garabato. Ah, espera, mira.

B: Igual sospecho que no corremos peligro porque arranqué como 50 veces y nunca pasé del quinto renglón. A este tren, me parece que me voy a gastar la jubilación entera en cuadernos de espiral.

I: A ver, vení, vení, ayudáme con esto, vení.

B: Deja, deja. No, no, no te puedo... A ver...

I: Es pesadísima.

B: No me lo puedo creer, la vieja Olivetti.

I: Estaba en un depósito, creo que con la causa del petiso orejudo.

B: ¿Le habrán arregalado la "a"?

I: Ah, ¡Qué piola! Con la "a" escribe cualquiera. Llévátela, por ahí entre dinosaurio se entienden.

B: Me parece que ahora no me quedan excusas. Voy a tener que escribir, ¿pero por dónde empiezo?

I: Por lo que más te acuerdes. Fue hace más de 20 años. ¿Qué fue lo que más veces pensaste desde ese momento? Por ahí...

Fragmento 2 (00:41:43-00:45:39)

(B por Benjamín, I por Irene, F por el Dr. Fortuna y S por Sandoval)

I: Espósito, Sandoval, Sandoval. El Dr. Fortuna necesita verlos, por favor.

F: Cuando yo le hablo, usted escucha mi voz. ¿Cierto, Espósito?

B: Sí, doctor.

F: Entonces tengo que suponer que si yo le digo algo y usted hace exactamente lo contrario, no es que no me oyó, sino que usted se caga en la orden que yo le di, ¿verdad, Espósito?

B: No, no es así, doctor.

F: Y si me llama mi colega de Chivilcoy, muy enojado, para contarme que dos empleados de mi juzgado asaltaron la casa de una pobre vieja, eso significa que lo que yo digo no vale una reverenda mierda.

B: No sé de dónde su colega pudo haber sacado semejante cosa...

F: Es lo mismo que le dije yo, Espósito. Pero fíjese, fíjese que mi colega me cuenta que el otro día en la ciudad de Chivilcoy, en la intersección de las calles Francisco Savey o esquina, Eschiaffino de la ciudad de Chivilcoy estacionó un Peugeot de color negro con chapa de Capital número 133809. Y mi colega solicita a la Policía Federal que le averigüe los datos del auto. ¿Y a que no adivina a nombre de quién está? Dígame, ¿De quién? De un tal Es...Espó...Espósi...

B: ...To.

F: Y la Policía Federal le da sus datos laborales. Y el juez me llama a mí, para ver si yo le puedo aclarar algo. Y la verdad, Espósito, que no puedo, porque tal parece que yo no soy un juez, sino

Unidad 8　El secreto de sus ojos
第八单元　谜一样的双眼

que soy un reverendo boludo, porque yo digo que haga A y acá hacen Z, ¿eh? Como en esta máquina de mierda que me metieron.

B: Discúlpeme, doctor, pero...me parece que acá está pasando algo extraño.

F: Exactamente, espere, espere, espere... No se vaya que ahora viene lo mejor. Después me puede seguir tomando de boludo todo el tiempo que quiera, pero ahora escúcheme, porque lo que llamó la atención en el pueblo no fueron dos tipos con pintas de porteños, no. O que uno de ellos, aparentemente, se atara los cordones de un par de mocasines. No, no, no. Lo que llamó la atención fue que uno de ellos entró al almacén del pueblo, saludó muy amablemente, pidió una botella de Old Smugler y se la fue tomando del pico por la vereda. ¿Le doy la descripción del sujeto?

[...]

S: Hay que negarlo, Benjamín, ¿eh? Yo no fui, yo no estuve, yo no sé.

B: ¡No hables más! ¡Nunca más en tu vida! ¡No hables más!

S: Pero neguémoslo siempre.

B: ¡Nunca más!... Doctora...sinceramente...

I: ¡Salga de mi vista, se lo pido, por favor!

B: Usted se nos va a poner en contra también. Irene, le estoy hablando. ¡Irene!

I: No sé si me subleva más la imbecilidad que hicieron o que se la mandaran a mis espaldas.

B: Yo pensé que a usted...

I: Usted piensa que estoy al pepe acá.

B: No, no, yo no dije eso.

I: Es que no hace falta que lo diga, se le nota. A ver si nos ubicamos un poco. Acá el jefe soy yo y el subordinado es usted.

Fragmento 3 (00:52:44-00:55:40)

(B por Benjamín, I por Irene y S por Sandoval)

B: Perdón, necesito hablar con usted.

I: Adelante.

B: Gracias. Ayer me pasó algo. Estuve pensando toda la noche, no pude dormir. Pensé en usted... Vio cuando, cuando uno ve las cosas desde un ángulo diferente. Cuando ve a otro y...lo que le pasa a ese otro la lleva a ver su propia vida.

I: Siga.

B: Sí. Y me dije: "Yo tengo que hablar con Irene. Capaz que me saca cagando, perdón. Capaz que me quiere matar, pero tengo que intentarlo."

I: Si me espera un minutito, voy a cerrar la puerta.

S: Perdón.

I: Sí, Sandoval, estoy ocupada. Cuando me desocupe le aviso.

S: Me mandó llamar Benjamín.

B: Sí, sí, yo le pedí que viniera así, lo podemos hablar los tres.

S: Permiso, doctora.

B: Ayer me lo encontré a Morales en Retiro. ¿Sabe lo que estaba haciendo?

I: Me rompieron la bola de cristal.

S: El tipo va todos los días a las terminales a ver si encuentra al asesino, doctora. Todos los santos días. Sale del banco y se va a vigilar.

B: Usted no sabe lo que es el amor de ese tipo. Conmueve. Es como si la muerte de la mujer lo hubiese dejado ahí, detenido, para siempre, eterno. ¿Me entiende? Tenés que ver lo que son los ojos de él, Pablo. Están en estado de amor puro. ¿Usted se imagina lo que debe ser un amor así, sin el desgaste de lo cotidiano, de lo obligatorio?

I: Lo dirá por usted, porque a mí no me pasa.

S: Pensamos que el tipo merece una oportunidad, doctora.

I: ¿Y yo qué tengo que ver?

B: La causa está cerrada. Tendríamos que reabrirla.

I: ¿Me están proponiendo destruir un documento público, que tiene mi firma y la del juez, falsificar decretos con fecha también falsa, para hacer como que la causa se está moviendo?

S: Es una idea brillante. A nosotros no se nos había ocurrido.

I: No se haga el pelotudo.

Fragmento 4 (00:56:20-00:58:40)

(B por Benjamín, S por Sandoval)

B: Ya no slo te escapas para mamártela, ahora también robás las pruebas.

S: Ya está todo bajo control, Benjamín.

B: Mirá, si a Irene se le ocurre leer el expediente...

S: ¡Suelte, carajo! ¿Qué hacé, se volvió loco?

B: Vamos, hazme un favor.

S: Sentate un segundo. Sentate y relajate. ¿Sabés por qué no lo podemos encontrar, Benjamín? Porque somos dos botudos. Mira: 12 cartas, 31 folios, 5 trabajos... No, esto ya te lo leí.

B: Vámonos.

S: No, no paré de pensar un segundo, la cabeza me explota, Benjamín. Yo me puse a preguntar: ¿Cómo es posible que no lo podamos encontrar a ese tipo? Siempre se nos hace humo. ¿Dónde está? Y se me ocurrió pensar en los tipos, pero en todos los tipos. No en este tipo en especial, sino...

B: Los tipos, sí.

S: Sí. Ahí está. En "el tipo". El tipo puede hacer cualquier cosa para ser distinto. Pero hay una cosa que no puede cambiar, ni él, ni vos, ni yo, nadie. Mírame a mí: soy un tipo joven, tengo un

Unidad 8 El secreto de sus ojos
第八单元 谜一样的双眼

buen laburo, la mina que me quiere, y como decís vos, me sigo cagando la vida viniendo a tugurios como este. Más de una vez me dijiste: ¿Por qué estás ahí, Pablo? ¿Qué hacés ahí? ¿Y sabés por qué estoy, Benjamín? Porque me apasiona... Me gusta venir acá, ponerme en pedo, cagarme a trompadas si alguien me hincha las pelotas... Me gusta. Y vos lo mismo, Benjamín. Vos, pues, no hay manera que te puedas sacar de la cabeza a Irene y la mina tiene más ganas de casarse que Susanita. Debe de tener más de 37 revistas de traje de novia arriba del escritorio. Se comprometió con fiesta y todo. Pero vos, seguís esperando el milagro, Benjamín. ¿Por qué? Vení...

Fragmento 5 (01:19:31-01:22:24)

(B por Benjamín, I por Irene y R por Dr. Romano)

R: ¿Qué hacés vos acá? ¿Vos serás loco?

B: No, vos estás loco.

R: Doctora.

I: Tenemos que hablar con usted.

R: Muchachos, ¿nos dejan, por favor? Si me hubiesen pedido una cita, los esperaba con un café.

I: Isidoro Gómez. Violación seguida de muerte, detenido a la orden del Juzgado. El Servicio Penitenciario nos informa que ha sido liberado por orden del Poder Ejecutivo. Averiguamos y acá estamos. ¿Algo para decir?

R: Sí, claro. Que tienen que salir un poquito más ustedes, ¿eh? Porque a justicia es una isla en el mundo. Pero este que está acá es el mundo. Mientras ustedes se dedican a cazar pajaritos, nosotros estamos acá peleando en el medio de la selva, ¿entienden? Gómez, Gómez, Gómez... Sí, sí, empezó con nosotros cuando estaba en la cárcel... Lo que hacía era llevar información, traer, espiar jóvenes guerrilleros. Pero anduvo muy bien, ¡eh! Se hizo querer. ¿Por qué? ¿No están de acuerdo?

I: ¿Usted se da cuenta de lo que está diciendo? Es un asesino convicto y confeso.

R: Será, será así. Pero también es una persona inteligente y de coraje. Capaz de entrar en una casa y hacer lo que hay que hacer. Además, la vida personal de él, honestamente, ¿no? Como todos los subversivos que han ido y de vueltas, nos tiene sin cuidado. Si vamos a ir con los buenos solamente...

I: Es un detenido procesado a la Orden del Juzgado del Dr. Fortuna, y nosotros...

B: ¿Vos creés que yo no sé que vos lo liberaste para joderme? ¿Pensás que soy un pelotudo?

R: Son dos preguntas. ¿Cuál de las dos querés que te responda primero?

I: ¿Es cierto eso?

R: Doctora, a ver. ¿Le puedo pedir un favor? No se meta. ¿Qué quiere hacer? ¿Presentar un recurso de amparo? Honestamente no se ofenda, pero no puede hacer nada. Lo que sí puede hacer es volver a su oficina, quedarse sentadita, mirar y aprender. Porque la Argentina que se viene no se enseña en Harvard. (a Espósito) ¿Y vos para qué venís con la doctora? ¿Vos te pensás que estar al lado de ella te da cierta inmunidad? ¿Por qué no la dejás en paz? Si no tiene nada que ver con vos. ¿Eh? Ella es abogada, vos périto mercantil. Ella es joven, vos viejo. Ella es rica, vos pobre. Ella es Menéndez Hastings y vos sos Espósito. O sea, nada. Ella es intocable, vos no. Dejala que vuelva a su mundo. No seas jodido. Ahora, si tenés un problema conmigo, vení solo y lo arreglamos, ¿eh?

B: Vamos, Irene, vamos.

R: Hay una cosa que sí tienen en común. Que ninguno de los dos puede hacer nada.

III. Lee y memoriza las siguientes frases más célebres de la película. 请朗读并背诵电影中的经典台词。

1 "Lo peor de todo es que la estoy olvidando poco a poco. Tengo que hacer el esfuerzo para acordarme de ella, todo el día, día y noche. El día que la mató, me hizo un té con limón, Liliana. Me había escuchado toser toda la noche y me dijo que me iba a salir bien... Y vuelvo hacía recuerdos estúpidos. ¿Se da cuenta? Y después, empiezo a dudar y no sé si fue té con limón o té con miel lo que me dio. Y ya no sé si es un recuerdo o el recuerdo de un recuerdo lo que me va quedándose en cuenta."

▶ 参考译文

"最可怕的是我对她的记忆正在一点点消逝。我必须努力让自己不断地想起她，整天都要想，白天想晚上也想。被杀的那天，莉莉安娜给我冲了杯柠檬茶，因为她听到我咳嗽了一整晚，她说柠檬茶会对我有用的。我老是记着这些没用的事。您能理解吗？然后我开始质疑，不知道那天她给我喝的到底是柠檬茶还是蜂蜜茶。现在我已经搞不清这究竟是回忆，还是我对残留的回忆的回忆。"

2 "Puede ser que esté buena la novela. Pero no es para mí. No sé, vos te sentirás en el final de tu vida y querrás mirar apara atrás. Pero yo no puedo. Yo tengo que ir a trabajar todos los días, y vivir con esto que no sé si será "la" justicia, pero es "una" justicia. Y al final del día tengo que volver a mi casa y vivir con mi marido, y con mis hijos que adoro. Mi vida entera fue mirar para adelante. 'Atrás' no es mi jurisdicción. Me declaro incompetente."

▶ 参考译文

"你的小说或许会很精彩，却并不适合我。你感觉人生已经走到了最后一个阶段，想要回顾前路，但是我却不能。我每天都得工作，就得学会忍受，可能不是纯粹意义上的'正义'，而是某种程度的正义。然后每天工作结束后，我必须回家同我的丈夫，还有我深爱的孩子们一起生活。我的一生都是向前看的，'向后看'不在我的司法职权内。我无能为力。"

3 "No sabe lo que es el amor de ese tipo. Conmueve. Es como si la muerte de la mujer lo hubiese

Unidad 8　El secreto de sus ojos
第八单元　谜一样的双眼

dejado ahí, detenido, para siempre, eterno. ¿Me entiende? Tenés que verle los ojos, Pablo. Están ahí en estado de amor puro. Se imagina lo que debe ser un amor así, sin el desgaste de lo cotidiano, ¿o de lo obligatorio?"

▶ 参考译文

"您无法想象那个男人（对他已过世妻子）的爱，实在太感人了。就好像他妻子的死让他的生活停在了那一刻，他的时间永远定格了。您能理解我所说的话吗？巴勃罗，你应该看看他的眼睛，里面饱含着纯粹的爱。很难想象那是一种怎样的爱情，面对日复一日机械性的重复而毫不动摇。"

4 "El tipo puede hacer cualquier cosa para ser distinto. Pero hay una cosa que no puede cambiar, ni él, ni vos, ni yo. Nadie. Miráme a mí: soy un tipo joven, tengo un buen curro, la mujer que me quiere, y como decís vos, me sigo cagando la vida viniendo a tugurios como éste. Más de una vez me dijiste: ¿Por qué estás ahí, Pablo? ¿Qué hacés ahí? ¿Y sabés por qué estoy, Benjamín? Porque me apasiona... Me gusta venir acá, ponerme en pedo y cargarme a trompadas si alguien me hincha las pelotas... Me gusta. Y vos lo mismo, Benjamín. Bueno. No hay manera que te puedas sacar de la cabeza a Irene y ella tiene más ganas de casarse que Susanita. Debe de tener más de 37 revistas de traje de novia en el escritorio. Se ha comprometido con fiesta y todo. Pero vos, seguís esperando el milagro, Benjamín."

▶ 参考译文

"一个男人，什么都可能改变，但是有一样东西不会。他不会，你不会，我不会，任何人都不会改变。就拿我来说：我年轻，有一份体面的工作和一个爱我的妻子。正如你所说的，我一直沉迷于这种低俗场所。你曾不止一次地问我：'你为什么会在这里，巴勃罗？你在这里做什么？'你知道为什么吗，本杰明？因为这就是我的志趣所在。我喜欢来这里，喝得烂醉，和那些招惹我的人一较高下。我喜欢这样。你也一样，本杰明。你无论如何也无法忘记依琳，而她却迫不及待地要同别人走进婚姻的殿堂。连她的办公桌上都摆满了结婚礼服的杂志。她订了婚，开了庆祝派对，拥有了一切，而你却依然在苦苦地等待着一个奇迹的出现，本杰明。"

IV. Elige las preguntas que te interesen más y discútelas con tus compañeros de clase. 请选择你感兴趣的话题与同学进行讨论。

1 Comunicación no verbal: Los ojos hablan. 非语言交际：眼睛会说话。

　　La comunicación no verbal es la transmisión de mensajes o señales a través de una plataforma no verbal, como el contacto visual, las expresiones faciales, los gestos, la postura y el lenguaje corporal. Incluye el uso de señales sociales, kinésica, distancia (proxémica) y entornos / apariencia físicos, de voz (paralenguaje) y del tacto (háptica). También puede incluir el uso del tiempo (cronémica) y el contacto visual y las acciones de mirar mientras se habla y se escucha, la frecuencia de las miradas, los patrones de fijación, la dilatación de la pupila y la frecuencia de parpadeo (oculesics).

Dice un proverbio árabe que quien no entiende una mirada, nunca entenderá una larga explicación. **Los ojos** son uno de los elementos más importantes en comunicación no verbal. **La mirada** en lenguaje no verbal es nuestra intención real. Miramos lo que nos agrada, lo que nos interesa, lo que nos atrae. No dirigimos la mirada hacia lo que ignoramos, bien sea consciente o inconscientemente. La mirada activa nuestro hemisferio derecho y conecta y dispara directamente nuestra atención. Las pupilas se dilatan cuando algo nos atrae, y nuestro contacto visual puede determinar si lo que nos dice un interlocutor nos aburre o él mismo nos desagrada.

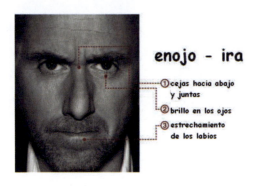

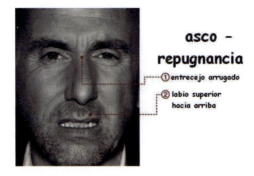

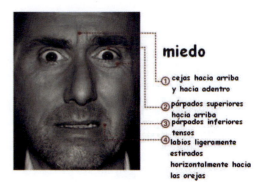

(Fuente: protocolo)

¿CÓMO HABLAN TUS OJOS?

Una persona que parpadea demasiado, seguramente está nervioso, se aburre o siente desconfianza. Inconscientemente, al pestañear estamos bloqueando la visión de la persona que tenemos enfrente.

Variación de las pupilas. Son cambios muy sutiles que a veces están escondidos por la intensidad de la luz del lugar donde estemos. Generalmente, las pupilas dilatadas significan que algo nos gusta. Las pupilas contraídas son símbolo de hostilidad. Si experimentamos empatía con nuestro interlocutor tendremos ambos el mismo tamaño de pupilas, gracias a nuestras neuronas

Unidad 8 El secreto de sus ojos
第八单元 谜一样的双眼

espejo.

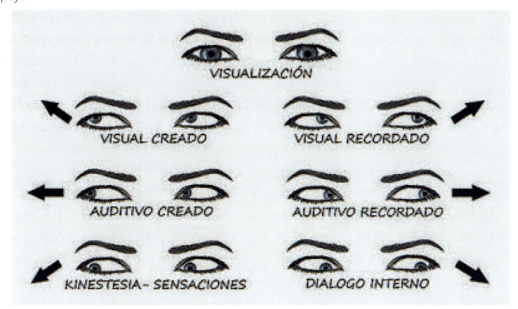

Las personas inseguras y mentirosas son incapaces de mantener la mirada, hecho que reduce su credibilidad. Sin embargo, si haces una pausa antes de responder, se gana el tiempo necesario para acceder a la información o saber cómo formular la respuesta.

Mirar a los ojos mientras se hace una petición es útil para aumentar tu capacidad de persuasión.

Cuando hablamos de temas personales que nos incomodan, **disminuimos el contacto visual**.

Levantar las cejas: Es positivo hacerlo ante personas a las que queremos agradar, implica falta de miedo.

Mantener la mirada: Si eres mujer y coqueteas estableciendo contacto visual durante un par de segundos para después bajar la mirada, indica interés sexual (las miraditas de toda la vida).

Bajar la cabeza y levantar la vista: Es otro de los trucos femeninos para atraer a los hombres, denota sensualidad y sumisión.

Mirar hacia los lados expresa aburrimiento, de manera inconsciente, estás buscando una vía de escape.

> mirada natural, meditación, esfuerzo intelectual, tristeza, timidez, sufrimiento, sospechas, desconfianza, bondad, asombro, éxtasis, furor

Juego de adivina entre parejas. Uno intenta expresar las siguientes emociones escritas en el cuadro con los ojos y el otro adivina.

237

2 El sistema legal y el juicio. Lee el siguiente texto y contesta las preguntas. 法制与审判。请阅读下面的文章并回答问题。

Reflexiones jurídicas y actividades en torno a la película *"El secreto de sus ojos"*

Carolina Sanchis Crespo

(Extractos)

Puesto que la película se desarrolla en torno a un proceso penal y a los tribunales de justicia, las cuestiones jurídicas que suscita son muy variadas. Entre ellas, las dos cuestiones más sobresalientes y las que pueden dar lugar a una reflexión lo suficientemente amplia son la ejecución penal y la oficina judicial.

El proceso penal, testigo fiel de como la vida de personas inocentes se desbarata irremediablemente por la acción inicua de otras personas, debiera sernas sensibles a la demanda de justicia que late en todo aquel que acude a los tribunales como víctima de un delito. Y esa sensibilidad debería ser tanto más atenta, cuanto más grave fuese el delito cometido. A medida que el proceso penales distancia de los ciudadanos a cuyo servicio debe estar, se produce nacionalización de las personas que se relacionan con él. En la película, ejemplo de multitud de supuestos similares que cada día desgraciadamente ocurren, puede observarse claramente este fenómeno.

La víctima natural de los hechos delictivos es Lilliana Colotto. Pero a partir de ahí van produciéndose otras víctimas que causa el propio proceso penal y quemo debieran haberlo sido.

En primer lugar, tenemos a los dos obreros de la construcción, inmigrantes y sin recursos para defenderse. Durante el interrogatorio al que son sometidos, se les inflige maltrato físico y psicológico. Las condiciones de su prisión preventiva son lamentables. Ni uno ni otro tienen nada que ver con el crimen cometido. Solo tienen la mala fortuna de hallarse cerca en el momento en que tuvieron lugar los hechos y como consecuencia de ese azar del destino, se convierten en víctimas de un proceso que les es por completo ajeno y del que solo logran zafarse cuando el curso de la investigación demuestra su inocencia. Pero para entonces ambos han sufrido ya una porción de penalidades que no les habrían debido corresponder, ni aun siendo culpables del delito.

Sandoval, el asistente de Benjamín Expósito, que le ayuda en el curso de la investigación que este decide llevar a cabo por su cuenta ante la inactividad judicial, acaba también siendo víctima del proceso. Es confundido con Benjamín por los esbirros del poder político que quieren impedir, mediante la violencia, que la investigación llegue a buen puerto. La dictadura militar que oscurecería muchos años de la historia de Argentina y que ya está en ciernes, no consiente en permitir que el proceso penal cumpla su función, si al hacerlo, se inmiscuye en parcelas que el poder ejecutivo quiere reservarse.

El viudo de Lilliana Colotto, Morales, por su parte, es también víctima natural de los hechos delictivos por la pérdida que soporta que claramente es de carácter irreparable. Pero su condición

Unidad 8 El secreto de sus ojos
第八单元 谜一样的双眼

de víctima se agudiza y amplifica al constatar como el sistema procesal penal le niega su legítimo derecho a ver la Ley cumplida. Él ha tenido que soportar que le arranquen la vida de un modo brutal a su mujer y, en consecuencia, que su vida quede hecha jirones y no puede tener siquiera el consuelo de pensar que quien lo hizo debe saldar su deuda con la sociedad quedando privado de libertad. La ejecución del proceso penal que a esta personal toca sufrir conlleva el padecimiento aumentado de saber que el asesino y violador confeso de su mujer, trabaja ahora para el Gobierno y goza de un estatus privilegiado que le permite seguir delinquiendo impunemente.

Se produce también una víctima indebida de este proceso penal que es menos evidente por ser más difusa, pero cuya existencia me parece innegable. Se trata de la sociedad en su conjunto, de la colectividad de personas que la forman. Cuando se perpetran delitos de especial gravedad, como lo son los de carácter público, los miembros de la sociedad están concernidos por la comisión de tales hechos. La pertenencia a una sociedad en la que esos delitos queden impunes en las circunstancias que se reflejan en la película, pone a sus ciudadanos en la condición de víctimas mediatas de un sistema penal que se muestra incapaz de hacer realidad lo que debe ser su finalidad primordial: aplicar el derecho.

Finalmente, Isidoro Gómez acaba siendo una víctima más del proceso penal injusto en el que el mismo fue condenado y después indultado. Prefiero no desvelar aquí porque le atribuyo esa condición. Resultará evidente después de ver la película.

(1) En el contexto histórico de la película, en el caso de que una persona interrogada en el curso de una investigación penal sea maltratada por la policía, ¿de qué cauces dispone para ponerlo de manifiesto? ¿Sería posible acudir al Tribunal Constitucional en amparo? ¿Cómo sería si eso pasa en nuestro país hoy en día?

_____
_____
_____
_____
_____
_____

(2) ¿Qué juicio te merece la situación en la que se encuentra Isidoro Gómez al final de la película?

_____
_____
_____
_____
_____
_____

(3) ¿Conoces cómo se implementa el juicio por jurados? ¿Qué lo caracteriza? ¿Te parece que el juicio por jurados ayudaría a mejorar el sistema judicial en nuestro país? ¿Por qué?

_____
_____
_____
_____
_____

3 Personajes famosos argentinos 阿根廷的名人

Conoces más a los siguientes personajes famosos argentinos. ¿Quién te gusta más? ¿Por qué? ¿Conoces a algún otro argentino destacado más? Preséntale a tus compañeros de forma oral. 一起来了解一下下面这些阿根廷的知名人士吧。你最喜欢哪位？为什么？你还认识其他的阿根廷名人吗？将他/她介绍给你的同学们吧。

(1) Lionel Messi: 里奥内尔·梅西

Lionel Andrés Messi Cuccittini (Rosario, Santa Fe; 24 de junio de 1987), conocido como Leo Messi, es un futbolista argentino que juega como delantero o centrocampista en el Paris Saint-Germain de la Ligue de Francia. Es internacional con la selección de Argentina, equipo del que es capitán y máximo goleador histórico.

Considerado con frecuencia el mejor jugador del mundo y uno de los mejores de todos los tiempos, es el único futbolista en la historia que ha ganado, entre otras distinciones, seis veces el Balón de Oro, los cuatro primeros de forma consecutiva; además de recibir seis Botas de Oro, un FIFA World Player, y un The Best FIFA. En 2020, se convirtió en el primer futbolista en recibir un premio Laureus, además de ser incluido en el Dream Team del Balón de Oro.

(2) Diego Maradona: 迪戈·马拉多纳

Diego Armando Maradona (Lanús Oeste, 30 de octubre de 1960-Dique Luján, 25 de noviembre de 2020) fue un futbolista y entrenador argentino. Como jugador, se desempeñó como mediocampista ofensivo o delantero, y es reconocido por numerosos especialistas, exfutbolistas y personalidades internacionales como "uno de los mejores futbolistas en la historia".

Por su legendaria figura en el deporte, que le valió los apodos de Pibe de Oro y D10S, así como por su personalidad extravagante, temperamental y carismática, y por su problemática vida fuera del fútbol, en donde fue suspendido por dopaje en 1991 y 1994. Maradona es considerado una de las figuras más históricas de la República Argentina, y uno de sus mayores representantes en el resto del mundo. Asimismo, su persona ha sido motivo de las más variadas referencias en la cultura popular argentina y napolitana.

(3) Eva Perón: 伊娃·贝隆

María Eva Duarte de Perón, más conocida como Eva Perón o Evita Perón (7 de mayo de 1919-26 de julio de 1952) fue una actriz y política argentina. Esposa de Juan Domingo Perón, presidió el Partido Peronista Femenino, la Fundación Eva Perón y en 1952 fue declarada Jefa Espiritual de la Nación de Argentina.

Fue una figura que rompió todos los precedentes históricos y definió una modalidad política nunca vista hasta entonces. Durante el breve período de su actuación, al lado de Perón, fue el centro de un creciente poder y se convirtió en el alma del movimiento peronista, en su esencia y en su voz.

Adorada y a la vez odiada por millones de argentinos, lo que jamás provocó fue la indiferencia.

(4) Jorge Luis Borges: 豪尔赫·路易斯·博尔赫斯

Jorge Francisco Isidoro Luis Borges (Buenos Aires, 24 de agosto de 1899-Ginebra, 14 de junio de 1986), más conocido como Jorge Luis Borges, fue un destacado escritor de cuentos, poemas y ensayos argentino, extensamente considerado una figura clave tanto para la literatura en habla hispana como para la literatura universal. También fue bibliotecario, profesor, conferencista, crítico literario y traductor. Sus dos libros más conocidos son *Ficciones* y *El Aleph*.

Las obras de Borges han contribuido ampliamente a la literatura filosófica, al género fantástico y al posestructuralismo. Según marcan numerosos críticos, el comienzo del realismo mágico en la literatura hispanoamericana del siglo XX se debe en gran parte a su obra.

V. Recomendación de películas similares 同类电影推荐

Unidad 8　El secreto de sus ojos
第八单元　谜一样的双眼

1. *El hijo de la novia* 《新娘的儿子》（阿根廷，2001）
2. *Las viudas de los jueves* 《星期四的寡妇》（阿根廷，2009）
3. *Un cuento chino* 《一丝偶然》（阿根廷，2011）
4. *Elefante blanco* 《白象》（阿根廷，2012）
5. *Tesis sobre un homicidio* 《谋杀论文》（阿根廷，2013）
6. *Relatos salvajes* 《荒蛮故事》（阿根廷，2014）
7. *La cordillera* 《峰会》（阿根廷，2017）
8. *Las grietas de Jara* 《黑暗建筑》（阿根廷，2018）

243